| 新时代课堂变革与创新丛书 |

走进深度课堂

ZOUJIN
SHENDU
KETANG

谢幼如　曾丽红　郑兰桢　邱　艺 /著

XINSHIDAI KETANG
BIANGE YU
CHUANGXIN CONGSHU

北京师范大学出版集团
BEIJING NORMAL UNIVERSITY PUBLISHING GROUP
北京师范大学出版社

图书在版编目(CIP)数据

走进深度课堂/谢幼如等著. —北京：北京师范大学出版社，
2022.2(2025.9重印)
(新时代课堂变革与创新丛书)
ISBN 978-7-303-27655-4

Ⅰ.①走… Ⅱ.①谢… Ⅲ.①课堂教学－教学研究－中小学 Ⅳ.①G632.421

中国版本图书馆 CIP 数据核字(2021)第 277504 号

出版发行：北京师范大学出版社 https://www.bnupg.com
　　　　　北京市西城区新街口外大街 12-3 号
　　　　　邮政编码：100088

印　　刷：	北京虎彩文化传播有限公司
经　　销：	全国新华书店
开　　本：	787 mm×1092 mm　1/16
印　　张：	13.5
字　　数：	209 千字
版　　次：	2022 年 2 月第 1 版
印　　次：	2025 年 9 月第 6 次印刷
定　　价：	46.00 元

策划编辑：郭　翔	责任编辑：朱前前
美术编辑：焦　丽	装帧设计：焦　丽
责任校对：郑淑莉	责任印制：马　洁

版权所有　侵权必究
读者服务电话：010-58806806
如发现印装质量问题，影响阅读，请联系印制管理部：010-58806364

前 言

当前，在第五代移动通信技术、人工智能等为代表的新型基础设施建设的带动下，社会经济的数字化转型正持续加速，这迫切呼唤融合"智能+"思维深化课堂革命，提升课堂质量，助力"双减"落地，赋能人才培养高质量发展。"双减"的实质是以"减"谋"增"，减的是过重负担，增的是课堂教学质量，这就需要广大一线教师面对智能时代国家高质量创新人才需求，以构建深度课堂为抓手，对标核心素养，融合智能技术，开展课堂变革，实现"双减"背景下课堂教学的提质增效，培养德智体美劳全面发展的创新人才。

深度课堂是指以深度学习理念为指导，以落实学科核心素养为目标，通过开展大单元、任务群和问题链的设计，采用自主、合作、探究的方式开展教学实践，以提升学生必备品格、培养学生关键能力和塑造学生价值观念的新型课堂。智能时代的深度课堂应融合赋能思维，创新应用人工智能，实现人机协同、数据驱动、动态适应、个性定制的规模化因材施教。深度课堂强调批判性思维，注重知识迁移和面向问题解决，其实施有利于学生学科核心素养的培养、批判性思维的发展、知识迁移能力的提升以及问题解决能力的培养。深度课堂的理念、目标、价值充分回应"双减"倡导的"确保学生在校内学足学好"的核心诉求，充分体现学校作为教育主阵地功能，充分发挥课堂的主渠道作用，从而为全面落实立德树人根本任务提供重要支撑。

近年来，本书作者团队紧跟国家教育发展战略，深入课堂前沿阵地，结合教育新基建理论开展深度课堂理论研究与创新实践。面向智能时代创新人才培养需要，重塑深度课堂教学价值观，明确深度课堂与核心素养培养的契合点，揭示智能技术赋能深度课堂的关键作用，探索深度课堂的理论模型，形成深度课堂的教学策略，研制深度课堂的评价指标，从而构建智能时代深度课堂的理论体系。在此基础上，形成智能时代深度课堂的教学设计方法，总结智能时代深度课堂的典型应用模式。

本书内容共五章。第一章面向智能时代教育发展新诉求，明确了深度课堂的含义，探究了学科核心素养及其培养，讨论了依托深度课堂提升学科核心素养的作用机制；第二章阐述了智能时代的课堂变革，明晰了智能技术赋能深度课堂的作用点，探索了新冠肺炎疫情期间基础教育信息化发展趋势及深度课堂的创新路径；第三章明确了智能时代深度课堂教学设计观，阐述了智能时代深度课堂的教学设计理论，提出了智能时代深度课堂的教学设计方法与教学实施策略；第四章明确了智能时代深度课堂的关键要素，构建了智能时代小学、初中、高中深度课堂典型模式，提供了来自一线教学的许多案例；第五章构建了智能时代深度课堂的教学评价指标体系，编制了深度课堂教学效果的评价量表，以供广大教师开展深度课堂的诊断、评价和改进。

  本书的案例来自本研究团队多年来的研究与实践。近年来，本研究团队依托教育部政策法规司"信息化背景下未来教育研究"课题，并以广州市创建全国智慧教育示范区、佛山市南海区创建国家级信息化教学实验区为契机，开展"广州'教育u时代'提升工程""广州市中小学智慧校园实验研究""南海区基于学习分析的深度课堂模式研究"等项目研究，形成了一大批深度课堂教学案例与研究成果，发表了如《人工智能赋能课堂变革的探究》（中国电化教育，2021年9期）、《智能时代基于深度学习的课堂教学设计》（电化教育研究，2020年5期）、"The Development and Effect Analysis of the Deep－Learning Classroom Model of Primary School Mathematics in the Intelligent Environment"（*International Symposium on Educational Technology*，2020）等论文，在全国中小学发挥积极的示范辐射作用。2019年，谢幼如、曾丽红、郑兰桢、邱艺的《融合信息技术的中小学课堂模式创新与实践》荣获广东省教育教学成果奖（基础教育）一等奖。

  本书由华南师范大学谢幼如教授主持统稿，广州市天河区体育东路小学曾丽红校长、佛山市南海区教育发展研究中心（佛山市南海区教师发展中心）郑兰桢主任和华南师范大学博士研究生邱艺负责部分章节的编写工作。广州中医药大学黎佳、南方医科大学黄瑜玲以及华南师范大学硕士研究生刘亚纯、吴嘉瑶、钟惠文等积极参与部分内容的撰写。在此表示诚挚的谢意！

  由于教育信息化发展迅猛，深度课堂的理论与实践还有待于进一步探索完善，加之时间仓促，作者水平有限，不足之处在所难免，希望广大读者给予批评指正。

作者

2021年11月

目 录

001　**第一章　深度课堂与学科核心素养**

　　第一节　深度课堂的内涵　002

　　第二节　学科核心素养及其培育　012

　　第三节　依托深度课堂提升学科核心素养　022

029　**第二章　智能时代的深度课堂**

　　第一节　智能时代的课堂变革　030

　　第二节　智能技术赋能深度课堂　034

　　第三节　新冠肺炎疫情期间深度课堂构建　037

045　**第三章　智能时代深度课堂的教学设计**

　　第一节　智能时代深度课堂的教学设计观　045

第二节 智能时代深度课堂的教学设计理论　049

第三节 智能时代深度课堂的教学设计方法　059

096　第四章　智能时代深度课堂的典型模式

第一节 构建智能时代深度课堂的关键要素　096

第二节 智能时代深度课堂的典型模式　100

165　第五章　智能时代深度课堂的教学评价

第一节 智能时代深度课堂的教学评价指标体系　165

第二节 智能时代深度课堂的教学评价研究　187

第一章

深度课堂与学科核心素养

内容结构

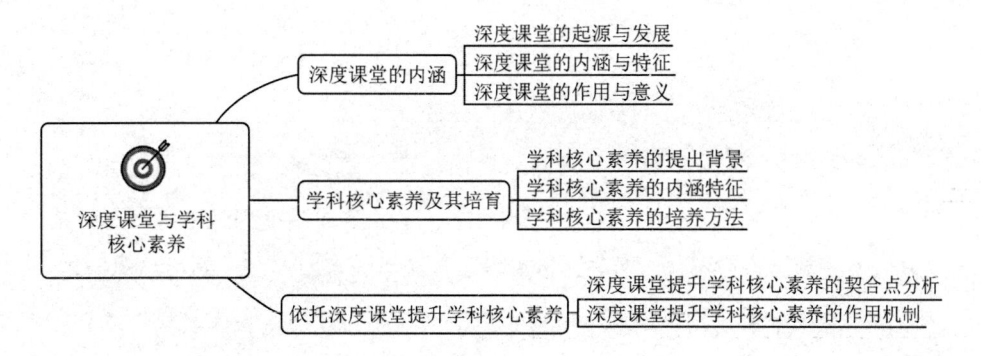

深度课堂与学科核心素养
- 深度课堂的内涵
  - 深度课堂的起源与发展
  - 深度课堂的内涵与特征
  - 深度课堂的作用与意义
- 学科核心素养及其培育
  - 学科核心素养的提出背景
  - 学科核心素养的内涵特征
  - 学科核心素养的培养方法
- 依托深度课堂提升学科核心素养
  - 深度课堂提升学科核心素养的契合点分析
  - 深度课堂提升学科核心素养的作用机制

目前,世界正处于百年未有之大变局。人工智能、第五代移动通信技术、物联网、大数据等技术迅猛发展,给人类生活带来极大便利,并在教育领域产生革命性的影响。为满足智能时代基础教育发展的新需求,国内外基础教育改革的呼声越发强烈。2002年,美国开展了21世纪核心技能研究项目,制定了《21世纪学习框架》[1];2006年欧盟正式发布《为了终身学习的核心素养:欧洲参考框架》[2];2009年日本根据社会发展的现实需要,提出"21世纪型能力"[3];2016年,中国教育学会发布《中国学生发展核心素养》。作为人才培养的主战场与主渠道,课堂不仅连接着学生,而且连接着民族的未来。推进基础教育课堂教学改革,发展学生的必备品格,培养学生的关键能力,不仅

---

[1] 刘畅、王书林:《美国21世纪核心素养框架要素的探析与启示》,载《教育评论》,2018(9)。

[2] Gordon, Jean et al. (2009), Key Competences in Europe: Opening Doors for Lifelong Learners Across the School Curriculum and Teacher Education, Case Network Reports, Annex1: Key Competences for Lifelong Learning—A European Reference Framework.

[3] 林崇德:《21世纪学生发展核心素养研究》,45-66页,北京,北京师范大学出版社,2016。

是智能时代教育发展的新诉求,而且是建设教育强国的必经之路。融合智能技术手段,开展深度课堂教学实践,在发展学生批判性思维、提升学生知识迁移能力、培养学生问题解决能力等方面具有重要意义,并成为落实学科核心素养的基本途径。基于此,本章探讨了深度课堂的内涵特征与其作用和意义、学科核心素养的提出背景及培育方法,分析依托深度课堂提升学科核心素养的必然性,以期落实培养德智体美劳全面发展的社会主义建设者和接班人。

第一节 深度课堂的内涵

在学习科学领域中,深度学习自被提出以来一直受到广泛关注。信息时代背景下,学生的学习不再是简单复制现有知识,而是通过批判性选择,整合加工形成可迁移、可应用的"图示",解决现实生活中的真实问题,实现深度学习。课堂是教育的主战场,是人才培养的主渠道。开展深度课堂教学实践,就需要我们探寻深度课堂的起源与发展,掌握深度课堂的定义与特征,了解深度课堂的作用与意义。

一、深度课堂的起源与发展

自20世纪70年代以来,深度学习备受关注。1976年瑞典学者费伦斯·马顿(Ference Marton)和罗杰·萨尔乔(Roger Saljo)基于学生阅读实验首次提出深度学习概念,认为深度学习是学生在理解学习内容的基础上,将新旧知识与学习经验紧密联系,并区别于浅层学习的一种学习方式;同时,他们也认为深度学习即理解性学习,浅层学习即再现式学习。[1] 随后,深度学习受到众多教育领域研究者的青睐。1979年澳大利亚学者约翰·比格斯(John Biggs)从信息加工角度探究高校学生的学习动机与学习策略,描述了深度学习与浅层学习的区别;他认为深度学习是指学生在学习的过程中表现出浓厚的学习兴趣,积极的学习热情,同时能够建立起新旧知识之间的联系,形成清晰完整的脉络,并对生活

---

[1] Marton, F. & Saljo, R. (1976), On Qualitative Differences in Learning—1: Outcome and Process, *British Journal of Educational Psychology*, (46).

问题主动寻求解决。[1] 1983 年英国学者诺埃尔·恩特维斯特（Noel Entwistle）基于学生视角对深度学习进行研究，认为深度学习是比较复杂的认知与元认知的过程，它包括不同观点之间的有机融合、逻辑辩证等内容。[2] 2005 年，国内学者何玲、黎加厚首次将深度学习概念引入，并认为深度学习是指在理解学习的基础上，学习者能够批判性地学习新的思想和事实，并将它们融入原有的认知结构中，能够在众多思想间进行联系，并能够将已有的知识迁移到新的情境中，做出决策和解决问题的学习。[3] 此后，国内开展了一系列有关深度学习的研究，如曾明星、李桂平等人构建了基于 SPOC 的深度学习模式[4]；杜娟、李兆君等人提出了深度学习的教学设计框架，具体描述了促进深度学习的信息化教学设计的要点与策略[5]；张浩、吴秀娟等人系统梳理了深度学习的目标，并构建了深度学习的教学评价指标体系[6]。

教与学的一致性与相融性决定了深度学习必然走向深度教学。随着深度学习相关研究的不断增加，关于深度教学的研究也越来越受关注。如加拿大艾根关于深度学习的研究实现了从深度学习向深度教学的转向；我国学者郭元祥所带领的研究团队，持续开展了十年的深度教学研究，对深度教学的缘起、基础、理念等内容都进行了系统探讨[7]；李松林对深度教学的基本范式进行了总结归纳[8]；罗祖兵提出要实现培养核心素养的任务，必须实行深度教学[9]。

---

[1] Biggs, J. (1979), Individual Differences in Study Processes and the Quality of Learning Outcomes, *Higher Education*, (8).
[2] Entwistle, N., & Ramsden, P. (1983), *Understanding Student Learning*, London: Croom Helm.
[3] 何玲、黎加厚：《促进学生深度学习》，载《现代教学》，2005(5)。
[4] 曾明星、李桂平、周清平等：《从 MOOC 到 SPOC：一种深度学习模式建构》，载《中国电化教育》，2015(11)。
[5] 杜娟、李兆君、郭丽文：《促进深度学习的信息化教学设计的策略研究》，载《电化教育研究》，2013(10)。
[6] 张浩、吴秀娟、王静：《深度学习的目标与评价体系构建》，载《中国电化教育》，2014(7)。
[7] 郭元祥：《论深度教学：源起、基础与理念》，载《教育研究与实验》，2017(3)。
[8] 李松林：《深度教学的四个基本命题》，载《教育理论与实践》，2017(20)。
[9] 罗祖兵：《深度教学："核心素养"时代教学变革的方向》，载《课程·教材·教法》，2017(4)。

课堂是开展教学与学习活动的主要场所，在深度学习与深度教学相关研究的基础上，关于深度课堂的研究也逐渐兴起。如任虎虎梳理了深度课堂的内涵特征和实施策略[1]；孟庆敏认为深度课堂的构建需要学生的深度学习与教师的深度教学相结合[2]；黎园开展了BYOD下高中化学问题解决教学的深度课堂构建实践[3]。

智能时代，人工智能、第五代移动通信技术、物联网、大数据等技术迅猛发展，并成为教育领域系统变革的内生动力。融合智能技术，开展深度课堂教学实践已经成为现实，并在落实学科核心素养，发展学生批判性思维，提升学生知识迁移能力，培养学生问题解决能力等方面具有重要作用。

二、深度课堂的内涵与特征

(一)深度课堂的内涵

由于深度课堂主要由深度学习发展而来，为了更加深入理解深度课堂的内涵，我们需要先对深度学习的内涵定义进行系统的梳理。目前，国内外关于深度学习的内涵定义，不同学者基于不同的研究视角提出了不同的见解与看法，但主要聚焦于学习方式、学习过程和学习结果三个方面。[4]

1. 学习方式说

学习方式是指学生在教师的引导下，积极主动地参与学习，借助相关工具与其他学习对象进行交互，从而形成一系列内外部统一的学习活动。[5] 关于深度学习的学习方式说，景红娜等人认为深度学习是指学习者在理解的基础上，通过对新知识的批判分析和与原有知识的整合，采用深入的方法，对知识进行高层次的加工，理解学习内容并内化，从而形成对信息的理解以及长期保持的一

---

[1] 任虎虎：《深度课堂的基本特征及构建策略》，载《物理教学》，2018(6)。
[2] 孟庆敏：《构建深度课堂 助力思维成长》，载《教育实践与研究(A)》，2019(3)。
[3] 黎园：《BYOD下高中化学问题解决教学的深度课堂建构》，硕士学位论文，贵阳，贵州师范大学，2019。
[4] 黎佳：《基于深度学习的课堂改进行动研究》，硕士学位论文，广州，华南师范大学，2020。
[5] 潘新民、王升：《教学论视域下学习方式概念的新探索》，载《教育研究》，2018(2)。

种学习方式。① 段金菊认为深度学习是指学习者在理解学习的基础上，能够批判性地学习新的思想和事实，并融入原有的认知结构中，能在众多思想间进行分析和联系，能够将已有的知识迁移到新的情境中，进而做出决策和解决问题的学习。② 顾小清等人认为深度学习是一种学习方式，目的是在记忆的基础上理解、归纳、掌握、运用，结合原有认知结构，批判性地接收和学习新知识，建立知识间的相互联系，并通过有效分析，做出决策和解决问题的学习。③

2. 学习过程说

学习过程是指学习者在一个特定的时间序列中所发生的一系列学习行为，它追求的是学生的发展。④ 基于学习过程的角度，很多研究者认为在深度学习的过程中，学习者能够获得发展、提升能力。关于深度学习的学习过程说，如美国研究委员会（NRC）在《为了生活与工作的学习：发展21世纪可迁移的知识与技能》中，将深度学习定义为一种能够使学生从某一情境中所学的知识与技能等应用到新的学习情境中的过程（即迁移）。⑤ 郭华认为深度学习就是指在教师引领下，学生围绕着具有挑战性的学习主题，全身心积极参与、体验成功、获得发展的有意义的学习过程。⑥ 孙智昌认为深度学习是学习者遵循学习原理，在学校场域中对以重要概念为核心的知识进行理解性和创新性学习的有效学习过程。⑦

3. 学习结果说

学习结果反映学生学习的预期，它不仅包括学生应该掌握的知识、提升的能力与塑造的品质，而且包括对某一学科领域的认识与理解、理性思考的能力以及

---

① 景红娜、陈琳、赵雪萍：《基于 Moodle 的深层学习研究》，载《远程教育杂志》，2011(3)。
② 段金菊：《技术支撑下的团队深度学习设计研究》，载《中国远程教育》，2011(1)。
③ 顾小清、冯园园、胡思畅：《超越碎片化学习：语义图示与深度学习》，载《中国电化教育》，2015(3)。
④ 沈书生：《设计时间线：增强学习过程》，载《电化教育研究》，2016(10)。
⑤ National Research Council (2013), *Education for Life and Work: Developing Transferable Knowledge and Skills in the 21st Century*, Washington, D C: National Academies Press, pp. 5-6.
⑥ 郭华：《深度学习及其意义》，载《课程·教材·教法》，2016(11)。
⑦ 孙智昌：《学习科学视阈的深度学习》，载《课程·教材·教法》，2018(1)。

学生在人际交往、社会生活等方面的知识和行动等。① 关于深度学习的学习结果说，张浩等人认为深度学习是一种面向真实社会情境和复杂技术环境，倡导通过深度加工知识信息、深度理解复杂概念、深度掌握内在含义，主动建构个人知识体系并迁移应用到真实情境中解决复杂问题，最终促进学生学习目标的全面达成和高阶思维能力的发展。② 付亦宁认为深度学习是以内在学习需求为动力，以理解性学习为基础，运用高阶思维批判性地学习新的思想和事实，能够在知识之间进行整体性联通，将它们融入原有的认知体系进行建构，能够在不同的情境中创造性地解决问题，能够运用元认知策略对学习进行调控，并达到专家学习程度的学习。③

对于深度学习的内涵，从学习方式、学习过程与学习结果等不同角度认识，它具有不同的理解，但基本包括批判思维、知识迁移和问题解决三个要素。综合以上观点，本书认为深度学习是指学习者在理解学习的基础上，批判性地接受新知识和新观念并纳入原有的认知结构，在新的情境中迁移应用，做出决策和解决问题，最终促进学习者批判性思维、知识迁移能力、问题解决能力与创新意识的提升。

在总结深度学习内涵定义的基础上，本书对深度课堂内涵定义的主要观点进行了梳理。目前针对深度课堂的研究较少，关于深度课堂的一般内涵，多数研究学者认为深度课堂就是教师实施深度教学，促进学生深度学习的课堂。④ 关于深度课堂的具体内涵，不同学者基于不同的教学实践提出了不同的见解，如任虎虎认为深度课堂是以学生的学习为中心，唤醒学生的主体意识，让学生深度参与教学过程、深刻把握学习内容的课堂组织形式。⑤ 魏小玲基于小学数学教

---

① Richard, J. Shavelson (2007), *A Brief History of Student Learning Assessment: How We Got Where We Are and a Proposal for Where We Go Next*, Washington DC: Association of American Colleges and Universities.
② 张浩、吴秀娟：《深度学习的内涵及认知理论基础探析》，载《中国电化教育》，2012(10)。
③ 付亦宁：《深度学习的教学范式》，载《全球教育展望》，2017(7)。
④ 黎园：《BYOD下高中化学问题解决教学的深度课堂建构》，硕士学位论文，贵阳，贵州师范大学，2019。
⑤ 任虎虎：《深度课堂的基本特征及构建策略》，载《物理教学》，2018(6)。

学实践，认为深度课堂是指从学生的角度出发，基于儿童立场的数学课堂，是有内涵的课堂，有冲突的课堂，有实效的课堂，有后劲的课堂，是对常态课堂的超越。[1] 黎园认为深度课堂是以学生为中心，培养学生的自我效能感，提高学生在教学过程中的参与程度、学生对教学内容理解透彻并能够把握其背后的思想方法的课堂组织形式。[2]

虽然关于深度课堂具体内涵的阐述不尽相同，但基本都强调学生主体性和课堂互动性。结合上述关于深度课堂内涵定义的观点，本书认为深度课堂是指以深度学习理念为指导，以落实学科核心素养为目标，通过开展大单元、任务群和问题链的设计，采用自主、合作、探究的方式开展教学实践，以提升学生必备品格、培养学生关键能力和塑造学生价值观念的新型课堂。

(二)深度课堂的特征

深度课堂是为了促进学生深度学习的课堂，深度课堂的特征也主要通过深度学习的特征加以体现。目前关于深度学习特征的说法，主要有三要素说、四要素说、五要素说与六要素说[3]。

1. 三要素说

关于三要素说，如祝智庭等人认为深度学习的特点主要体现在学习结果的深度、学习方法的深度与学习参与深度三个方面。[4] 学习结果的深度主要表现在认知、自我与人际方面的高阶能力，是学生在学习、工作、生活中成功解决问题的基础；学习方式的深度主要表现在学生在主动学习知识的过程中，以问题解决为导向，采用探究性学习、项目式学习等多种方式；学习参与的深度主要表现在学生的学习从识记、理解到应用、创造的提升过程。张立国等人认为深度学习的特点主要体现在注重批判性思维的运用、强调知识的迁移应用、面向

---

[1] 魏小玲：《深度课堂——小学数学教学的必经之路》，载《基础教育研究》，2017(16)。

[2] 黎园：《BYOD下高中化学问题解决教学的深度课堂建构》，硕士学位论文，贵阳，贵州师范大学，2019。

[3] 黎佳：《基于深度学习的课堂改进行动研究》，硕士学位论文，广州，华南师范大学，2020。

[4] 祝智庭、彭红超：《深度学习：智慧教育的核心支柱》，载《中国教育学刊》，2017(5)。

问题解决三方面。① 注重批判性思维要求学习者在自身知识建构的过程中，能够批判性地学习知识，对其进行深入的思考，并能够具有自己的理解和看法；强调知识迁移，要求学习者在批判性理解之前所学知识的基础上，在不同情境下做到融会贯通，灵活运用；面向问题解决要求学习者能够熟练地综合运用所学知识解决现实生活中的复杂问题。

2. 四要素说

关于四要素说，如段金菊认为深度学习的特点主要体现在问题解决、多学科信息的整合、新旧信息的整合与自我导向四个方面。② 问题解决意味着学习者必须能够解决生活中的实际问题，以达到深度学习的较高层次；多学科信息的整合意味着学生在深度学习过程中，采用基于项目式等学习方式解决问题时所需要应用的跨学科知识；新旧知识的整合意味着学习者把所学的知识与原有知识结构进行联系、整合，以实现对新知识的长期保持，从而有效解决新问题；自我导向意味着学习者根据自我需要主动、自发地学习。安富海认为深度学习的特点主要体现在注重知识学习的批判理解、强调学习内容的有机整合、着意学习过程的建构反思，以及重视学习的迁移运用和问题解决四个方面。③ 注重知识学习的批判理解意味着学习者对所学习内容应保持怀疑态度，批判性地学习新知识，在理解学习内容的基础上进行质疑辨析，整合联结；强调学习内容的有机整合意味着新概念与已知概念和原理的联结整合、新旧知识的联结整合及认知策略与元认知策略的联结整合；着意学习过程的建构反思意味着学习者在联结整合的基础上实现知识的同化与顺应，并对建构的结构进行反思总结；重视学习的迁移运用和问题解决意味着学习者能够将所学知识应用到相似情境，做到融会贯通、举一反三，并创造性地解决问题。

3. 五要素说

关于五要素说，付亦宁认为深度学习的首要特征是理解认知，固有特征是

---

① 张立国、谢佳睿、王国华：《基于问题解决的深度学习模型》，载《中国远程教育》，2017(8)。
② 段金菊：《技术支撑下的团队深度学习设计研究》，载《中国远程教育》，2011(1)。
③ 安富海：《促进深度学习的课堂教学策略研究》，载《课程·教材·教法》，2014(11)。

高阶思维，本质特征是整体联通，必要特征是创造批判、专家构建。① 理解认知意味着学习者在进行知识的学习过程中需要在理解的基础上进行知识的建构，通过联结整合，生成新的知识结构，以促进学生的建构性学习；高阶思维意味着学习者在进行深度学习过程中，利用批判的眼光，主动学习新知识，整合运用到新的问题情境中，以实现高阶思维能力培养；整体联通意味着学习者在知识和现象之间建立联通关系，逐渐形成自我的知识网络结构，从而建立新的联结或转变联结点之间的激活模式；② 创造批判强调学习者的学习是主动参与、批判学习、独立思考的，从而优化自我的知识结构，实现知识的整合创新。③ 专家构建意味着学习者能够充分利用外界条件，将其转化为自我学习的动力，从而快速有效地掌握知识的过程。如郭华认为深度学习的特征主要体现在联想与结构、活动与体验、本质与变式、迁移与应用、价值与评价五个方面。联想与结构说明学生的经验与知识可以相互转化；活动与体验说明学习者的学习是全身心投入，通过主动参与，积极探索学习新知识；本质与变式说明学习者的学习需要抓住学习对象的本质属性，把握知识之间的内在联系，从而实现对学习内容的深层次加工；迁移与应用说明学习者将所学习到的知识应用到实践场所，从而提升自我的综合能力与创新意识；价值与评价意味着深度学习能够帮助学习者形成正确的价值观，发展核心素养，并能够按照一定的标准评判学习与生活上的人或事。

4. 六要素说

关于六要素说，如张浩等人认为深度学习的特征主要体现在注重批判理解、强调信息整合、促进知识构建、着意迁移应用、面向问题解决与提倡主动终身六方面。④ 注重批判理解意味着学习者在学习过程中进行批判性地接受，并将它们纳入自己的认知结构中，从而在各种观点之间建立联系；强调信息整合包

---

① 付亦宁：《深度学习的教学范式》，载《全球教育展望》，2017(7)。
② 王佑镁、祝智庭：《从联结主义到联通主义：学习理论的新取向》，载《中国电化教育》，2006(3)。
③ Cropley, A. J. (2001), *Creativity in Education and Learning: a Guide for Teachers and Educators*, London; New York: Kogan Page.
④ 张浩、吴秀娟：《深度学习的内涵及认知理论基础探析》，载《中国电化教育》，2012(10)。

括学科知识整合、新旧知识联结以及在整合联结过程中发展形成认知策略与元认知策略；促进知识构建意味着学习者在信息整合的基础上对知识进行同化或顺应，从而调整自我的认知结构；着意迁移应用要求学习者在深度理解的基础上，将知识应用到新情境中，从而实现知识的重组；面向问题解决意味着学习者将所学知识运用到新的情境中，解决复杂的、劣构领域中的问题；提倡主动终身意味着在知识更新速度呈指数增长的时代，学习者学习是因为自身发展的需要而积极、主动地去习得新知识与新技能。

综上所述，目前，关于深度学习的特征主要体现在三要素说、四要素说、五要素说与六要素说，但基本包括批判理解、知识迁移与问题解决必备要素。结合智能时代对创新人才培养的新需求，本书认为深度课堂的主要特征包括强调批判性思维、注重知识迁移、面向问题解决三个方面。

三、深度课堂的作用与意义

(一)落实学科核心素养

普通高中新课程标准的出台，明确了学科目标从知识点的理解与记忆，转变为适应未来社会发展的关键能力、必备品格与价值观念的培育。深度学习区别于浅层学习，它重视知识的联结、关注批判性建构、重视知识迁移和问题解决，并以高阶思维提升、关键能力培养及学生必备品质发展为价值取向。深度学习以高阶思维的发展为取向，它强调"高级应用、分析、评价、创造"的认知高度，将学生批判性思维、知识迁移能力、问题解决能力、创造性思维等高阶思维能力作为学生思维发展的出发点和立足点；同时，深度学习以关键能力的发展为价值取向，它要求学生在复杂多变的智能化学习环境下，具备良好的批判质疑能力、沟通交流能力、团队协作能力、问题解决能力与实践创新能力。[①] 换言之，深度学习的"深度"更多体现在学生关键能力的培养。因此，依托深度课堂，进行深度学习是发展学生核心素养的必经之路。

(二)发展批判性思维

批判性思维主要由批判性思维倾向和批判性思维技能组成。批判性思维倾

---

① 袁国超：《基于核心素养的深度学习：价值取向、建构策略与学习方式》，载《教育理论与实践》，2020(8)。

向是学习者对问题或观点进行评判的意识,这种意识在一定程度上受到个体心理支配,具有一定的倾向性,从而使得学生的认识朝着某个方向发展。① 批判性思维技能是指学生对理论、观点等事物做出判断的策略和能力,包括认识、理解、评价等方面。② 在传统的中小学课堂中,学生往往对教学内容深信不疑,全盘吸收教师的观点,而不是在理解的基础上批判性地接受。部分学生不能理性批判他人的观点,往往不经过全面思考而轻率做出判断。而深度课堂尤其强调激发学生批判质疑的动机,促进学生与学生之间、学生与教师之间的批判交流,从而提升学生的批判性思维水平。

(三)提升知识迁移能力

知识迁移是指学生自觉地将习得的概念、原理与技能等迁移至新的问题情境中,以解决新的问题。③ 知识迁移强调将知识外显化和操作化、将间接经验或抽象经验转化为解决具体形象问题的过程。④ 在传统的中小学课堂中,学生往往会机械记忆教材、参考书上的概念、定理与公式,但不注重对概念、定理和公式知识背后的本质、原理与思想进行理解;虽然能够正确计算简单的变式题,但难以做到触类旁通、举一反三。而相关概念、定理与公式等知识之所以能够迁移,是因为它们存在共通之处,因此,将相关概念、定理与公式等知识之间的共性概括出来,是实现知识有效迁移的关键环节。而深度课堂强调教师在教学过程中灵活借助智能化手段与方法,采取自主、合作、探究等多种教学方式,从而促进学生的知识迁移能力的提升。学生在学习过程中,则需要不断寻找新旧知识之间的规律性联系,不断建构完善自身知识结构体系。

(四)培养问题解决能力

问题解决是指学习者有指向性的一系列认知操作⑤,是学习者运用认知过程

---

① 崔晓慧:《信息技术环境下批判性思维培养的研究》,硕士学位论文,扬州,扬州大学,2008。

② 彭正梅、邓莉:《迈向教育改革的核心:培养作为21世纪技能核心的批判性思维技能》,载《教育发展研究》,2017(24)。

③ Burke, L. A., & Hutchins, H. M. (2007), Training Transfer: An Integrative Literature Review, *Human Resource Development Review*, (3).

④ 康淑敏:《基于学科素养培育的深度学习研究》,载《教育研究》,2016(7)。

⑤ Anderson, J. R. (1980), *Cognitive Psychology and Its Implications*, New York, W. H. Freeman and Company, p. 25.

来面对并解决一个真实情境中问题的能力[1]，也是学生适应社会环境、促进社会创新的一项重要能力。在传统的中小学课堂中，学生能够采用单一的方式对简单的问题进行解答，但难以综合评估，采用最优方法解决实际问题；在面对新的问题情境时，往往难以找到新的方法和策略解决实际问题。深度课堂强调教师在教学过程中设置真实问题情境，强化学科知识与生活实际问题的联系；学生通过解决与生活相关、与实际相符的真实问题，从而有效培养问题解决能力。

第二节　学科核心素养及其培育

学生发展核心素养是指学生应具备的适应终身发展和社会发展需要的必备品格和关键能力。学科核心素养是学生发展核心素养的关键所在，也是学科育人价值的集中体现，是学生通过学科学习而逐步形成的正确价值观念、必备品格和关键能力，它具有整合性、可迁移性、高阶性和情境性的特征。本书主要从学科核心素养的提出背景出发，详细介绍学科核心素养的内涵、特征与培养方法，从而为开展深度课堂教学实践、落实学科核心素养提供依据。

一、学科核心素养的提出背景

随着智能技术的飞速发展，知识更新速度呈指数增长。为应对全球发展带来的新的教育诉求和挑战，弥补以学科知识结构为本位的传统课程体系和育人模式的缺陷，核心素养研究于20世纪90年代以来逐步兴起，并成为各大国际组织和主要发达国家共同关注的教育热点问题。[2]

2002年，美国开展了21世纪核心技能研究项目，制定包括学习与创新素养、信息与技术素养以及生活与职业素养三类外环指标和21世纪主题、关键学科两类内环指标的《21世纪学习框架》。该框架主要勾勒出21世纪学习的蓝图，

---

[1] 伍远岳、谢伟琦：《问题解决能力：内涵、结构及其培养》，载《教育研究与实验》，2013(4)。

[2] 董金芳：《高中思想政治学科核心素养培养研究》，硕士学位论文，上海，上海师范大学，2017。

具体包括学习结果、支持系统等方面。① 其中学习与创新是21世纪技能的核心体现，具体表现为审辨思维与问题解决、协作与交流、创造力与创新等。②

2005年欧盟正式发布《为了终身学习的核心素养：欧洲参考框架》，并向各成员国推荐母语、外语、数学与科学技术素养、信息素养、学习能力、公民与社会素养、创业精神以及艺术素养八大核心素养体系，每个核心素养均从知识、技能和态度三个维度进行描述。该框架的核心理念是使全体欧盟公民具备终身学习能力，其突出特点在于统整了个人、社会和经济三个方面的目标与追求。③ 同时，该框架具有更强的整合性、跨学科性及可迁移性等特征，它强调跨学科和综合性能力的培养。④

2009年日本根据社会发展的现实需要，结合世界各国的发展现状，启动新一轮的课程改革，提出"21世纪型能力"，具体包括基础能力、思维能力和实践能力等。思维能力处于"21世纪型能力"的核心地位，包括发现问题、解决问题的能力、创造力、逻辑思维能力、批判性思维能力、元认知、学习适应力等具体要素。⑤

为全面落实立德树人根本任务，培养德智体美劳全面发展的社会主义建设者和接班人，中国也在思考建立学生发展核心素养框架。2014年4月教育部发布《教育部关于全面深化课程改革 落实立德树人根本任务的意见》明确提出，要加快研究构建学生发展核心素养体系，各级各类学校要从实际情况和学生特点出发，把核心素养落实到各学科教学中，以促进学生全面而有个性的发展。由此，"核心素养"被正式提出并开始受到广泛关注。

2016年9月，中国教育学会发布《中国学生发展核心素养》报告。该框架以培养"全面发展的人"为核心，充分反映新时期经济社会发展对人才培养的新要

---

① 祝智庭、彭红超：《深度学习：智慧教育的核心支柱》，载《中国教育学刊》，2017(5)。
② 刘畅、王书林：《美国21世纪核心素养框架要素的探析与启示》，载《教育评论》，2018(9)。
③ 裴新宁、刘新阳：《为21世纪重建教育——欧盟"核心素养"框架的确立》，载《全球教育展望》，2013(12)。
④ 李艺、钟柏昌：《谈"核心素养"》，载《教育研究》，2015(9)。
⑤ 林崇德：《21世纪学生发展核心素养研究》，北京，北京师范大学出版社，2016。

求,高度重视中华优秀传统文化的传承与发展,系统落实社会主义核心价值观。[1] 该框架包括文化基础、自主发展、社会参与三个方面,综合表现为人文底蕴、科学精神、学会学习、健康生活、责任担当、实践创新六大素养和人文情怀、审美情趣、理性思维、批判质疑、勇于探究、乐学善学、勤于反思、信息意识等十八个基本要点。[2]

《中国学生发展核心素养》是党的教育方针的具体化,是连接宏观教育理念、培养目标与具体教育教学实践的中间环节。该框架在引领课程改革和课堂变革等方面具有里程碑式的作用和意义。

二、 学科核心素养的内涵特征

(一)学科核心素养的内涵

掌握学科核心素养的内涵,首先需要明悉素养的概念。素养是指在某种特定的情境中,通过利用和调动心理社会资源(如知识、技能、态度),以满足实际需要的能力。[3] 广义上说,素养包括道德品质、外在形象、知识水平与能力等几方面;外在表现为一个人的行为习惯与外在气质;内在表现为人格类型和思维方式。狭义上说,素养是一种以创造与责任为核心的高级智能,它不是知识与技能的简单相加,而是知识、技能、情感等深度融合并运用到生活实践中,解决复杂问题过程中所形成和发展的[4],它的本质是解决复杂问题的能力。

核心素养是人们为满足智能时代社会发展的需要,形成的解决复杂问题和适应不可预测的高级能力与人性能力。核心素养的内涵是必备品格与关键能力。核心素养是对"基本知识和基本技能"实现发展和超越,它的关键内容是创造性

---

[1] 核心素养研究课题组:《中国学生发展核心素养》,载《中国教育学刊》,2016(10)。

[2] 同上。

[3] 钟启泉:《基于核心素养的课程发展:挑战与课题》,载《全球教育展望》,2016(1)。

[4] Trueit, Donna, Ed. (2013), Pragmatism, Post modernism, and Complexity Theory, *Routledge Taylor & Framtis Group*, (1).

思维能力和复杂的交往能力。[①] 需要注意的是，核心素养的培养与核心知识与核心能力的掌握密不可分。核心知识是最具迁移性的概念性知识、程序性知识以及元认知知识中有助于学习者进行自我建构的基础性知识。[②] 核心能力则主要包括认知能力、合作能力、创新能力、职业能力。其中，思维能力与问题解决能力是重点。

作为核心素养的下位概念，学科核心素养是指一门学科对人的核心素养发展的独特贡献和作用，也是一门学科独特教育价值在学生身上的体现和落实。[③] 具体来说，学科核心素养是指学科的思维品质和关键能力[④]，它是学生通过学习某学科的知识与技能，思想与方法而习得的重要观念、必备品格与关键能力[⑤]。2016年，中国教育学会发布《中国学生发展核心素养》，具体来说分为文化基础、自主发展、社会参与三方面，综合表现为人文底蕴、科学精神、学会学习、健康生活、责任担当、实践创新六大素养[⑥]。

人文底蕴是指学生在学习、理解、运用人文领域知识和技能等方面所形成的基本能力、情感态度和价值取向，具体包括人文积淀、人文情怀和审美情趣等基本要点。科学精神是指学生在学习、理解、运用科学知识和技能等方面形成的价值标准、思维方式和行为表现，具体包括理性思维、批判质疑、勇于探究等基本要点。学会学习则主要是学生在学习意识形成、学习方式方法选择、学习进程评估调控等方面的综合表现，具体包括乐学善学、勤于反思、信息意识等基本要点。健康生活主要是学生在认识自我、发展身心、规划人生等方面的综合表现，具体包括珍爱生命、健全人格、自我管理等基本要点。社会参与重在强调能处理好自我与社会的关系，养成现代公民所必须遵守和履行的道德

---

① 张华：《论核心素养的内涵》，载《全球教育展望》，2016(4)。
② 钟启泉：《基于核心素养的课程发展：挑战与课题》，载《全球教育展望》，2016(1)。
③ 余文森：《从三维目标走向核心素养》，载《华东师范大学学报（教育科学版）》，2016(1)。
④ 史宁中：《推进基于学科核心素养的教学改革》，载《中小学管理》，2016(2)。
⑤ 邵朝友、周文叶、崔允漷：《基于核心素养的课程标准研制：国际经验与启示》，载《全球教育展望》，2015(8)。
⑥ 核心素养研究课题组：《中国学生发展核心素养》，载《中国教育学刊》，2016(10)。

准则和行为规范，增强社会责任感，提升创新精神和实践能力，促进个人价值实现，推动社会发展进步，发展成为有理想信念、敢于担当的人。责任担当主要是学生在处理与社会、国家、国际等关系方面所形成的情感态度、价值取向和行为方式，具体包括社会责任、国家认同、国际理解等基本要点。实践创新主要是学生在日常活动、问题解决、适应挑战等方面所形成的实践能力、创新意识和行为表现，具体包括劳动意识、问题解决、技术应用等基本要点。[①]

(二)学科核心素养的特征

1. 整合性

学科核心素养源于三维目标又高于三维目标。从形成机制来讲，学科核心素养来自三维目标，是对三维目标的整合和提炼，是通过系统的学科学习之后而获得的；从表现形态来讲，学科核心素养又高于三维目标，是个体在知识经济和信息化时代，面对复杂的、不确定的情境时，综合应用学科的知识、观念与方法解决现实问题所表现出来的必备品格与关键能力。[②] 因此可知，学科核心素养作为学科育人价值的集中体现，不仅包含学科的知识、技能等单一要素，而且整合了学生通过学习某学科可能获得的知识、技能、经验、品格和思想等多方面的能力与素养。学科核心素养的整合性要求教师在实践教学的过程中，不仅重视对学科知识和技能的教学，而且关注学生学科特定经验、品格和思想的培养，从而有效落实立德树人根本任务。

2. 可迁移性

学科核心素养不仅包括必备品格与关键能力，而且涵盖学科核心思想。学科核心素养的习得不是一蹴而就的，需要以学科知识的掌握为基础。而碎片化、孤立的知识点是没有活性的，不能存活。学生只有在分析知识之间的异同点，建立不同知识点之间的联系后，才能形成完整的知识脉络，才能有效培养必备品格与关键能力。学科核心素养的可迁移性表明，学生在形成具备学科必备品

---

① 核心素养研究课题组：《中国学生发展核心素养》，载《中国教育学刊》，2016(10)。
② 余文森：《从三维目标走向核心素养》，载《华东师范大学学报(教育科学版)》，2016(1)。

格与关键能力后，在之后学习相关的新知识或遇到相关的新问题时，能够积极调用原有的认知"图示"，做到举一反三、迁移应用。在实践教学中，教师可以借助合作学习、探究学习、项目式学习等策略，通过创设各类真实的问题情境，促使学生迁移应用，解决问题。

3. 高阶性

从认知目标的角度来说，简单的复制、记忆、理解、掌握和初级应用属于浅层学习；而高级应用、分析、评价和创造则属于深度学习。学科核心素养的落实，不是学生简单达成知道、理解和初级应用的层次，而是意味对学科知识的加工、消化、吸收，以及在此基础上的内化、转化和升华。学生习得知识，建立新旧知识之间的联系，从而形成自身独特、完整的知识结构。学科核心素养的高阶性在于其涵盖了比学科知识和技能更高层的经验、方法、品格、思想等内容。学科核心素养超越了学科知识和能力的意蕴，它还包括与学科相关的理论素养、方法素养、实践素养以及品格素养等内容。①

4. 情境性

知识往往在情境中生成和显现，任何知识要具有生命力，都必须作为一个"过程"存在于一定的生活场景、问题情境或思想语境之中。② 知识本来产生于某种特定的情境，脱离特定情境，知识便毫无生命力。而学科具有情境性，学科知识的产生、提出和发展都是基于特定的教学环境。离开学科情境的学科知识会趋向惰性化。如果说学科知识是学科素养形成的载体，那么学科情境则是学科知识学习的载体。因此，学科知识要转化为学科素养离不开学科情境的介入和参与。③ 从这个角度来说，学科核心素养具有情境性。此外，在现实世界中，学生习得的必备品格与关键能力也必然在特定的情境中发挥作用。因此，教师在教学过程中应重视情境教学法，关注学科知识与生活实际问题的联系。

---

① 康淑敏：《基于学科素养培育的深度学习研究》，载《教育研究》，2016(7)。
② 郭晓明、蒋红斌：《论知识在教材中的存在方式》，载《课程·教材·教法》，2004(4)。
③ 喻平：《发展学生学科核心素养的教学目标与策略》，载《课程·教材·教法》，2017(1)。

三、学科核心素养的培养方法

2017年教育部部长陈宝生强调，破解教育难题就需要掀起"课堂革命"。课堂是教育的主战场与主渠道，它一端连接着学生，另一端连接着民族的未来，教育改革也只有真正进入课堂层面，才能真正进入深水区，才能真正解决课堂教学中的现实问题，才能有效提升学生高阶思维能力，才能全面发展学生综合素养。从课堂现存的问题出发，开展课堂教学改革是教育改革的核心内容。[1] 深度课堂作为学科核心素养落地的重要方式与必要途径，在发展学生批判性思维、提升学生知识迁移能力、培养学生问题解决能力等方面具有独特优势。[2] 换言之，学生学科核心素养的落实需要通过深度课堂模式，将学科核心素养与教学目标、教学内容、教学方法、教学评价等有机融合，从而落实培养学生的必备品格与关键能力。

(一)中小学课堂教学存在的主要问题

本书结合文献分析以及对中小学课堂教学实践的观察，总结梳理目前中小学课堂仍存在目标定位不高阶、情境创设不合理、课堂提问不深入、课堂互动不充分、课堂效果不显著等问题。[3]

1. 目标定位不高阶

设置合适的教学目标，能够使得教师开展教学实践有据可依、有据可循。关于教学目标问题，兰春寿根据布鲁姆教学目标分类法，采用信息技术手段对中小学英语课堂教学目标分析发现，大部分小学英语课堂教学目标注重记忆层次，中学英语课堂注重理解层次；教师忽视应用、分析、评价、创造等层次，忽视学生的高阶思维能力培养；[4] 孙淑娟结合初中生物，发现课堂教学目标存在

---

[1] 任永生：《用"课堂革命"撬动基础教育人才培养改革》，载《中国教师报》，2017-10-11。
[2] 杨玉琴、倪娟：《深度学习：指向核心素养的教学变革》，载《当代教育科学》，2017(8)。
[3] 黎佳：《基于深度学习的课堂改进行动研究》，硕士学位论文，广州，华南师范大学，2020。
[4] 兰春寿：《英语课堂教学目标设定与思维品质培养》，载《课程·教材·教法》，2019(9)。

定位不准、表述不清并与教学过程脱节等问题。① 由此可知，关于中小学课堂教学目标的设置往往存在定位不高阶，难以培养学习者的高阶思维能力等问题。

2. 情境创设不合理

创设良好的情境，一方面能够引发学习者的学习动机、激发学习者的学习兴趣；另一方面能够有效改善课堂教学沉闷现状，提升课堂教学效率。关于情境创设问题，阿衣提拉等人根据小学数学学科的特点，结合自身的实践经验，发现小学数学课堂情境创设存在重点不突出、问题不明确、思维无深度等问题；② 张蓉等认为，目前中学数学课堂中情境创设往往存在趣味性不强、真实性不够、探究性不深等问题。③ 由此可见，关于中小学课堂中教学情境的创设往往存在不合理、不适用、不合用等情况。

3. 课堂提问不深入

课堂提问主要是指教师为了完成既定的教学任务，在课堂上根据学生的起点能力与思维特征，提出学生能够理解并积极思考的问题。关于课堂提出的问题，如潘胜辉认为，目前小学课堂提问存在着问题数量多、设计不合理、总结不及时等现象。④ 刘玉荣等人通过文献研究方法，采用化学课堂有效提问的分析框架和评价标准对 10 节优质课进行分析，发现化学课堂提问数量众多、层次不一，从而使得学习者思考时间不足，难以促使学生对问题认真分析和思考，难以深度解决课堂教学的重点与难点，难以系统培养学生的必备品格与关键能力。⑤

4. 课堂互动不充分

课堂互动主要是指师生之间相互交流沟通、共同探讨、相互促进完成既定

---

① 孙淑娟：《初中生物学课堂教学目标设计与实施的几点思考——以"物质运输的途径"一节为例》，载《生物学教学》，2019(1)。

② 阿衣提拉·买买提，张海军：《小学低年级数学问题情境创设原则及对策》，载《中国校外教育》，2013(24)。

③ 张蓉：《中学数学课堂问题情境教学探究》，见全国数学教育研究会：《全国数学教育研究会 2016 年国际学术年会论文集》，2016。

④ 潘胜辉：《小学课堂教师提问存在的问题及解决策略》，载《西部素质教育》，2018(2)。

⑤ 刘玉荣、陈昕昕：《中学化学课堂有效提问的量化研究》，载《化学教学》，2016(7)。

教学任务的一种组织形式，它可以是小组讨论、辩论、表演等形式。关于课堂互动的问题，如：杨碧君等人通过对北京市 15 所中学的 1500 多名师生进行调查发现，学生之间的交互流于表面，仍以记忆、理解类的交互为主；教师对学生的支持力度较少，忽略学生的观点与思路，较少鼓励后进学生回答问题，较少从学生的问题中衍生出新的问题；[1] 张文婷通过文献研究，结合教学实践，发现目前小学课堂互动存在着师生回答形式机械化、师生回答对象少数化、师生回答目的单一化、小组分工不明确、学生参与度不足等问题。[2] 由此可知，目前中小学课堂互动不充分，课堂交流停留在表面，难以充分发展学生的批判性思维、提升学生的知识迁移能力、培养学生的问题解决能力等。

5. 课堂效果不显著

课堂效果反映课堂质量的高低。关于课堂效果的问题，如肖柳芳认为，目前在高中化学课堂中，一部分教师只注重传授基础知识和基本技能，只注重学习者机械地去记忆和复述相关结论，而忽视学生对知识探究的过程，忽视学生的批判性思维、知识迁移能力和问题解决能力等高阶思维能力的培养；[3] 魏欢通过文献研究与实践经验，发现小学课堂中学生能够取得较好的成绩，但学生的动手操作能力与问题解决能力仍有待进一步提升。[4] 由此可知，中小学课堂注重学生对知识与技能的掌握，忽视学生的高阶思维能力培养。

通过对课堂存在问题进行深层次分析，可以发现主要是课堂教学目标定位低阶，课堂情境创设与真实生活存在较大差距，课堂交互活动难以实现思想碰撞，课堂实践难以落地培养学生高阶思维能力，从而导致学科核心素养无法真正落到实处。

（二）学科核心素养的培养方法

针对中小学课堂教学中存在的主要问题，结合文献研究与多年以来的一线

---

[1] 杨碧君、曾庆玉：《中学互动教学的问题与改进——基于北京 15 所中学 1500 余名师生的问卷调查》，载《中小学管理》，2017(5)。

[2] 张文婷：《小学课堂教学中师生互动的问题分析及路径探索》，载《教学与管理》，2017(30)。

[3] 肖柳芳：《情境：中学化学课堂中的"问题情境"教学策略》，载《教育教学论坛》，2011(11)。

[4] 魏欢：《小学教师身体语言的运用对课堂教学效果的影响》，载《教学与管理》，2016(35)。

实践经验，本书总结提出更新教学理念、重塑教学目标、重构教学内容、重整教学过程、创新教学方法、改进教学评价等方法，以期落实学科核心素养的培养。

1. 更新教学理念

教学理念是人们对教学活动的看法和持有的基本态度与观点，是人们从事教学活动的信念。教学理念对课堂教学改进有着指导与引领的作用。在开展教学活动时，教师要坚持立德树人的根本任务，结合学情需要以及教学内容灵活选用深度学习理念及具有学校特色的理念等来指导教学，从而有效促进学生的深度学习以落实学科核心素养。

2. 重塑教学目标

教学目标是指对学生通过教学之后能够有何种收获的明确表述。教学目标是整个教学过程的起点，在教学过程中起着导向、督促和激励等重要作用。在设计教学目标时，应以落实立德树人为根本任务，以促进学生的学科核心素养为主要目标，在学生掌握识记、理解与低阶应用层次目标的基础上强调"高级应用、分析、评价和创造"等高阶学习目标，如要求学习者能够准确分析现实问题的关键要素、理清要素之间的关系，然后灵活运用知识解决问题。

3. 重构教学内容

教学内容是教学系统中的核心要素之一。传统课堂教学注重单一知识点的设计，相对割裂了知识点与知识点之间的联系。因此，学生难以系统梳理碎片化知识内容，从而易对知识内容产生片面认识。单个课时内容难以落实学科核心素养，难以系统培养学生的必备品格与关键能力，这就要求教师在系统分析课标、教材和学生需求的基础上，以单元主题的形式重构教学内容，并按照具有一定难度梯度的任务群和问题链系统设计教学内容。

4. 重整教学过程

教学过程是指师生按照教学目标完成教学任务的活动序列和时间流程。在安排教学过程时，教师应充分考虑学生的知识诉求，体现学生的主体地位。这就促使教师以学生为中心，在遵循学生身心发展规律、学习规律的前提下，推进智能技术与教学的多方位、全过程深度融合，从而有效推进基础教育教学改革，促进基础教育现代化。具体来说，课前，教师可借助智能技术诊断学生的知识基础掌握水平，了解学生的学习态度，同时收集学生关于教学方面的建议；课中，在了解学生基本学情的基础上，针对重难点知识，选取能够激发学生兴趣且有效的学习方法进行教学；课后，可安排适当的分层训练任务，以强化个性化学习的效果。

5. 创新教学方法

教学方法是指为了达成特定教学目标和完成特定教学任务而采取的一系列措施与行动。适当的教学方法不仅有利于提升课堂教学效率，而且有利于培养学生的学习兴趣。在教学过程中，教师可采用多种教学方法相结合的方式来开展教学活动；应用智能诊断技术提高教学的针对性和有效性；利用优质资源培养学生自主学习能力；设置互动场景引导学生与学生之间、学生与教师之间进行深度互动交流以培养合作探究和批判思维能力；采取课堂提问来吸引学生注意，启发学生深度思考；创设任务情境来锻炼学生的知识迁移能力与问题解决能力；通过榜样法激励学生积极向上，努力进取。

6. 改进教学评价

教学评价是检验教学效果的重要度量。开展教学评价，不仅需要注重学习者对知识内容的掌握，判断学生能力的提升，更需要关注学生积极情感态度和良好思想品德的形成。因此，要改变传统以学科知识考试为主的单一评价方式，努力提升评价的多元性、多样性以及多维性，如教师、学生、家长等多主体共同参与，诊断性评价、形成性评价与总结性评价相结合，从学科核心素养落实、学生批判思维发展、知识迁移能力提升、问题解决能力培养和情感态度培育等方面进行全方位评价。通过评价来激励学生学习，督促教师教学，促进教学相长。

第三节　依托深度课堂提升学科核心素养

深化基于学科核心素养的课堂教学，重点在于变革现有课堂教学范式。深度课堂主要是指以深度学习理念为指导，以落实学科核心素养为目标，通过开展大单元、任务群和问题链的设计，采用自主、合作、探究的方式开展教学实践,以提升学生必备品格、培养学生关键能力和塑造学生价值观念的新型课堂。依托深度课堂可有效提升学生的学科核心素养。

一、 深度课堂提升学科核心素养的契合点分析

深度学习的发生离不开学习个体的学科背景,学科素养的培育在很大程度上需要通过深度学习来实现。① 发展学生核心素养是深度学习的目标指向,也是提升学生必备品格、培养学生关键能力和塑造学生价值观念的必经之路。②

深度学习是指学习者在理解学习的基础上,批判性地接受新知识和新观念并纳入原有的认知结构,在新的情境中迁移应用,做出决策和解决问题,最终促进学习者批判性思维、知识迁移能力、问题解决能力与创新意识的提升。相对于浅层学习而言,体现在学习目标之深、学习方式之深和学习结果之深,表现在学习动机、投入程度、记忆方式、关注焦点、知识体系、迁移能力、反思状态、思维层次八个方面,③ 具体如表 1-1 所示。

表 1-1　深度学习与浅层学习比较

	深度学习	浅层学习
学习动机	自身需求	外部压力
投入程度	主动学习	被动学习
记忆方式	理解基础上的记忆	机械记忆
关注焦点	关注核心概念原理	关注公式和外在线索
知识体系	掌握复杂概念、深层知识等非结构化知识,在新旧知识之间建立联系	只掌握概念、原理等结构化的浅层知识,零散的、孤立的知识
迁移能力	能把所学知识迁移应用到实践中	不能灵活应用所学知识
反思状态	批判性思维、自我反思	学习过程中缺少反思
思维层次	高阶思维	低阶思维

从学习动机来看,深度学习的学习动机主要来源于自身的需求,它可以是

---

① 康淑敏:《基于学科素养培育的深度学习研究》,载《教育研究》,2016(7)。
② 韩建芳、孙学东:《深度学习:核心素养落地的教学实践》,载《江苏教育》,2019(35)。
③ 张浩、吴秀娟:《深度学习的内涵及认知理论基础探析》,载《中国电化教育》,2012(10)。

兴趣使然，也可以是自我实现的需要；而浅层学习的学习动机主要来源于外部压力，如父母奖励、教师期待。从投入程度看，深度学习主要表现为学生主动参与学习，遇到学习困难能够积极克服；而浅层学习主要表现为被动学习，学生的学习动力不足，学习兴趣不高。从记忆方式来看，深度学习的记忆方式属于基于理解的记忆；而浅层学习以知识割裂、死记硬背为主。从关注焦点来看，深度学习的关注焦点是核心概念、原理；而浅层学习大多关注公式和外在线索。在知识体系方面，深度学习要求学生掌握复杂理念、深层知识等非结构化知识，同时也需要在新旧知识之间建立联系，形成自己完整的知识结构体系；而浅层学习更多要求掌握概念、原理等结构化的浅层知识，且知识之间孤立零散、不成网络、不成系统；在迁移能力方面，深度学习强调能把所学知识迁移应用到实践中，而浅层学习较难实现知识的灵活应用。在反思状态方面，深度学习倡导批判性思维和自我反思；而浅层学习在学习过程中缺少反思。在思维层次方面，深度学习的思维层次属于高阶思维，旨在发展学生的批判性思维、提升学生知识迁移能力、培养学生问题解决能力；而浅层学习的思维层次更多属于低阶思维。

学科核心素养是学科育人价值的集中体现，是学生通过学科学习而逐步形成的正确价值观念、必备品格和关键能力，它具有整合性、可迁移性、高阶性和情境性的特征。新课程标准的出台，明确了学科目标从知识点的理解、记忆与简单应用，转变为学科核心素养的关键能力、必备品格与价值观念的培育。培养学科核心素养是当前课堂改革的风向标，也是落实培养德智体美全面发展的社会主义建设者和接班人的必要途径。而深度学习最显著的特点包括强调批判性思维、注重知识迁移、面向问题解决。深度学习与学科核心素养的特点具体如图1-1所示。

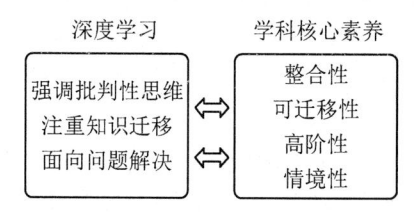

图 1-1 深度学习与学科核心素养的特征分析

学科核心素养的整合性、可迁移性、高阶性和情境性等属性决定了它的有效培养必须依赖强调批判性思维、注重知识迁移和面向问题解决的深度学习。深化基于核心素养的课堂教学变革，重点在于变革现有课堂范式，从引导学生由知识获取和记忆训练为主要特征的课堂向以提升核心素养为目标的深度课堂转变。从这个意义上来说，学科核心素养的属性决定了它的习得必然依赖于深度课堂的实施。

二、深度课堂提升学科核心素养的作用机制

深度课堂主要是指以深度学习理念为指导，以落实学科核心素养为目标，通过开展大单元、任务群和问题链的设计，采用自主、合作、探究的方式开展教学实践，以提升学生必备品格、培养学生关键能力和塑造学生价值观念的新型课堂。分析深度课堂提升学科核心素养的作用机制，就需要了解深度学习的过程模型，才能从根本上认清深度课堂提升学科核心素养的本质所在。

从学习科学的角度上来说，深度学习是相对于表层学习、机械学习和无意义学习而言的。[1] 深度学习不仅关注学习结果，而且关注学习的过程，尤其关注在真实问题情境下学习者的体验与感受。本书根据深度学习的内涵与特点，参考 DELC 深度学习路线[2]，构建了如图 1-2 所示的深度学习的过程模型。

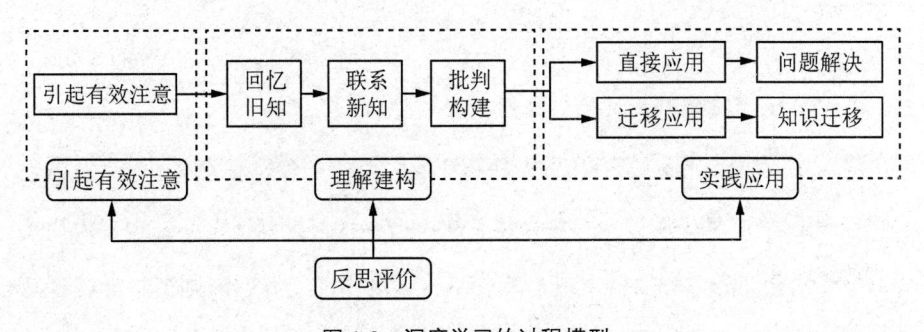

图 1-2　深度学习的过程模型

---

[1] 崔友兴：《基于核心素养培育的深度学习》，载《课程·教材·教法》，2019(2)。
[2] ［美］Eric Jensen、［美］LeAnn Nickelsen：《深度学习的 7 种有力策略》，温暖译，11-12 页，上海，华东师范大学出版社，2010。

1. 引起有效注意与学习动机激发

引起有效注意是深度学习发生的起点，也是学习者进行批判建构的基础。认知心理学认为，学习的发生需要外部的有效刺激，尤其是心理尚不成熟，自我控制能力差的学习者，他们的学习动机与学习兴趣需要依靠教师的激发和调动。同时，知识的学习是在一定的情境下完成的，脱离情境的知识是没有活力、没有生机的知识，是相对孤立、碎片化的知识。因此，在引起注意阶段，教师应注意与具体的教学情境相联系。

2. 深度理解建构与高阶思维发展

深度理解建构主要包括"回忆旧知""联系新知"和"批判建构"三个阶段。在深度理解建构阶段，学习者对所学习内容应保持怀疑态度，批判性地学习新知识，在理解学习内容的基础上质疑辨析，整合联结。深度理解建构意味着学习者在批判理解信息的基础上对知识进行同化或顺应，从而调整自身的认知结构。从认知发展的角度来说，深度理解建构是学生对知识建立初步理解基础上实现"高级应用、分析、综合与评价"，它是学生实现对关键概念、原理掌握的基础，也是学生批判性思维发展的出发点和立足点。同时，在深度理解建构阶段，也是学生养成怀疑求证、审视批判态度，形成不盲目服从权威、不一律照搬书本、敢于挑战权威、勇于批判建构行为习惯的过程。由此可知，深度理解建构注意以学生高阶思维发展为主要目标。

3. 深度实践应用与关键能力培养

深度实践应用阶段是判断深度学习发生的重要条件，它主要包括"知识迁移"与"问题解决"两个阶段。一般来说，知识迁移是指批判性接受知识、内化知识后应用到新的良性结构情境或非良性结构情境中。问题解决则多指学习者基于现实生活中的复杂问题情境，运用所学知识解决一个真实、具体的问题。知识迁移与问题解决的最佳途径是实践应用，及时有效地将知识运用到新的情境中解决新的问题，才能将内化的知识外显化，将间接的经验直接化。学生在深度实践应用阶段所培养的能力是学生适应未来社会发展所需要的关键能力。由此可知，深度实践阶段是学生关键能力培养的重要阶段。

4. 深度评价反思与必备品格提升

反思是一种深度思维，是自我建构的高阶阶段；它也是一种探究性的活动，是学生学会学习、养成学会思考习惯的重要方式。深度评价反思贯穿于深度学习过程的整个阶段。在这个过程中不仅需要对引起有效注意、深度理解建构阶段进行评价，而且需要对深度实践应用重点关注，从而及时调整教学，达到最优效果。深度评价反思阶段，是学生情感升华、品德塑造的重要阶段。该阶段，学生通过对引起有效注意、深度理解建构、深度实践应用阶段的总结，发现自己所掌握的知识内容、所培养的关键能力、所塑造的必备品格，也反思自身的缺失与不足。因此，深度评价反思与学生必备品格的提升密切相关。

【本章小结】

本章主要介绍了深度课堂的内涵，探究了学科核心素养及其培育，讨论了依托深度课堂提升学科核心素养的作用机制。具体要点如下。

1. 深度课堂的内涵

深度课堂是指以深度学习理念为指导，以落实学科核心素养为目标，通过开展大单元、任务群和问题链的设计，采用自主、合作、探究的方式开展教学实践，以提升学生必备品格、培养学生关键能力和塑造学生价值观念的新型课堂。深度课堂主要以强调批判性思维、注重知识迁移和面向问题解决为主要特征。开展信息时代深度课堂实践，能够有效落实学科核心素养、发展学生批判性思维、提升学生知识迁移能力和培养学生问题解决能力。

2. 学科核心素养及其培育

学科核心素养是指学科的思维品质和关键能力，它是学生通过学习某学科的知识与技能，思想与方法而习得的重要观念、必备品格与关键能力，它具有整合性、可迁移性、高阶性和情境性的特征。一般来说，学科核心素养的培养方法主要包括：①更新教学理念；②重塑教学目标；③重构教学内容；④重整教学过程；⑤创新教学方法；⑥改进教学评价。

3. 依托深度课堂提升学科核心素养

从深度学习与学科核心素养的特征与契合点来看，学科核心素养的属性决定了它的习得必然依赖于深度学习。从深度学习的过程模型来看，深度课堂提升学科核心素养的作用机制主要体现在四个方面：①引起有效注意与学习动机激发；②深度理解建构与高阶思维发展；③深度实践应用与关键能力培养；④深度评价反思与必备品格提升。

第二章
智能时代的深度课堂

内容结构

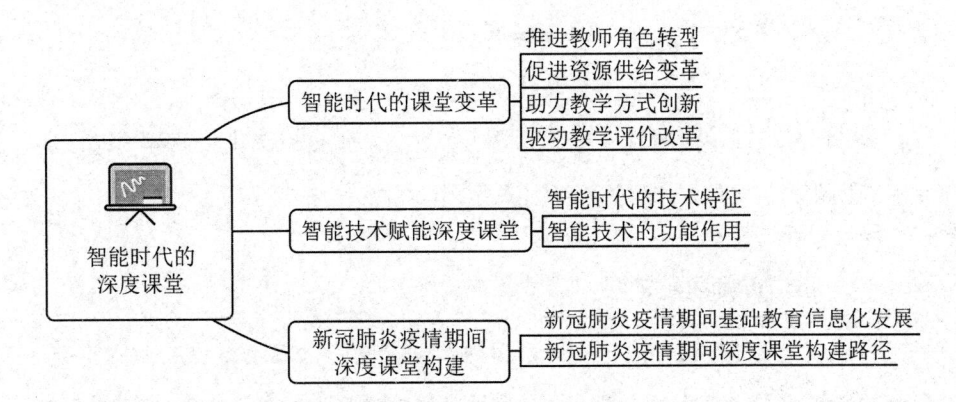

```
                                    ┌─ 推进教师角色转型
                   ┌─ 智能时代的课堂变革 ─┤─ 促进资源供给变革
                   │                 │─ 助力教学方式创新
                   │                 └─ 驱动教学评价改革
                   │
 智能时代的         │                 ┌─ 智能时代的技术特征
 深度课堂  ────────┼─ 智能技术赋能深度课堂─┤
                   │                 └─ 智能技术的功能作用
                   │
                   │  新冠肺炎疫情期间    ┌─ 新冠肺炎疫情期间基础教育信息化发展
                   └─ 深度课堂构建 ──────┤
                                      └─ 新冠肺炎疫情期间深度课堂构建路径
```

　　百年大计，教育为本。习近平总书记在党的十九大报告中指出，建设教育强国是中华民族伟大复兴的基础工程，必须把教育事业放在优先位置。教育的目的在于培养人才，而课堂是教育的主战场。教育改革只有进入课堂层面，才真正进入了深水区；只有抓住课堂，教育才能真正发展。然而，现有的课堂教学无法真正有效促进学生全面发展，难以提升教师专业素质与职业幸福感，使得新时代人才培养需求和现有教育生态间存在严重的断层与错位，这迫切需要变革课堂。新时代呼唤以教育信息化全面推动教育现代化。云计算、大数据、物联网、虚拟现实和人工智能等新技术的广泛应用，推动现代教育从工业社会的1.0时代迈向信息社会的2.0时代，智能时代的深度课堂成为教育信息化发展的趋势与愿景，这就要求重构课堂教学价值观，创新应用智能技术平衡学习需求与教育供给，重塑现有课堂教学生态，尤其是在新冠肺炎疫情期间，如何运用智能技术实现在线教学与课堂教学无缝衔接，以培养符合时代需求的创新人才。本章主要从推进教师角色转型、促进资源供给变革、助力教学方式创新以及驱动教学评价改革方面阐述智能时代的到来对课堂产生的革命性影响。从智能时代的技术特征和智能技术的功能作用揭示智能时代如何赋能深度课堂。从新冠肺炎疫情期间基础教育信息化发展和新冠肺炎疫情期间深度课堂构建路径明确新冠肺炎疫情期间如何构建深度课堂。

第一节　智能时代的课堂变革

课堂一方面是学生学习的主场所，育人的主渠道，教育的主战场；另一方面，也是教学实践的"试金石"、教育研究的"试验田"。没有课堂变革为依托，所有的教育教学改革都会成为空中楼阁。课堂教学具有举足轻重的战略地位，在一定程度上说，课堂教学革命促进人才培养革命，社会人才需求倒逼课堂革命。智能时代的课堂变革具有推进教师角色转型、促进资源供给变革、助力教学方式创新和驱动教学评价改革等重要特征。

一、推进教师角色转型

在信息发达的智能时代，教师曾作为知识垄断者的权威地位被彻底打破，教师的职能缺陷逐渐显现，这就决定了教师必须选择各种技术工具来弥补自身的缺陷。同时，学生可以凭借网络获得丰富的知识信息和广泛的人际互动交流机会，智能技术的引入促使社会对个性化教育需求的激增，促使教师必须对自身所承担的角色进行重新思考。智能时代的教师在课堂教学中主要承担以下角色。

(一)知识习得的引导者

泛在学习环境下，教师不再是学生知识习得的唯一途径，知识习得的途径和方式日趋多样化和多元化。教师应该引导学生合理使用各种获取知识的渠道，引导学生应用知识解决实际生活场景中的各种问题，建构自身的知识体系，以更好地实现其个性化的发展。

(二)思维发展的促进者

教育的本质是促进人更好地发展，时代在变，但教育的本质依旧不变。在信息爆炸的社会，对教育本质的追求日渐成为时代的呼唤。未来社会一定是一个高度智能化的社会，教师应从面向知识体系的传授转向面向学科核心素养的培养，从而实现学生的全面发展。

(三)高阶能力的培育者

传统教学停留在培养学生记忆、理解和初步应用等低阶能力上,无法适应智能时代社会对人才培养的需求。智能时代,教师应融入智能技术发展学生分析、评价和创造等高阶能力,培养具备适应终身发展和社会发展需要的必备品格和关键能力的创新人才。

(四)道德品质的塑造者

学生通过网络获取知识的同时也会受到网络上各种各样价值观的冲击,因此,教师应树立终身学习的理念,用知识技能武装自己,用自身的良好道德品质在潜移默化中影响学生。这既是对中国历史文化道德的传承,又是"以人为本"教育思想的体现。

(五)个性学习的设计者

传统的"班级授课制"限制了学生的个性化发展,而智能技术进课堂,为学生的个性化发展提供了更多的自主选择权。教师应在遵循学生认知规律和身心发展规律的前提下,为不同学习风格、不同学习基础的学生设计个性化的学习路径,最大限度上激发每位学生的学习潜能,从而实现个性化发展。

(六)教学活动的组织者

传统教育模式下,教师是教学活动的主导者,学生是教学活动的参与者。智能时代的课堂教学环境融入多种智能技术,使得教学活动更加智能化、情境化和个性化。教师应激发学生的好奇心和兴趣,让学生积极主动参与到教学活动中,从而实现学生的知识建构与生成,有效达成教育目标。

(七)互动交流的合作者

智能时代的课堂为学生提供了多种情境创设工具、认知工具、创作工具和协作交流工具,教师应合理利用这些工具,以平等对话的姿态融入教学过程的互动交流中,在生生互动和人机互动中架起一座沟通的桥梁,建立以师生共同发展为目标的教学共同体。

二、促进资源供给侧改革

我国自20世纪90年代起便开始关注校本课程的建设,教育部在2001年颁布的《基础教育课程改革纲要(试行)》中提出"国家、地方、学校"三级课程管理机制,目的在于实现"国家、地方、校本"三级课程资源相互补充。学校自我供给的资源既包括学校自主开发的具有地方或学校特色的资源,又包括学校基于自身特色对原有课程资源进行再组织的资源。资源形式包括校本化教学应用的资源及校本课程配套资源。早在2001年,我国就提出要积极利用并开发信息化课程资源,截至目前,已建成的国家级资源平台主要有面向基础教育的国家教育资源公共服务平台和面向开放教育、职业教育、继续教育等的国家数字化学习资源中心。

如何优化数字教育资源供给结构,推动供给侧改革,是智能时代教育信息化发展亟待解决的问题。现有的资源供给模式主要有政府供给、市场供给、公益供给和自我供给。[①] 促进资源供给要调节好政府和市场的关系,政策上鼓励企业积极提供云端支持的、动态更新的、适应混合学习和泛在学习等学习方式的新型数字教育资源及服务,并积极探索和建立市场作用和政府作用有机统一、相互补充、相互协调、相互促进的教育信息化工作新局面。在资源供给的过程中,企业应更加注重个性化服务的提供,以获得较好的用户效益和丰厚的投资回报。优质教育资源供给侧改革要从提高资源供给质量出发,增强数字教育资源的服务能力,建立以服务为中心的资源生态,在规模化应用的基础上凸显个性化服务特征。在我国教育信息化发展的新阶段,研究数字教育资源的供给模式和供求关系,转变数字教育资源建设理念,从"需求侧拉动"转变为"供给侧推动",科学引导供给主体的资源建设方向,激发市场活力,从而有效促进教育信息化的良性发展。同时,各级教育管理部门应充分运用"平台思维"和"共创共建共享"理念,建立数字教育资源应用项目专题网站,打通资源传送的时空界限,为师生获取其他优质资源创造多种途径,不断扩大优质资源的共享范围,弥合因地域差异导致的资源鸿沟,进而推动教育公平。

三、助力教学方式创新

传统教育模式下,学生是学习的旁观者和被动者;未来教育中,学生是学

---

① 柯清超、王朋利、张洁琪:《数字教育资源的供给模式、分类框架及发展对策》,载《电化教育研究》,2018(3)。

习的参与者和构建者。随着教育信息化发展，新的学习方式层出不穷，如翻转课堂、慕课、WebQuest 等，学生的主体性在不断增强。智能技术支持的课堂教学环境和教学资源的改变创新了原有的教学方式。

智能技术支持的教学方式创新，要从面向知识体系的传授转向面向学科核心素养的培养，包括学生的创造能力、审美能力、协作能力、知识的情境化和社会化运用能力，以及处理海量信息的人机协同能力等。在智能教育机器人的支持下，教师可以从烦琐、机械、重复性的教学教务工作中解放出来，获得更充分的时间和精力，投入和关注教学活动的设计与开展，融入高阶目标实现学生个人的成长和发展。同时，通过人工智能技术智能生成个性化教学内容、实时监控教学过程，帮助创设多样化的教学场景，开展多种形式的教学活动，进行个性化交流和答疑辅导，从而实现智能化精准教学。智能时代的课堂以互联网思维为本位创新原有课堂教学理念、目标、流程和评价等环节，最终以变革课堂教学实现培养智慧型人才。如：融合智能技术创新课堂活动方式，实施个性化学习，让学生真正成为学习的主人；融合智能技术实现学生的素质提高，促进全面发展；融合智能技术再造原有教学流程，实现教与学的实时协同；应用大数据和学习分析技术，实现即时多元智能评价；等等。

四、 驱动教学评价改革

教学评价是指以教学目的为标准，通过科学的测评方法对教学过程与教学结果做出相关判断与价值评定，它是为了检验课程是否恰当有效地实现了教育目标，然后采取改进对策的一种活动。传统的教学评价主要是以到现场听课、观看课堂实录等方式进行评课，这种依靠经验和观察的评价方法在一定程度上能够反映教学的实际问题，但不能客观、全面地映射出存在于教学问题背后的深层原因。智能技术应用于教育领域，通过采集教与学场景中的数据，利用大数据分析技术对各项数据进行深度挖掘，智能分析和评价学生的学习过程和学习行为，破解个性化教育难题，从而为教育教学提供创新解决方案。

智能时代强调融合创新，教学评价要求评价主体多元、评价方式多种和评价内容多样，采用教师、学生、家长等多主体，自评、互评、教师评价等多方式，从教学目标达成、师生交流互动、课堂教学容量等多视角进行综合评价。一方面它能够引导学生反思自己目前的学习状况，知道自己的缺陷与短板，从而及时调整自身的学习方式，攻克自身的不足与缺点；另一方面教师也能够根据评价的结果，及时调整教学策略，从而更具有针对性地开展课堂教学。例如运用新型信息技术，对教师教学过程、教师日常活动数据、学生学习过程和学习行为进行记录、分析，从而更为科学、准确地反映教学的真实情况。

第二节 智能技术赋能深度课堂

课堂是教育的主战场与主渠道，它一端连接着学生，另一端连接着民族的未来。教育改革只有进入课堂层面，才能真正发挥它的生命力与价值。融合智能技术实施深度课堂教学对发展学生综合素质具有重要作用，并逐渐成为培养学生核心素养的重要途径。

一、智能时代的技术特征

智能时代，新兴技术在教育中应用的广度和深度都得到了质的提升。只有准确把握智能时代的技术特征，才能更好地利用智能技术实现教育教学全过程的变革与创新，智能时代的技术特征具体如下。

(一)智能化

教学过程中产生的海量数据蕴藏着丰富的价值，借助于智能技术高性能并行运算可以释放这种价值与能量，从而使其服务于教育教学，实现数据驱动的智能化教学。未来，在教育领域将会有越来越多支持教与学的智能工具，智能教学将给学生带来新的学习体验。在线学习环境将与生活场景无缝融合，人机交互更加便捷智能，泛在学习、终身学习将成为一种新常态。

(二)精准化

传统的学生档案袋记录不能及时、全面地反映学生真实的学习状况，学习分析技术为收集学生全过程学习数据提供了全新的解决途径，并能运用多种分析方法和建立数据模型来解释与预测学生的学习行为，从而准确把握学科教学目标、调整教学策略和优化教学过程。此外，智能技术还能捕捉学生的情感状态和生理行为数据，如利用穿戴设备、语音识别和眼球追踪等数据捕获设备，捕捉学生的生理和行为数据，获取学生的情感状态和学习注意力数据，挖掘深层次的行为数据，为精准的学习支持服务提供依据。

(三) 个性化

智能时代对学生学习提出了更高的诉求，时间地点固定且步调统一的学习方式逐渐被打破，他们追求一种自定步调、在任意时间、任意地点的个性化学习方式。人工智能技术通过分析来自计算机、传感设备、摄像头等智能终端的数据，能够跟踪学生和教师的所有行为，对特定场景下的行为进行全面分析，从而得出面向特定对象的特定需求，再借助自适应学习支持系统将匹配的学习内容、学习路径和学习资源推送给特定学生。

(四) 协同化

人机协同发展是人工智能推动教育智能化发展的技术特征之一。从学习科学的角度来说，学习是学生根据自身已有知识去主动构建和理解新知识的过程。但对于人工智能来说，新知识是它们所无法理解的，所以这种时候学生就需要教师的协同、协助和协调，来帮助人工智能掌握新知识。[①] 因此，在智能学习环境中，教师的参与必不可少，人机协同将是人工智能辅助教学的最显著特征。

(五) 泛在化

随着终身学习理念的发展，泛在学习为终身学习提供了较好的方式。泛在学习是远程教育常态化的一种体现，智能技术使得学习空间得到极大的拓展，学生在任何地点、任何时刻都能够自主选择学习时间、地点、内容和方式。

二、智能技术的功能作用

智能技术赋能教育已成为时代发展的必然趋势。智能学习环境作为智能时代学生发展与成长的关键场所，它主要是指人工智能、第五代移动通信技术、

[①] 梁迎丽、刘陈：《人工智能教育应用的现状分析、典型特征与发展趋势》，载《中国电化教育》，2018(3)。

大数据、物联网等技术融入课堂教学中所形成的线上线下融合的学习环境。[1] 结合智能技术在课堂教学中的应用场景，它具有以下七个方面的功能作用。[2]

(一)学情诊断

智能技术能够提供学情精准诊断。利用智能化学习平台，借助学习分析技术与情感分析技术等对学生的学习基础、学习风格、学习兴趣与学习动机等展开全方位分析，从而对学生的学习情况进行精准诊断，发现学生的知识盲点与困惑点，有针对性地采取教学措施，实现有效教学。

(二)情境创设

智能技术能够帮助教师创设真实化学习情境。智能技术能够根据学情诊断情况，结合学生生活的实际场景，为学生提供视频、动画、案例等交互式资源，创设与学生生活息息相关、与学生实际经验相符，同时易引发学生共鸣的真实问题情境。

(三)资源推送

智能技术能够自适应为学生推送个性化学习资源。智能技术能够根据大数据技术和人工智能技术等，按照教学目标和学习主题内容，结合对学生的学习行为过程记录，精准推送满足学生实际需要的学习资源。学生则可以根据自己的学习兴趣，选择合适的学习资源进行学习。

(四)个性支持

教师可通过智能学习终端为学生推送个性化的拓展材料、解答不同的个性化问题、建立线上线下的无缝连接。在智能技术的支持下，教师能够利用多样化的学习工具，如思维可视化工具、设计制作工具、创造工具等，引导学生相互争鸣、合作交流等，从而落实培养学生的高阶思维能力与品质。

(五)协作交流

智能技术能够充分支持师生的协作学习。教师可以借助互动讨论平台，有

---

[1] 逯行、沈阳、徐晶晶等：《智能学习环境中主体需求冲突及其平衡研究》，载《现代远程教育研究》，2020(1)。

[2] 黎佳：《基于深度学习的课堂改进行动研究》，硕士学位论文，广州，华南师范大学，2020。

效支撑班级内外的即时和异步讨论，引导学生就某一学习问题进行批判；同时也能够支持小组开展协作学习，进行作品创作分享等，学生与学生之间也能够不断交互协作，从而促进学习共同体的形成。

(六)汇报展示

智能技术能够支持学生作品的展示汇报。通过智能技术诊断学生的基本学情，发掘出学生的优秀作品，推荐给其他学生观摩学习。另外，利用智能技术也可将学生学习过程中出现的典型错误进行分享，教师引导学生深度剖析，从而帮助学生更为有效地掌握学习方法。

(七)智能评价

教学评价是以教学目的为标准，通过科学的评测方法对教学过程与教学结果做出相关判断与价值评定。智能时代的课堂教学评价不仅注重学生的学习结果，而且关注学生的学习过程。智能环境提供量化多样化的评价工具，如借助学习仪表盘等技术，智能评价学生对知识的掌握情况，智能分析学生学习中存在的短板，并针对性地提出反馈建议，有效支撑学习全过程。

第三节 新冠肺炎疫情期间深度课堂构建

新冠肺炎疫情期间，全国多省份陆续启动重大突发公共事件一级响应。教育部根据习近平总书记关于坚决打赢疫情防控阻击战的重要指示精神和党中央、国务院决策部署，及时做出了延期开学的决定，倡议疫情防控期间各地中小学利用网络教学，并立即启动了"停课不停学"工作。各地教育部门和中小学校带领广大教师以高度的政治责任感和历史使命感，迅速行动、勇于担当、团结一致、共克时艰，坚持把做好疫情防控放在首位，努力为亿万中小学生居家学习提供优质教育指导服务，开展了一场史无前例的大规模在线教育实验，取得了积极成效。疫情时期的在线教育，直面社会各界对在线教育的质疑和阻力，使人们对开展在线教育教学的必要性和紧迫性的认识空前提高。新冠肺炎疫情期间，课堂教学回归常态化，我们应该重新审视课堂教学，基于智能环境的深度课堂的构建将成为课堂教学变革的重要方向。

一、新冠肺炎疫情期间基础教育信息化发展

疫情就是命令，防控就是责任。疫情期间，全国各地万众一心、携手抗击疫情，坚定信心、同舟共济、科学防治、精准施策，为坚决打赢疫情防控的人民战、总体战、阻击战贡献力量。人与人之间物理隔离成为当下学习、工作和生活需要面对的问题之一，企业推迟复工，学校延期开学成为遏制疫情蔓延的有效手段。疫情期间大规模在线教育实验能够顺利实施，离不开党中央、国务院的正确部署及教育部的有效指导，更离不开我国教育信息化事业的超前部署和未雨绸缪。2020年2月，教育部应对新型冠状病毒感染肺炎疫情工作领导小组办公室发布《关于疫情防控期间以信息化支持教育教学工作的通知》，提出改善网络支撑条件、提升平台服务能力、汇聚社会各方资源、采取适宜教学方式、优化教育管理服务和强化网络安全保障六项基本任务。3月，教育部发布《关于加强"三个课堂"应用的指导意见》，提出到2022年全面实现"专递课堂""名师课堂""名校网络课堂"三个课堂在广大中小学校的常态化按需应用，建立健全利用信息化手段扩大优质教育资源覆盖面的有效机制，开不齐、开不足、开不好课的问题得到根本改变，课堂教学质量显著提高，教师教学能力和信息素养持续优化，学校办学水平普遍提升，区域、城乡、校际差距有效弥合，推动实现教育优质均衡发展的总体目标。7月15日，全国教育信息化工作会议指出，要深入总结大规模成功实现"停课不停学"的经验，认真把握好线上线下教学融合发展的趋势，化危为机、主动求变，着力固根基、扬优势、补短板、强弱项，乘势而上加快推进教育信息化建设。学校是教书育人的主要场所，承担着立德树人、培养人才的重大责任。未来社会对人才的需求正在发生较大的变化，尤其是在新冠肺炎疫情对全球社会各行各业的冲击之下，"被迫"的数字化转型成了经济社会持续健康发展的一缕曙光。

纵观世界各国的教育事业发展，信息化理念、手段和工具与教育教学的深度融合已经成为一个重要的共识。中国学生发展核心素养的确立，为培养能够适应未来社会发展和个体自身终身发展需要的创新型人才指明了方向，而在现有的研究和实践中，我们也能发现教育信息化的重要作用。新冠肺炎疫情期间，面向未来的教育信息化发展具有体现线上线下教学融合、推动学习空间智

能弥合、助力学习资源精准供给、深化教学模式重构创新和推进教学评价多维重整等趋势。

(一)体现线上线下教学融合

未来教育必然是构建在互联网上的新教育,信息化支撑下的新型教育生态必将形成。① 步入教育信息化2.0时代,从应用驱动到创新引领的教学方式变革呼唤着重建教育价值观念、创新教育目标体系、重塑教育内容资源,重组教育结构流程,重整教育评价范式。以人工智能、大数据为代表的新兴智能技术普及应用不断赋能社会经济生产的各行各业,不断变革社会组织形态,融合互联网思维推动线上线下教学融合,就需要将互联网作为创新要素,融入教育教学各方面中。教师、学生、学校、家长和管理者等不同角色需要重新审视在线教学的功能作用,面向教育未来发展方向合力创新现有教育教学的理论、方法、模式和评价等方面,体现线上线下教学融合。

(二)推动学习空间智能弥合

重新设计学习空间,利用新型信息技术工具持续推动多类学习空间的智能弥合是未来教育信息化发展的一大趋势。具身认知理论认为,个体的生理体验和心理状态之间有较为密切的联系,而学习空间的物理环境和交互层次等都会影响到个体的生理体验,从而影响到个体的心理状态。网络学习空间是由教育主管部门或学校认定的,融资源、服务、数据为一体,支持共享、交互、创新的实名制网络学习场所。同时,网络学习空间也是联通人工智能、虚拟现实(VR)、增强现实(AR)和融合现实(MR)等新兴技术教育应用的重要渠道。依托网络学习空间实现多空间的有机弥合,能够为实现泛在学习和终身学习提供有力支持。

(三)助力学习资源精准供给

学习资源是开展学习活动的重要物质基础,学习资源的开放共享是实现教育公平发展的重要衡量指标。我国现有数字教育资源供给模式主要包括政府供

---

① 杨宗凯:《中国信息化2.0与教育教学创新发展》,载《中国大学教学》,2018(1)。

给、市场供给、公益供给和自我供给四种模式。[①]《教育信息化2.0行动计划》提出要实现教育专用资源向教育大资源转变，更加彰显学习资源在支持终身教育发展上的重要作用。[②] 依托5G网络、人工智能和大数据等新兴技术打造的"双师课堂"，不仅实现了优秀教师资源的共享，而且促进了教学资源的精准供给，为提升教育质量、促进教育公平和教育精准扶贫提供了重要途径。

(四)深化教学模式重构创新

教学模式既是教学理论与教学方法的系统化集合，又是教学活动和教学过程的可视化表征。以"互联网+"教育理念为指导，重塑教学目标、重构教学内容、再造教学流程、重整教学评价，培养符合社会发展和自我终身发展的新时代创新人才，是教育信息化发展一贯以来的价值导向。尤其是在疫情防控期间，以教师在线授课，学生居家学习，家长配合指导为主要特征的在线教学模式逐步成为"停课不停学"期间的主要教学形态，更加凸显教学信息化的功能价值。面向未来，线上线下融合式学习必将成为未来教学模式的主要形态，也是智能技术支持下教学模式重构创新的重要趋势。

(五)推进教学评价多维重整

评价的目的是做出价值性判断，而更多情况下，评价是为了更好地完善和创新。新时代创新人才的评价标准不应单一教条，而应多维发散，以核心素养为导向多维度智能化评价学生的学习结果，并基于此提供针对性的改进建议，帮助学生全面的成长与发展。依托物联网、人工智能和大数据等技术多维度收集学生学习数据，可以更加全面真实地反映学生的学习情况；通过可视化呈现帮助教师和学生发现学习问题，为下一次的改进优化指明方向。

二、新冠肺炎疫情期间深度课堂构建路径

新冠肺炎疫情给教育带来了深远影响，课堂教学面临了诸多机遇和挑战，

---

① 柯清超、王朋利、张洁琪：《数字教育资源的供给模式、分类框架及发展对策》，载《电化教育研究》，2018(3)。
② 中华人民共和国教育部：《教育部关于印发教育信息化2.0行动计划的通知》，http://www.moe.gov.cn/srcsite/A16/s3342/201804/t20180425_334188.html, 2018-04-13.

课堂变革的必要性和迫切性进一步凸显。这迫切呼唤深入实施课堂革命，重塑课堂教学价值观，重构课堂教学结构，再造课堂教学流程，深入融合智能技术打造深度课堂，培养符合时代发展需求的、堪当民族复兴大任的复合型人才。新冠肺炎疫情期间深度课堂构建，应以深度课堂理论为指导，重塑课堂教学价值观，形成课堂教学新样态，主要包括以下七个环节，具体如图2-1所示。

选择学习单元 → 分析单元内容 → 确定单元目标和主题 → 开展教学设计 → 实施教学活动 → 推进教学评价 → 形成示范辐射

图 2-1　新冠肺炎疫情期间深度课堂构建路径

(一)选择学习单元

学习单元是教材组织教学内容的固定形式。在选择学习单元时，教师可以打破原有教材的逻辑框架，适当调整原有学科知识前后的组织顺序，按照实际教学需要对单元内容的顺序和呈现方式进行结构重组，在厘清各知识点之间联系的基础上，根据学科核心素养的要求归并重构教学内容，形成以学生发展为内核的新的学习单元。

(二)分析单元内容

单元内容是具有完整知识脉络，相互联系的同类型知识合集。在分析单元内容时，尤其要注重分析学科特征和单元内容结构。学科特征分析主要是明悉学科的科目性质以及课程的培养要求，如数学是研究数量关系和空间形式的科学，是使学生掌握必备的基础知识和基本技能，培养学生的抽象思维和推理能力、创新意识和实践能力、促进学生在情感态度和价值观等方面发展的重要科目。一般对单元内容结构的分析主要从知识结构和思想方法两个方面展开。对知识结构的分析，一方面从横向上比较各核心内容点之间的并列关系，明悉各个课时所要承载的学习内容；另一方面从纵向上比较各核心内容之间的递进关系，明确各个课时所安排的学习任务。而对单元内容结构的分析能够帮助教师挖掘出蕴含在核心知识中的学科思想方法，促使教师明确各部分内容所反映的学科核心素养要素。[①]

(三)确定单元目标和主题

单元内容要在单元目标的导向下细化为系列主题，才能在课堂教学中有效落实。在确定单元目标和主题时，一方面，要注重单元目标的统整性和指导性。单元目标的确立是开展教学的重要基石，把握着整个单元教学的走向。同时，单元目标的确立对教学内容的组织具有重要的指导意义。单元目标要在确定全体学生都能达成的三维目标的基础上，融入学科核心素养要素，以促进学生的全面发展。另一方面，要明确各知识点之间的逻辑和层次关系。同一单元中的知识点之间并不是毫无联系，而是紧密相关的，要深入分析各知识点的内在逻辑关系，挖掘出各知识点之间的隐藏关系，从而确定单元主题。

(四)开展教学设计

深度课堂的教学设计要求教师以学生学习为中心，围绕教与学活动进行设计，以促进教学目标的达成。在开展教学设计时，要求对标深度课堂的目标，合理运用各种智能技术设计批判性理解、信息整合、知识建构和问题解决等学习活动，让学生在积极主动参与活动中潜移默化理解、运用并掌握知识。

(五)实施教学活动

深度课堂中的教学活动注重培养学生的批判性思维、知识迁移能力和问题解决能力。在实施教学活动时，借助各种智能技术创设智能感知环境，通过自主学习、合作学习、探究学习等方式，引导学生完成学习任务，根据学生目标达成情况及时调整教学策略。

(六)推进教学评价

教学评价是深度课堂设计的重要环节，一方面能够引导学生反思自己目前的学习状况，知道自己的缺陷与短板，从而及时调整自身的学习方式，攻克自

---

① 谢幼如、黎佳：《智能时代基于深度学习的课堂教学设计》，载《电化教育研究》，2020(5)。

身的不足与缺点；另一方面教师也能够根据评价的结果，及时调整教学策略，从而更具有针对性地开展课堂教学。因此，教学评价需要从诊断性、形成性和总结性评价三个方面入手，结合深度学习的特征，借助学习分析和大数据等技术实现多元持续评价。

(七)形成示范辐射

课堂教学具有鲜明的学科特色，同时也具有鲜明的教学风格，这些都会形成一套教师自身独特的教学方法和理论。课堂教学不是闭门造车，而是在相互交流中共同成长。因此，教师应该在教学实践中不断总结凝练，形成一套规范的、操作性强的实施流程，扩大其示范辐射作用和影响力，以供本学科或其他学科参考与借鉴，促进共同发展。

智能时代呼唤深化教育教学改革，随着对深度课堂的关注逐渐增加，指向学生核心素养的深度课堂变革将是大势所趋。教师可根据实际情况，合理运用各种智能技术构建带有学科特色的深度课堂，实现新冠肺炎疫情期间的课堂教学的有效衔接，培养学生的核心素养和高阶能力，从而有效应对社会发展对人才培养的需求。

【本章小结】

本章主要介绍了智能时代的课堂变革，明悉了智能技术赋能深度课堂作用点，提出了新冠肺炎疫情期间基础教育信息化发展趋势及深度课堂的构建路径。具体要点如下：

1. 智能时代的课堂变革

智能时代的课堂变革主要体现在四个方面，具体包括：①推进教师角色转型；②促进资源供给变革；③助力教学方式创新；④驱动教学评价改革。

2. 智能技术赋能深度课堂

智能时代的技术特征包括五个方面，具体体现：①智能化；②精准化；③个性化；④协同化；⑤泛在化。智能技术赋能课堂教学已成为课堂变革的必然趋势，结合智能技术在教育教学中的应用场景，本章认为其功能作用主要体现在七个方面：①学情诊断；②情境创设；③资源推送；④个性支持；⑤协作交流；⑥汇报展示；⑦智能评价。

3. 新冠肺炎疫情期间基础教育信息化发展

新冠肺炎疫情期间，面向未来的教育信息化发展趋势主要如下：①体现线上线下教学融合；②推动学习空间智能弥合；③助力学习资源精准供给；④深化教学模式重构创新；⑤推进教学评价多维重整。

4. 新冠肺炎疫情期间深度课堂构建路径

新冠肺炎疫情期间深度课堂的构建路径主要包括七个环节：①选择学习单元；②分析单元内容；③确定单元目标与主题；④开展教学设计；⑤实施教学活动；⑥推进教学评价；⑦形成示范辐射。

第三章
智能时代深度课堂的教学设计

> **内容结构**

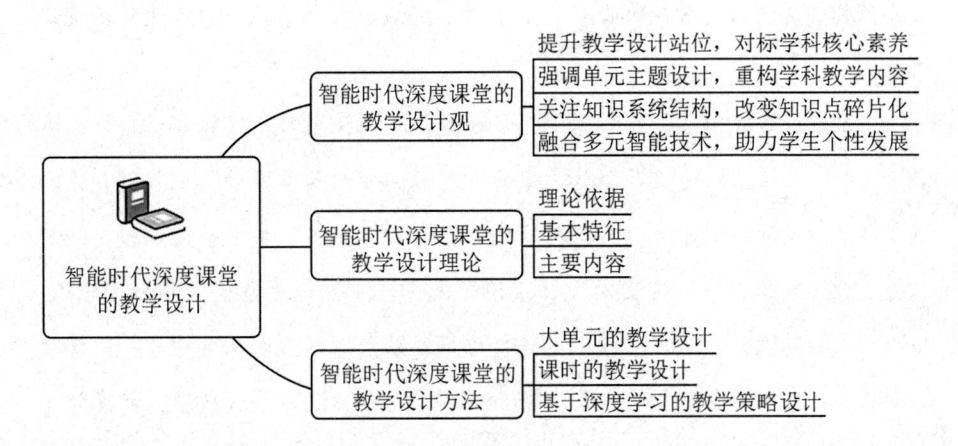

```
智能时代深度课堂     ┌── 智能时代深度课堂的      ┌─ 提升教学设计站位，对标学科核心素养
的教学设计           │   教学设计观              ├─ 强调单元主题设计，重构学科教学内容
                     │                          ├─ 关注知识系统结构，改变知识点碎片化
                     │                          └─ 融合多元智能技术，助力学生个性发展
                     │
                     ├── 智能时代深度课堂的      ┌─ 理论依据
                     │   教学设计理论           ├─ 基本特征
                     │                          └─ 主要内容
                     │
                     └── 智能时代深度课堂的      ┌─ 大单元的教学设计
                         教学设计方法           ├─ 课时的教学设计
                                                └─ 基于深度学习的教学策略设计
```

为落实立德树人根本任务，培养学生必备品格与关键能力，课堂教学必须从浅层走向深度。作为人才培养的主渠道，课堂一端连接着学生，另一端连接着民族的未来。推进基础教育课堂教学改革，培养学生具备适应终身发展和社会发展需要的必备品格和关键能力是时代发展的诉求，也是建设教育强国的必然要求。基于此，本章将主要从智能时代深度课堂的教学设计观、教学设计理论、教学设计方法三个方面进行介绍。

第一节　智能时代深度课堂的教学设计观

人工智能、虚拟现实等智能技术正持续推动教育领域的深层次变革，特别是对基础教育课堂教学产生深远影响，开始由师本课堂转向生本课堂、由浅层课堂转变为深度课堂，教学逐步由传递式走向对话式。新时代课堂教学方式的变革催生出全新的教学设计观，传统教学设计观无法适应智能时代的发展需要，亟须我们从传统课堂教学设计观念向智能时代基于深度学习的课堂教学设计观转变。① 智能时代的深度课堂教学设计符合新课程理念，能解决目前以学科核心素养为导向的教学设计中存在的问题，真正有利于学生学科核心素养的培养和新课程理念的落实。

一、提升教学设计站位，对标学科核心素养

学生发展核心素养是指学生所应具备的适应终身发展和社会发展需要的必备品格和关键能力。学科核心素养是学生发展核心素养下位概念，也是其关键所在。

教学设计是教学理论与教学实践的桥梁，它从注重"双基"到三维目标再到学科核心素养转变。传统教学设计注重实现"双基"，即重视学生对基础知识和基本技能的掌握，注重培养具有扎实的基础知识、熟练的基本技能和较高的解题能力的学生。然而这种教学设计定位背离了学生的全面发展，割裂了知识、技能与生活的联系，窄化了教育的功能作用，从而形成以课本为中心、以课堂为中心、以教师为中心的传统论，基于"双基"的教学设计是应试教育在课堂中的具体体现，明显不符合时代发展的实际需要。基于此，国家开展新课程改革，教学设计的定位转向三维目标论，即知识与技能、过程与方法、情感态度与价值观。三维目标导向的教学设计注重学科知识与生活的有机整合，突出对学生学习能力的培养，体现对学生的思维品质和人格的关注，以三维目标为导向的教学设计是素质教育在课堂教学中的具体体现，体现出以学生为中心的理念。然而在教学实践的过程中，三维目标往往被虚化，即知识与技能过分被关注，过程与方法过分被轻视，情感态度与价值观过分形式化，因此以三维目标为导向的教学设计逐渐被学科核心素养所取代。②

以落实学科核心素养，培养学生必备品格与关键能力为导向的教学设计观是当前课堂改革的主旋律、最强音，也是智能时代基础教育发展的生长点与立足点。它不仅突出学科的本质，而且强调学科的育人价值。开展智能时代基于

---

① 谢幼如、黎佳：《智能时代基于深度学习的课堂教学设计》，载《电化教育研究》，2020(5)。
② 黎佳：《基于深度学习的课堂改进行动研究》，硕士学位论文，广州，华南师范大学，2020。

深度学习的课堂教学，要求教师提升教学设计站位，以学科核心素养为导向，注重学生批判性思维、知识迁移和问题解决能力等的培养。

二、强调单元主题设计，重构学科教学内容

课堂教学的魅力不仅仅来源于教学艺术，更重要的是来源于教学内容，而教学艺术服务于教学内容。教学内容由课程教学大纲和教科书规范，对于教授同一门课程、使用同一本教材、面对同一批学生的不同教师来说，课堂教学效果存在差距的关键原因就是对教学内容的整合、优化和开拓。以往的课堂教学内容按照教科书的编排循序渐进，固化学生的思维模式，不利于发散学生的思维。深度课堂的目标是促进学生的思维发展，实现学生的深度学习，需要对教材内容进行"二次开发"，依据教材内容的脉络，挖掘教学内容的深度和广度，对课堂教学内容进行重构，形成来源于教材但高于教材的教学内容。

智能时代基于深度学习的课堂教学设计强调以单元主题的形式重构学科教学内容。单个课时内容难以落实学科核心素养，难以系统培养学生的必备品格与关键能力，这就要求教师在系统分析课程标准、教材和学生需求的基础上，以单元主题的形式重构教学内容，并按照具有一定难度梯度的任务群和问题链系统设计教学活动。单元主题的设计应以教材单元为基础，根据单元内容的特征、性质进行确定。同时，单元主题的设计还应根据学习者的实际需要，选择符合学生生理、心理和认知需求且贴切学生实际生活情境。单元主题应是对学科教学内容的总结凝练。教学内容可以只涉及一门学科内容的归并重组，也可以是跨学科内容的融合创新，但它围绕既定的单元主题，具有一定的逻辑结构，体现一定的难度梯度。[①]

三、关注知识系统结构，改变知识点碎片化

碎片化学习是智能时代学习方式和学习行为的重大变革，符合当代人的学习价值观，以这种方式习得的碎片化知识需要学习者具有一定的自主学习能力和知识重整能力。传统课堂教学注重单一知识点的设计，相对割裂知识点与知

[①] 黎佳：《基于深度学习的课堂改进行动研究》，硕士学位论文，广州，华南师范大学，2020。

识点之间的联系，形成零散的碎片化知识。因此，学生难以系统梳理碎片化知识内容，难以发现知识点和知识点之间的关系，难以实现对知识内容汇聚创新，从而容易对知识内容产生片面化认识。相关研究表明，碎片化学习的内容表现出很强的不完整性，零散而无序，知识缺乏汇集、过滤、归纳、反馈与创新，难以形成完备而系统的知识体系。碎片化学习方式容易导致学习者的学习停留在浅层学习水平，容易加重学习者的认知负担[1]，而深度学习通过整合信息促进知识的建构，从而促进学生对碎片化知识的深度加工。基于深度学习的课堂教学设计关注知识的系统结构，强调从整体上厘清知识点之间的逻辑关系，梳理知识点之间的完整脉络，从而帮助学生全面掌握知识内容，促进其高阶思维能力发展。

四、融合多元智能技术，助力学生个性发展

智能时代基于深度学习的课堂教学设计要求融合多元智能技术，助力学生个性发展。这就促使教师以学生为中心，在遵循学生身心发展规律、学习规律的前提下，推进智能技术与教学的多方位、全过程深度融合，从而有效推进教育教学改革，促进教育现代化。具体来说，教师能够在智能学习环境下，借助学习分析技术与情感分析技术智能诊断学生学情并根据学生的实际情况有针对性地开展教学；智能学习环境能够提供多样的视频、动画、案例等交互式资源。教师能够根据学情诊断情况，创设易引发学生共鸣的学习情境；同时，智能学习环境也能够动态记录学生的错题情况，根据学生的做题情况智能诊断出学生的知识盲点，从而帮助梳理知识内容的结构。再者，智能学习环境利用大数据技术、人工智能技术，结合对学生的学习行为过程记录，精准推送满足学生实际需要的学习资源；它还能够提供多样化学习工具，如思维可视化工具、设计制作工具、评价创造工具等，学生能够根据自身的实际需要个性化选择。此外，智能学习环境能够有效支撑班级内外的即时和异步讨论，能够支持小组开展协作学习、进行作品创作分享等。它也能提供量化多样化的评价工具，有效支撑

---

[1] 黄建锋：《基于"互联网+"的碎片化学习策略研究——从"碎片"到"整体"的嬗变》，载《电化教育研究》，2017(8)。

学习过程的全方位评价，从而有效助力学生的个性化发展。

第二节 智能时代深度课堂的教学设计理论

智能技术的迅猛发展引发了教学方式的变革和教学过程的优化，深度课堂教学实践的开展必然依赖于新型教学设计理论的指导。深度教学作为一种理念，有其存在的理论基础，它并不是一味地追求知识的难度和深度，而是遵循学生的心理特点和认知水平而展开的。本书认为，智能时代深度课堂教学设计的理论主要有深度学习理论和教学设计理论。[1][2]

一、理论依据

(一)深度学习理论

从学习科学的角度上来说，深度学习是相对于表层学习、机械学习和无意义学习而言的。[3] 深度学习强调学习者在主动理解学习内容的基础上，批判性地吸收新知识新观点并纳入原有认知结构，在新的问题情境中迁移应用，做出决策和解决问题，最终实现学习者批判性思维、知识迁移能力、问题解决能力的显著提升。它不仅关注学习的过程，而且关注学习结果，尤其是在真实问题情境下学习者的体验与感受。深度学习具有三个显著特点。第一，注重批判性思维的提升。深度学习要求学习者在建构自身知识体系的过程中，能够批判性地学习新知识，并对其进行深入的思考，能够形成自己的理解和看法。第二，强调知识的迁移应用。深度学习要求学习者在批判性理解所学知识的前提下，灵活运用知识与技能到不同的学习情境中，能够做到融会贯通，举一反三。第三，面向真实情境下的问题解决。深度学习要求学习者能够熟练地综合运用所学知识解决现实生活中的复杂问题。同时，深度学习体现出学习结果"深"、学习方式"深"与学生参与度"深"。

---

[1] 黎佳：《基于深度学习的课堂改进行动研究》，硕士学位论文，广州，华南师范大学，2020。
[2] 谢幼如、黎佳：《智能时代基于深度学习的课堂教学设计》，载《电化教育研究》，2020(5)。
[3] 崔友兴：《基于核心素养培育的深度学习》，载《课程·教材·教法》，2019(2)。

1. 学习结果"深"

深度学习要求学习者不仅能够识记学习内容，能够灵活运用方法与策略综合分析问题，而且能够成功解决真实情境下的复杂问题。因此，深度学习体现出学习结果之"深"。根据布鲁姆教育目标分类理论与 SOLO 目标分类法，构建如图 3-1 所示的深度学习层次图。①

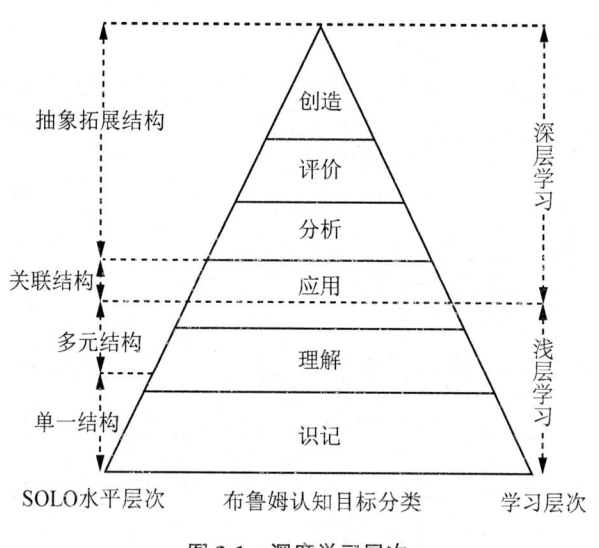

图 3-1 深度学习层次

从布鲁姆的认知目标分类的角度来说，"识记、理解、初级应用"层次属于浅层学习，"高级应用、分析、评价、创造"层次属于深度学习。② 当学习者属于浅层学习时，其认知水平停留在"识记、理解、初级应用"层次，主要是对知识的简单描述、机械记忆与刻板复制。当学习者属于深度学习时，其认知水平保持在"高级应用、分析、评价、创造"层次，主要是学习者能够在新的情境中运用所学知识与技能，根据材料内容分析要素并明确要素之间的关系，能够依据一定的标准对所学知识与技能做出价值性判断，或者能将各要素整合成为一个适用的整体并构成新的模式和结构。

按照 SOLO 分类法，"单一结构、多元结构"属于浅层学习，"关联结构、抽

---

① 黎佳：《基于深度学习的课堂改进行动研究》，硕士学位论文，广州，华南师范大学，2020。

② 刘哲雨、郝晓鑫：《深度学习的评价模式研究》，载《现代教育技术》，2017(4)。

象拓展结构"属于深度学习。当学习者属于浅层学习时，其思维多处于在前结构、单点结构、多点结构层次。① 即学习者会出现三种情况：学习者基本无法正确理解问题和解决问题；学习者只能联系单个素材解决问题，但是不全面；学习者能联系多个有限的、孤立的素材解决问题，但是回答不完整。② 当学习者属于深度学习时，其思维集中在关联结构与抽象拓展结构层次。③ 即学习者能够批判理解学习内容，在不同知识之间建立联系，并形成较为一致的知识结构解决较为复杂的具体问题；或学习者能够对问题进行全面思考，概括出抽象特征并引用到新的情境中解决问题。

2. 学习方式"深"

深度学习体现出学习方式之深，学习者在主动学习的过程中，以任务完成为导向，以问题解决为目标，采用自主、合作、探究等多种学习方式，从而有效落实学科核心素养，培养高阶思维品质与能力。纵观目前课堂现状，学生仍存在死记硬背、机械训练等问题，学生学习方式单一被动，以教师为中心、以课堂为中心和以书本为中心的局面仍然常见。新课程改革以来，学生课堂学习方式逐步多样化，"主动参与、乐于探究、勤于动手"的课程改革理念得到教师的广泛认同，自主学习、合作学习、探究学习成为当前中小学课堂学习中最主要的三种学习方式。④ 然而，众多一线教师在基本原理和操作程序上缺乏对自主学习、合作学习与探究学习等方式的正确认识和熟练掌握，因此使得自主学习、合作学习和探究学习流于形式，课堂常以简单提问、浅层合作、表层探究、角色扮演等活动组织开展，造成"假自主、假合作、假探究"的现象，从而难以发挥真正的效果。深度学习的方式之"深"在于它改变"假自主、假合作、假探究"现状，真正让学生在自主学习过程中深度理解、在合作学习过程中

---

① 张浩、吴秀娟、王静：《深度学习的目标与评价体系构建》，载《中国电化教育》，2014(7)。

② 吴有昌、高凌飚：《SOLO分类法在教学评价中的应用》，载《华南师范大学学报(社会科学版)》，2008(3)。

③ 张浩、吴秀娟、王静：《深度学习的目标与评价体系构建》，载《中国电化教育》，2014(7)。

④ 安富海：《促进深度学习的课堂教学策略研究》，载《课程·教材·教法》，2014(11)。

批判建构、在探究学习过程中迁移应用,真正做到以学生学习为中心、以学生学习效果为中心、以学生发展为中心,从而有效促进学科核心素养的落实,学生批判性思维的发展,学生知识迁移能力的提升与问题解决能力的培养。

3. 学生参与度"深"

学生参与度是学生在认知、行为和情感三个方面的综合表现,即学生能够持续参与学习活动并表现出积极的情感体验。① 学生参与度"深",一般表现出积极的情感特质,如积极、主动、乐观、好奇;学生参与度"浅",则他们在学习的过程中常感到沮丧、丧失信心、毫无兴趣,最终可能导致放弃学习。深度学习体现学生参与度"深"。第一,深度学习倡导在公正平等、互利共赢的基础上建立"学习共同体",强调共同学习。② 第二,真实的问题情境能够激发学生互动交流、共同探讨的兴趣。第三,明确的任务目标促使学生规则有序地参与活动。第四,融洽的氛围有助学生批判质疑、协作探讨。第五,多样化的学习方式实现学生个性化发展。第六,多元的评价全面反映学生知识掌握情况。在学生积极参与课堂学习的过程中,每位学生都能够充分利用学习工具与学习资源理解新知识与新内容、批判新观点与新概念、运用新手段与新方法、解决新任务与新问题。

(二)教学设计理论

教学设计是指应用系统化的方法分析、研究教学的问题和需求,确定解决它们的教学策略、教学方法和教学步骤,并对教学结果做出评价的一种计划过程与操作程序。③ 一般来说,教学设计的主要内容包括教学目标的设计、学习者特征分析、教学内容设计、教学环境设计、教学资源设计、教学模式与策略设计、教学评价的设计等要素。本书结合史密斯-雷根模型④,主要从教学目标分析、策略设计与教学评价三个方面进行具体分析,具体模型如图 3-2 所示。

---

① Chapman, Elaine(2003), Alternative Approaches to Assessing Student engagement Rates, *Practical Assessment*, (8).
② 何克抗:《深度学习:网络时代学习方式的变革》,载《教育研究》,2018(5)。
③ 谢幼如:《教学设计原理与方法》,3—4页,北京,高等教育出版社,2016。
④ 何克抗:《教学设计理论与方法研究评论(上)》,载《电化教育研究》,1998(2)。

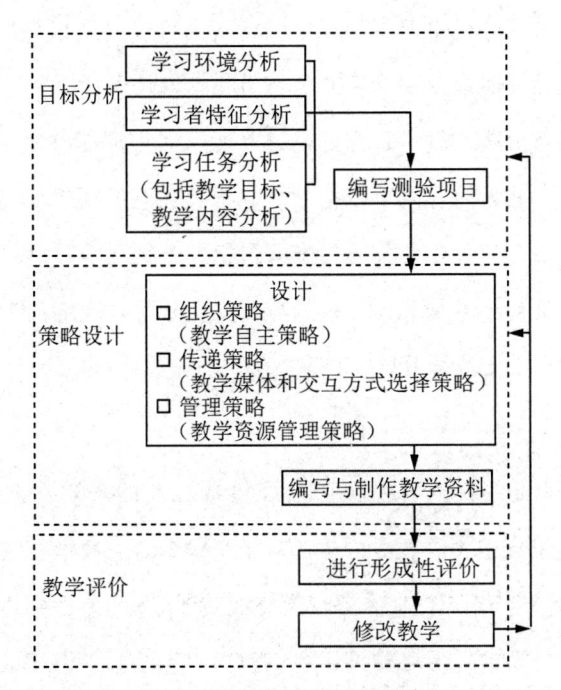

图 3-2　史密斯－雷根模型

1. 目标分析

教学目标分析决定"到哪儿去"[1]。一般来说，教学目标分析主要包括学习环境分析、学习者特征分析和学习任务分析三个要素。学习环境是为促进学习者发展特别是高阶思维能力发展而创设的学习空间，是学习者在追求学习目标和问题解决的活动中，可以使用多样的工具和信息资源并相互合作和支持的场所。[2] 随着信息技术的飞速发展与快速迭代，学习环境的内涵与外延得以充实与扩充。因此，学习环境可以是现实的物理学习环境，如教室物理空间、教学硬件等，可以是虚拟的学习环境，如 Blackboard、Webcourse；也可以是虚实结合的学习环境，如网络学习空间、在线学习平台等。学习者特征分析主要是为了了解学习者的起点水平、学习风格、学习动机和学习自我效能感。[3] 如分析学习者的起点能力，可以从学习者的认知结构、认知能力和学习者对教学内容的态

---

[1] 蔡铁权、钱旭鸯：《教学设计过程模式的结构与规范》，载《浙江教育学院学报》，2008(4)。
[2] 钟志贤：《论学习环境设计》，载《电化教育研究》，2005(7)。
[3] 谢幼如：《教学设计原理与方法》，45－59 页，北京，高等教育出版社，2016。

度等方面进行分析。分析学习者的风格和动机则可以通过相关量表，或者通过课堂观察方法全面客观地发现学习者的特点。学习任务的分析主要是对教学目标和教学内容进行分析。教学目标的确定需要从课程标准出发，结合学生的实际情况进行编写。教学内容主要依据教材确定，也可根据教学实际需要进行整合重组。一般来说，学习任务分析的步骤包括：①编写学习目标；②确定学习目标的类型；③进行信息加工分析；④分析先决条件，决定各类学习所需要的先决知识和技能；⑤根据学习目标和先决条件，编写行为目标与测试项目。

2. 策略设计

教学策略主要是指在教学目标确定后，根据已有的教学任务和学生的特征，针对性地选择与组合相关的教学内容、教学组织形式、教学方法和技术，形成具有效率意义的特定教学方案。① 教学策略决定教学中"怎么到达那里"的问题。在史密斯—雷根模型中，策略的设计主要包括组织策略、传递策略与管理策略的设计三个方面。组织策略主要包括如何确定教学顺序、呈现哪些教学内容、如何呈现教学内容的问题。也就是说，组织策略主要是关于教学内容的组织与设计。传递策略包括应当运用什么样的教学媒体、如何对学习者合理分组的问题。即传递策略是对教学内容的传递、教学方法的选择和具体的学生分组问题的组织与设计。管理策略主要包括教学资源的安排和分配。同时该模型结合"细化理论"和"成分显示理论"，从"宏策略"和"微策略"两个维度说明教学组织策略。即要求组织教学的原则是要揭示学科知识内容中的结构性关系，理清各个部分之间的相互作用；同时要求以单元主题的形式组织教学，并配以例题、联系等内容。最后在策略设计的基础上进行编写和制作教学资料。

3. 教学评价

教学评价是以教学目的为标准，通过科学的评测方法对教学过程与教学结果做出相关判断与价值评定，它主要解决的是"如何知道我们已经达到那里了"的问题。在史密斯—雷根模型中，教学评价的设计主要体现为形成性的评价，并根据形成性评价的结果对教学分析和策略设计进行适当调整。

---

① 李晓义、王莹：《教学策略》，5页，北京，高等教育出版社，2010。

二、基本特征

三维目标导向的教学设计关注学生的知识与技能、过程与方法、情感态度与价值观的达成，而智能时代深度课堂教学设计在达成三维目标的基础上，注重学生必备品格和关键能力的培养，关注学生学科核心素养的落实。智能时代的深度课堂教学设计具有大单元、任务群和问题链三大特征[①]，具体表征关系如图3-3所示。

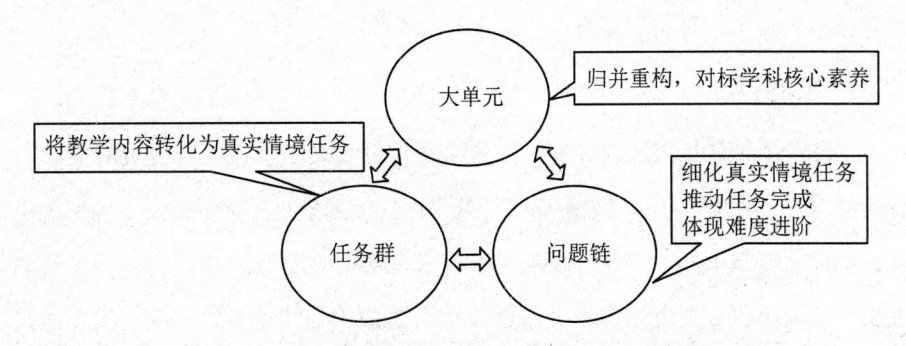

图 3-3 基于深度学习的课堂教学设计的基本特征

（一）大单元

单元是课程开发的基础单位，是统编教材的组织单位，但并不意味着这也是教学内容的组织单位，现有的单元内容是围绕一类特定的知识点而展开，不利于学科素养的关键能力、必备品格和价值观念的培育。要发展学生学科核心素养，就应开展大单元教学。[②] 大单元不是教材单元的简单划分，而是根据学科核心素养的要求归并教材内容，或根据教学的实际需要重构教学内容，也可以是根据学生的发展需求创新的学习内容。大单元是以相对独立的微课程形式组织，是任务群的总体显现，也是问题链的重要内容，其根本落脚点在于问题的设置。因此大单元必然面向真实情境的问题解决，指向学科核心素养的培育。

（二）任务群

学习任务是指由师生围绕特定教学目标共同完成的学习课题或活动[③]，它是

---

① 谢幼如、黎佳：《智能时代基于深度学习的课堂教学设计》，载《电化教育研究》，2020(5)。
② [美]格兰特·威金斯，[美]杰伊·麦克泰格：《追求理解的教学设计》(2版)，闫寒冰译，16—24页，上海，华东师范大学出版社，2017。
③ 钟志贤、刘春燕：《论学习环境设计中的任务、情境与问题概念》，载《电化教育研究》，2006(3)。

学生开展学习、获取新知、掌握方法、培养能力、提升思维、塑造品质的重要载体。大单元是对教学内容的归并重构，而学习任务群是使课程教学内容回归生活实践的重构。在深度课堂教学中，学生知识的习得并不是讲授式的，而是在多个相关联的任务完成中内化的。因此，教师应根据大单元的内容，合理地将其转化为真实情境的任务并落实到具体的课时当中，学生围绕这些学习任务群习得知识并发现问题，培养对问题的敏锐意识和探究意识，追求思维创新和表达创新，落实学科核心素养。

（三）问题链

问题是联结认识与实践、理论与现实的中介，是一个主观与客观对立统一的辩证体。[1] 深度学习的一个重要特征就是面向问题解决，这就决定了问题解决在深度课堂教学中的重要性。如果说学习任务群是使教学内容回归生活实践的重构，那么问题解决则是使教学内容在生活实践中运用的具体体现。问题链是真实情境任务的细化，是具有难度梯度的问题集。问题解决是一种高级的认知过程，往往与应用分析、归纳推理、决策创新联系起来。教师教学以问题解决为驱动，充分激发学生好奇心，树立学生发现问题的意识与寻找问题解决的多种途径和手段，培养学生在真实情境下的问题解决能力。学生在问题解决的过程中，往往需要具备较强的批判性理解能力、自主分析能力、知识迁移能力与沟通交流能力，这也是深度学习的重要体现。

三、主要内容

本书结合深度学习理论与教学设计理论，根据史密斯-雷根模型，从目标分析、策略设计与教学评价三个方面构建了基于深度学习的教学设计框架[2]，如图3-4所示。

开展基于深度学习的教学设计，就需要以落实学科核心素养为目标，以大单元、任务群、问题链的形式组织单元教学内容，从目标、内容、活动和评价

---

[1] 谢杰妹：《问题与任务促进科学深度学习》，5-6页，杭州，浙江教育出版社，2018。

[2] 谢幼如、黎佳：《智能时代基于深度学习的课堂教学设计》，载《电化教育研究》，2020(5)。

方面设计课时内容，从而有效培养学生的批判性思维、知识迁移能力和问题解决能力。关于目标分析方面，该框架主要以学习者特征分析为基础，通过学科核心素养确定单元学习目标。关于策略设计方面，该框架重点对教学内容解构重组，通过大单元的形式组织教学内容，以任务群、问题链的方式分解落实教学目标，最终实现学生的高阶思维品质与能力的提升。关于教学评价方面，该框架不仅注重对教学分析、策略设计等方面的反馈，而且注重对学科核心素养落实、学生批判性思维发展、知识迁移能力培养、问题解决能力提升等方面进行总结性评价。

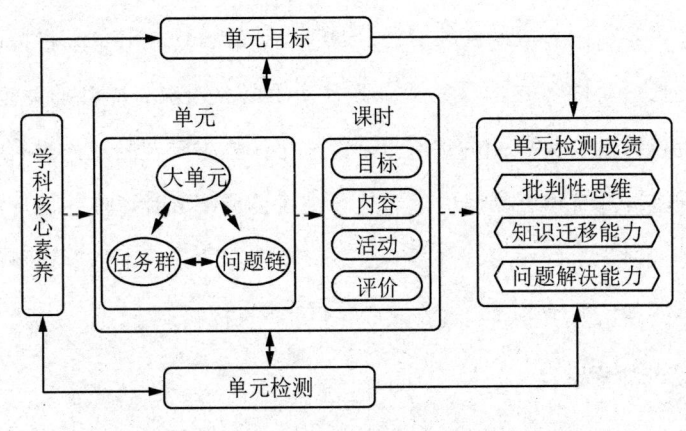

图 3-4 基于深度学习的课堂教学设计框架

(一)确定单元目标

教学目标是教学的出发点与归宿点，也是教学评价的依据。[1] 单元目标的确定需要结合学科核心素养。单元目标是整体性与发展性的目标，是统整、指导课时目标的参照，也是具体课时目标的概况与总结。在基于深度学习的教学设计框架中，单元目标的确定需要以学科核心素养为导向，以学习者的需求、认知发展规律与学习起点能力水平为基础，以学科核心概念与内容为重要载体，教师通过引导学生开展自主学习、合作学习与探究学习等，帮助学生掌握学科思想与方法，落实培养学生批判性思维、知识迁移能力、问题解决能力。换言之，单元目标的确定需要以学科核心素养为目标，直击学科的核心内容与思想

---

[1] 谢幼如：《教学设计原理与方法》，23-24 页，北京，高等教育出版社，2016。

方法，指向学生的高阶思维能力。

(二)重构教学内容

教学内容是对"教什么"的具体回答，[①] 是指教学活动中传递的信息。教学内容的设计主要包括单元内容的设计和课时内容的设计两部分。单元内容的设计强调以学科核心素养为引领，在全面分析教材，深度挖掘核心知识点，梳理知识内容背后的学科思想与方法的基础上，进行归并和重构。其中，教材内容可拆分组合，从而使得单元内容具有"弹性化"和"框架式"的特征，[②] 更容易转化为真实情境任务，更容易细化为具有一定难度梯度的问题链。课时的设计主要体现在目标、内容、活动与评价的设计。课时目标的设计是对单元目标的分解细化，是学生通过对内容的学习之后需要掌握的核心知识与提升的关键能力等；课时内容的设计是在大单元的基础上，以学习任务与问题的形式进行组织；课时活动主要围绕具有难度梯度的学习任务进行设计；课时评价的设计则主要根据课时目标检验学生的学习成效。总之，教学内容的设计不能照搬照套，需要在明确内容所指向的学科核心素养的基础上进行重构和归并。

(三)设计教学活动

教学活动是师生相互作用的实践活动。[③] 基于深度学习的教学活动主要体现在学生在教师的引导下，通过自主学习、合作学习、探究学习等方式，完成一个个具有难度梯度的学习任务。进阶任务不仅仅是知识难易程度上的进阶，而且是深度学习能力上的进阶，真正培养学生的高阶学习能力。学生通过亲身参与学习活动，加深对知识内容的理解，建立知识内容之间的联系，从而在新的任务情境中迁移应用并解决现实生活中的问题。在进阶任务的设计中，可以结合个人单项任务和小组综合任务两种任务类型进行综合设计，个人任务设计目标侧重于知识的理解和简单应用，注重学生对知识和技能的批判性理解和整合

[①] 王荣生：《合宜的教学内容是一堂好课的最低标准——以〈竹影〉的教学为例》，载《语文教学通讯》，2005(2)。

[②] 杜娟、李兆君、郭丽文：《促进深度学习的信息化教学设计的策略研究》，载《电化教育研究》，2013(10)。

[③] 冯向东：《从"主体间性"看教学活动的要素关系》，载《高等教育研究》，2004(5)。

运用，培养学生的独立思考问题和解决问题的能力，而小组综合任务设计的目标则侧重于知识的迁移运用和问题的分析、决策与解决，培养学生的知识迁移能力和高阶问题解决能力。

(四)重整教学评价

教学评价是以教学目的为标准，通过科学的评测方法对教学过程与教学结果做出相关判断与价值评定。[①] 科学有效的课堂教学评价不仅可以为高质量教学提供重要保障，而且还有利于学生核心素养的有效培育和迅速提升。在传统课堂教学过程中，大多数教师都刻板地将考试成绩作为唯一的评价标准和评价方式，不利于学生能力素养的提升。在基于深度学习的教学设计框架中，教学评价不仅注重单元目标的达成，而且关注学生学习过程中能力的培养。基于深度学习的教学评价强调量化评价与质性评价的统一，从单元检测、批判性思维、知识迁移能力与问题解决能力四个方面综合评价学习者的学习情况。单元检测体现学科核心素养，重点考察单元目标与课时目标达成情况，可通过课堂习题、课后作业、单元测试等形式进行检验。学生的批判性思维、知识迁移能力和问题解决能力则主要通过量表测量。

第三节　智能时代深度课堂的教学设计方法

新兴教育思想和观念的涌现，引发了教育教学范式的变革，创生出智能技术教学应用的新形态。方法是人们为达到既定的目标而采取的实践活动和理论活动的方式，任何活动的开展都有自身的规律，而方法是在理解其本质规律的基础上提出的。明悉了基于深度学习的课堂教学设计理论和主要内容，还需了解基于深度学习的课堂教学设计方法。掌握智能时代深度课堂的教学设计方法有利于广大教育工作者开展深度课堂教学实践。

一、大单元的教学设计

大单元内容设计应以学科领域中具有共同要素的内容为线索，以学科核心

---

① 黎佳：《基于深度学习的课堂改进行动研究》，硕士学位论文，广州，华南师范大学，2020。

内容为关键点，以单元主题的方式进行统整设计。一般教材的安排是将知识内容分割成小的知识点，以知识点为基本单位进行设计，这不利于学生对知识的整体把握，也不利于学生对学科思想的理解。①

（一）大单元主题与内容分析

大单元的设计以学科课程标准、学科知识结构框架、学生已有的学习经验为依据。大单元内容可以是对教材的单元内容的重构，可以是社会热点问题，也可以是与学生生活息息相关的问题。此外，大单元内容应该具备整体性、真实性、趣味性与易操作性等特点。整体性反映大单元不是一个个单独的课时，而是由致力培养相同学科核心素养要素的系列课时内容，按照符合学生认知发展的顺序有机组合而成。真实性表现为大单元内容易转化为真实的任务情境，从而能够让学生在真实的问题情境中参与体验，通过切身感受掌握知识与技能，提升思维与能力，塑造精神与品质。趣味性体现出单元内容不仅需要转化为真实的任务情境，而且需要贴近学生日常生活，能够充分激发学生的学习兴趣，引发学生学习的热情。易操作性是指大单元内容能够容易转化为任务群和问题链，能够便于一线教师按照任务群、问题链的形式开展课堂教学。大单元主题要求具体如图3-5所示。

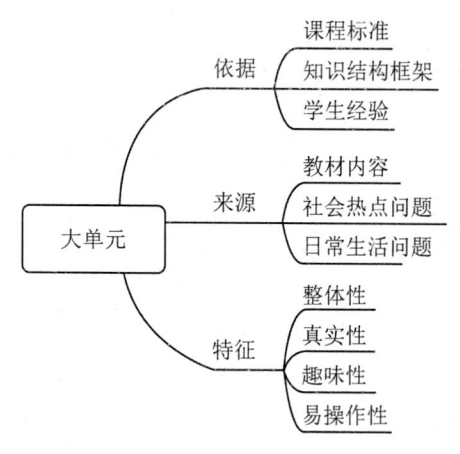

图 3-5 大单元主题要求

确定好单元主题之后就需要选择单元内容并对内容结构进行分析，具体分

---

① 黎佳：《基于深度学习的课堂改进行动研究》，硕士学位论文，广州，华南师范大学，2020。

析过程如图 3-6 所示。一般对单元内容结构的分析主要从知识结构和思想方法结构两个方面展开。对知识结构的分析，一方面从横向上比较各核心内容点之间的并列关系，明悉各个课时所要承载的学习内容；另一方面从纵向上比较各核心内容之间的递进关系，明确各个课时所安排的学习任务。而对思想方法结构的分析能够帮助教师挖掘出蕴含在核心知识中的学科思想方法，促使教师明确各部分内容所反映的学科核心素养要素。

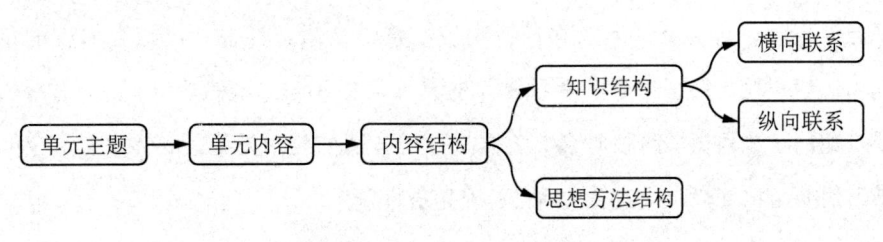

图 3-6　大单元内容分析

(二)大单元的类型与特点

大单元内容可以打破原有学科内容与教材的逻辑框架，可以超越原有学科知识前后的组织顺序，可以按照需要对内容呈现的形式进行调整。本书按照内容的解构重组程度，将大单元划分为补充拓展型、解构重组型、创新重构型三种类型，具体如表 3-1 所示。

表 3-1　大单元类型、特点

大单元类型	大单元特点	对教师要求
补充拓展型	1. 按照教材原有单元组织，围绕学科特定核心素养要素； 2. 教学课时数与教参要求基本保持一致； 3. 具有大量丰富真实的拓展性资源。	较低
解构重组型	1. 按照课程标准和教材解构重组，围绕学科特定核心素养要素； 2. 教学课时数可根据学生学习需要进行适当调整； 3. 按照课时要求设置大量真实生活场景内容。	一般
创新重构型	1. 按照现实问题创新重构，具有跨学科特点； 2. 教学课时根据需要设计，具有明显的进阶特征。	较高

1. 补充拓展型学习单元

补充拓展型学习单元是按照教材既定单元进行组织，并根据学生学习需要补充学习拓展资源。该类单元按照教材既定的逻辑和顺序组织，基本不改变教材内容的呈现顺序与形式，不改变教材要求的课时数，按照教材的内容框架，辅之适合学生批判性思维发展、有助于学生知识迁移能力提升与问题解决能力培养的丰富真实拓展性学习资源。但并不是所有学习单元都适合以大单元的形式开展教学，而应该是围绕学科特定核心素养要素，具备一定难度梯度的单元。一般来说，补充拓展型学习单元的设计对中小学一线教师来说难度较低，要求他们能够根据学科核心素养要素选择出合适的教学单元，能够按照学生的学习需要与单元教学内容要求适当补充拓展性资源。

2. 解构重组型学习单元

解构重组型学习单元是以课程标准和教材为标准对学习内容进行适当解构与重组。它是以教材中的一个单元或几个单元为基础，根据学科核心素养要素的要求打破教材原有单元内容的限制，按照课时内容适当补充大量真实生活场景内容，并结合实际需要适量增减一定的课时。解构重组型学习单元是以学科核心知识和核心技能为基础设置学习内容，这些内容也是发展学生批判性思维、提升学生知识迁移能力、培养学生问题解决等关键能力必不可少的。其中学科的思想方法和核心素养要素贯穿在整个单元内容之中，并成为联系各课时内容的枢纽。解构重组型学习单元的设计对中小学一线教师来说难度一般，要求他们熟练理解学科内容背后所对应的思想方法与核心素养要素，能够灵活按照核心素养要素对教学内容进行分解重组。

3. 创新重构型学习单元

创新重构型学习单元是以现实生活的实际问题为背景进行跨学科内容设计。创新重构型学习单元更加注重培养学生解决真实复杂问题的能力。其中，问题解决的过程和环节构成单元教学的线索，不同课时之间就是以问题解决过程的需要进行组织。课时的内容可以是发现问题、分析问题、提出假设、检验假设、总结反思中的某个环节，也可以是某几个连续环节的组合，它明显反映出学生分析、综合、比较、抽象、概括和推理等思维过程。同时，创新重构型学习单元的设计对中小学一线教师来说难度较高，不仅要求他们能够设置适合学生能力培养的现实问题，而且要对设置的问题进行全方位分析，提炼问题解决过程中所反映出的学科思想方法和核心素养，以此判断问题的设置是否合适。

(三)大单元的教学设计

大单元的教学设计应该包括单元名称、单元课时、单元目标、任务群、问题链和作业检测六个部分的内容。[①] 单元名称是对单元内容的总体凝练，它对标特定的核心素养要素。单元课时是单元内容的时间规划，它明确了任务完成所需要的时间安排。单元目标是学科核心素养的细化，它明确了学生学习完单元内容后所要掌握的必备品格、所要提升的关键能力与所要塑造的价值观念。任务群与问题链则是对大单元内容的细化，它们体现出一定的进阶性与难度梯度。作业、单元检测则是检测学习者达成既定单元目标的重要依据。

1. 凝练单元名称

单元内容是对教材单元的重构，它可以是围绕某一中心或主题的社会热点问题或与学生生活息息相关的问题。单元名称则是对这一主题或中心的凝练，是对单元内容的总体概括。

2. 确定单元课时

单元课时是单元内容的时间规划。单元课时的设计应该参考教参要求，根据学生学习的实际需要适当调整。

3. 确定单元目标

大单元教学目标是基于深度学习教学活动的预期结果，是学生通过完成学习任务，解决学习问题之后所要达到的结果。大单元教学目标是基于学科核心素养，结合学生学情分析与单元整体内容分析进行确定，它反映出学科的本质及思想方法。一般来说，确定大单元教学目标的过程按照"列出课程标准要求—确定学科核心素养要素—分析单元内容及学生学情—细化并描述单元目标—判

---

① 谢幼如、黎佳：《智能时代基于深度学习的课堂教学设计》，载《电化教育研究》，2020(5)。

断单元目标的适切性"五个步骤，具体如图3-7所示。

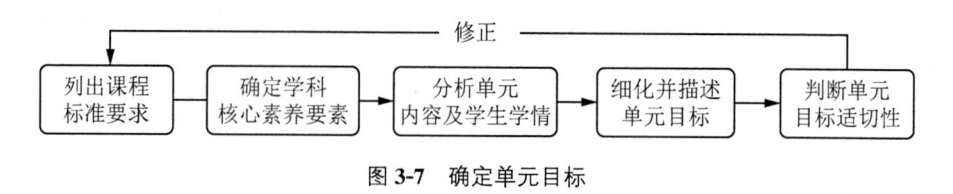

图 3-7 确定单元目标

（1）列出课程标准要求

课程标准反映国家对学生学习结果的统一的基本要求，[①] 它主要规定的是课程总目标与学段目标。列出课程标准要求，即明确单元内容对应的学段目标与具体要求，以此保证单元目标方向的正确性。

（2）确定学科核心素养要素

单元内容是根据学科核心素养所确定，同样单元目标的确定也需反映学科核心素养要素。一个单元的内容不能够落实一门学科所有的核心素养要素，因此选择并确定合适的学科核心素养要素才能够保证单元目标方向的正确性，才能保证单元内容组织的合理性。

（3）分析单元内容及学生学情

确定好学科核心素养要素，紧接着就是对单元内容与学生的学情进行分析。对单元内容的分析重点在于认清其结构与框架，理解内容知识点的本质及隐藏其后的思想方法，梳理内容知识点之间的逻辑关系。同时还应纵向与横向对比分析不同版本教材的内容，把握知识内容的来龙去脉。

分析好单元内容的整体情况，也需要对学生的学情进行分析。学生学情分析主要体现在学生的起点能力、学习风格、学习动机和信息素养四方面。学习者的起点能力主要是指学生在学习单元内容之前所具备的有关知识、技能，以及它们对于单元内容的态度，具体包括认知结构、认知能力与学习态度。学习风格则是学生所持续一贯的带有个性特征的学习方式和学习倾向。它可以是学生对学习环境的偏好、对学习材料的处理方式等。学习动机是指引起和维持学生学习活动，趋向教师所设定目标的心理倾向。它具体包括外部动机与内部动

---

① 崔允漷：《课程实施的新取向：基于课程标准的教学》，载《教育研究》，2009(1)。

机。基于深度学习的课堂教学设计主要强调激发学生自身学习的需求，让学生主动参与学习活动，在参与中掌握知识内容。信息素养则是指学生在学习单元内容时，能够清楚意识到何时需要学习，并能够确认、评价、有效利用信息的能力。一般来说，可以采用课前访谈、问卷调查、课前检测等方式了解学生的学情。

(4)细化并描述单元目标

单元目标与学段目标、学期目标及课时目标既有联系，也有区别。单元目标需以学科核心素养为指引，指向学生必备品格的塑造与关键能力的培养。单元学习目标从学生的学情出发，结合单元的具体内容进行阐述。它围绕着单元主题的核心知识，指向对内容本质、思想方法的理解，突出运用知识解决生活中现实问题。同时，单元目标的描述还需具有层次性。在具体描述单元目标时需要注意既不能太过于详细，也不能失去操作性，而应该准确把握好单元目标的度，不能过宽也不能过窄。

(5)判断单元目标的适切性

细化并描述完单元目标之后，还需判断单元目标的适切性。一般来说可从四个方面进行判断。首先，分析单元目标是否指向学科核心素养，是否对标发展学生的必备品格与关键能力；其次，分析单元目标是否能够体现深度学习，即是否注重学生的批判性思维、知识迁移能力与问题解决能力培养；再次，分析单元目标的范畴，即单元目标是否能够较好反映出学习者经过单元学习后所能够准确达到的效果。单元目标设置过大就变成了学期目标，单元目标设置过小就变成了课时目标，因此需要重点把握单元目标的范畴。最后，对单元目标适当调整。当发现单元目标未能够准确对标学科核心素养，未能够较好反映深度学习，未能够很好聚焦一定范围，则需要考虑所列的课程标准要求是否恰当、所定的学科核心素养要素是否合适、单元内容与学情分析是否准确，然后有针对性地对单元目标进行修正。

4. 设计单元任务群

学习任务是基于深度学习的课堂教学设计的重要内容。学习任务的设计应结合单元内容，设置与现实生活情境相联系的真实情境任务。具体任务群与问题链的关系如图 3-8 所示。①

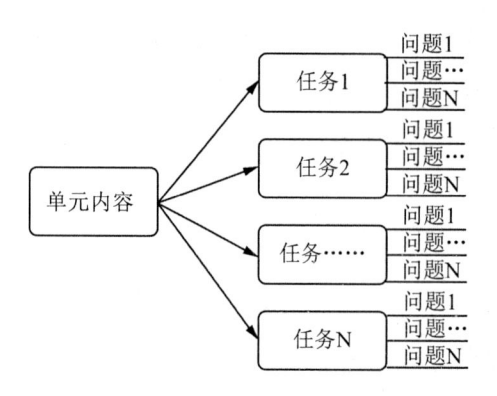

图 3-8 任务群—问题链

从整体上看，单元的学习任务应具有一定的层次结构。学习任务之间可以是并列关系，也可以是递进关系，并能够体现出学科内容的思想与方法。同时单元的学习任务难度要适中，它可以是基础性的学习任务，也可以是提升性的学习任务，还可以是挑战性的学习任务，以满足不同层次的学习者需要。此外，每个课时的学习任务不宜过多，每个学习任务之间都应留给学生一定的反思空间，从而更有效帮助学生理解掌握知识内容与思想方法。

本书参考马勋雕等人对智慧课堂中学习任务构成要素的分析，将学习任务分为发现类、构想抉择类、评价类与归纳类四种②，具体如表 3-2 所示。

表 3-2 学习任务类型

学习任务类型	任务特点	适用范围
发现类	学习者通过开展实验发现背后的原理、关系等	重实验型学科：如物理、化学、生物等
构想抉择类	学习者构思一个或多个方案并选择其中的方案实施	重设计、创作类学科：如语文、英语、美术、音乐等
评价类	学习者对学习内容进行评价	适合所有学科

---

① 黎佳：《基于深度学习的课堂改进行动研究》，硕士学位论文，广州，华南师范大学，2020。

② 马勋雕、解月光、庞敬文：《智慧课堂中学习任务的构成要素及设计过程模型研究》，载《中国电化教育》，2019(4)。

续表

学习任务类型	任务特点	适用范围
归纳类	学习者通过归纳个别事物或现象，然后推导出该类事物或现象的普遍性规律	重归纳推理类学科：如数学等

(1)发现类学习任务

发现类学习任务的目的是让学生通过开展科学实验探寻事物或现象背后的规律、原理。学生经历科学探究的过程，从而有效掌握核心知识、提升高阶思维能力。教师一般可引导学生利用情境工具、认知工具、交流工具、评价工具，按照"理解探究问题""提出相关假设""设计验证实验""证实相关假设""得出可靠结论"的步骤完成发现类学习任务。一般来说，发现类学习任务的重点是学生能够提出相关假设、设计相关实验，它适用于实验型的学科，如物理、化学、生物等。

(2)构想抉择类学习任务

构想抉择类学习任务的目的是让学生综合运用学科知识与方法构思多种具有创意的方案，并通过比较从多种方案中选择最合理的方案开展实践。教师可引导学生利用思维可视化工具、作品创作类工具，按照"问题分析""猜想方法""构想方案""选择方案""实施方案"的步骤完成构想抉择类学习任务。一般来说，构想抉择类学习任务的重点是构思方案，它适用于设计创作类学科，如语文(写作)、英语(写作)、美术、音乐等。

(3)评价类学习任务

评价类学习任务的目的是让学生明确评价的要求，制定评价标准对学习内容实施评价，从而发展学生的高阶思维能力。教师可以引导学生利用评价类学习工具，按照"明确目标要求""制定评价标准""设计评价方案""实施评价过程""处理评价结果"的步骤完成评价类学习任务。一般来说，评价类学习任务的重点是设计评价的标准，明确评价的步骤，它适合所有科目。

(4)归纳类学习任务

归纳类学习任务的目的是让学生通过归纳个别事物或现象，然后推导出该类事物或现象的普遍性规律。教师可通过图片、视频等媒体资源，按照"个案观察""引导归纳""形成猜想""验证猜想""得出结论"的步骤完成归纳类的学习任务。一般来说，归纳类学习任务的重点是学生通过个案观察归纳出普遍性规律，它一般适用于推理归纳类学科，如数学、科学等。

5. 设计单元问题链

问题的设计不能太过简单，也不能过于复杂。过于简单的问题在一定程度上能够帮助学生建立学习的信心，激发学生的学习动机，但对学生能力培养起不到较好作用。过于复杂的问题具有一定的挑战性，但会打击学生的学习热情，增加学生的认知负荷。因此，问题的设置应该难易适度，体现一定的逻辑结构。

本书结合学习任务的类型，参考王后雄的相关研究,[①] 将问题链分为引入类、差异性、诊断性、探究性、迁移性、弹性化、总结式、递进式八种，具体如表3-3所示。

表3-3 问题链类型

问题链类型	问题链特点
引入类	引入课题、唤起注意、衔接内容
差异性	相似问题但结果差异大，与学生已有认知相违背
诊断性	依据重难点与易错点设置，容易揭露学生的错误点与薄弱点
探究性	新奇，具有较强实践性、参与性和开放性，重在培养学生的探究精神与创造力
迁移性	与日常生活息息相关，涉及最新科技动态前沿
弹性化	易引发课堂动态生成
总结式	能够唤起知识回忆和形成系统知识结构
递进式	由浅入深、具有一定深度和难度

(1) 引入类问题链

引入类问题链主要是教师为了激发学生的学习兴趣，帮助学生集中注意或在不同学习内容衔接处设置的一系列问题。一般来说，教师可以利用引入类问题链为导入新课做准备。在这个过程中，教师通过创设一定的问题情境，让

[①] 王后雄：《"问题链"的类型及教学功能——以化学教学为例》，载《教育科学研究》，2010(5)。

学生主动回顾原有的知识内容,并逐渐熟悉新课相关知识。教师也可以利用引入类问题链使得不同学习内容之间平滑衔接,从而为后续的学习做好充分准备。

(2)差异性问题链

差异性问题链主要是指教师设置的相类似的一系列问题,其结果常常与学生的已有认知相背离的一系列问题。差异性问题链能够引发学生强烈的认知冲突,激发学生探寻差异的欲望并付诸解决差异性问题的行动,从而帮助学生深化对知识内容的理解,克服固有的思维定式,形成积极的认知情感。一般来说,差异性问题链在培养学生的批判性思维方面有较好的效果。

(3)诊断性问题链

诊断性问题链主要是指围绕教学的重点、难点和易错点精心设置的一系列问题。诊断性问题链能够有效判断出学生对知识的掌握情况,能够让学生明确自身对知识的掌握情况,发现自身存在的问题缺陷。学生通过对自身问题缺陷的原因进行总结,对错误的思考过程进行反思,从而有针对性地完善自身的知识结构。一般来说,诊断性问题链能够较好地促进学生对核心知识的掌握。

(4)探究性问题链

探究性问题链主要是为了培养学生探究精神和创新能力而设计的富有思考性的一系列问题。教师设置的探究性问题链应能够有效激发学生探索的欲望,激励学生积极思考,有效引发学生开展探究性学习活动,从而达到发展高阶思维能力的目的。与一般性问题链相比,探究性问题链具有较强的实践性、参与性与开放性。学生经历探究的过程,从而建构自身的知识框架、掌握解决问题的方法并体验深层次情感。

(5)迁移性问题链

迁移性问题链是指能够从横向或纵向孕育出其他重要问题解决方案的一系列问题。迁移性问题不局限于教材中已有的内容,它常常涉及日常生活中的现实问题。它强调将生活中的问题场景总结凝练成学科问题,然后运用所学知识、方法解决。迁移性问题链能够提高学生在不同场景中运用概念、原理、方法和原则的能力,使得学生感受到生活处处皆学问,体会到知识的广泛应用性。此外，迁移性问题链在培养学生的知识迁移能力、问题解决能力方面具有较大优势。

(6) 弹性化问题链

弹性化问题链主要是指为促进课堂的动态生成而设置的具有广阔讨论空间与自由思考空间的一系列问题。弹性化问题链不限定问题解决过程中所运用的资源、不限制问题解决过程中的方法与步骤，强调的是问题解决过程中学习者的生成，它可以是知识的生成、方法的生成，还可以是情感的生成。此外，弹性化问题链在促进学生的个性化发展方面具有较大优势。

(7) 总结式问题链

总结式问题链是为促使学生对课时内容或单元内容的知识产生系统联系而设置的一系列问题。它能够有效唤起学生的记忆，帮助学生将分散、单一的知识点组成相互关联的网络，促使学生对知识内容形成系统认识。一般来说，总结式问题链适合出现在新授课的知识归纳环节或在复习课中的知识梳理环节，它在培养学生的总结归纳能力、系统建构学生知识体系方面具有较大优势。

(8) 递进式问题链

递进式问题链是按照一定逻辑，采用正向或逆向的思维方式而提出由浅入深、层层递进的一系列问题。递进式问题链具有一定的难度和深度，问题与问题之间层层相关、环环相扣。递进式问题链中需要注意问题之间的难度跨度，跨度过大时，容易使学生获得挫败感，从而丧失学习的兴趣与动机；跨度过小时，容易导致知识内容分解得支离破碎，不利于学生形成相对完整的思路。

6. 设计单元教学检测

单元教学检测是判断学习者经过单元学习后是否达成既定目标的重要形式。检验基于深度学习的课堂单元效果需要按照一定的方法步骤，才能保证评估效果的科学性。基于此，本书构建如图 3-9 所示的单元效果评估流程图。

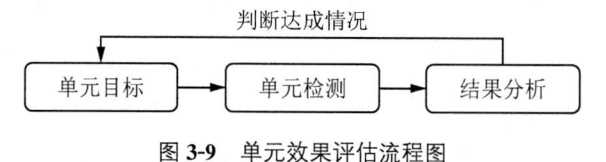

图 3-9　单元效果评估流程图

(1)根据单元目标要求设计单元测试

单元教学检测题设置得科学与否直接关系到单元检测的效果。开展基于深度学习的单元检测首先需要依据单元目标设置单元教学检测题。单元教学检测题需要根据学科核心素养要素，以单元目标为指向，以单元内容为基础，结合教参推荐的检测题重新规划设计。需要注意的是，单元教学检测题的题量、难度要适中，客观题与主观题的比例要适量。同时，单元教学检测题与单元目标应该具有相互对应的关系，从而保证单元教学检测题的针对性与科学性。

(2)依据单元测试结果判断单元目标达成

实施单元教学检测后需要对学生的整体分数进行分析，以判断是否达成单元目标。具体来说，教师首先需要对单元教学检测的基本情况进行统计，如及格率、优秀率、最低分、最高分、分数分布情况等内容。然后分析大部分学生所掌握的知识内容是哪些并反思教授这些知识内容时所采取的有效措施，从而继续采取有效教学的举措；同时还需要分析大部分学生不易掌握的知识内容是哪些，分析教授这些知识内容时所采取的失败措施，反思学生未能牢固掌握知识内容的原因，总结改进教学的具体方法。总而言之，单元教学检测的分数并不是绝对的，教师在分析单元教学检测结果时应该客观对待，重点是利用检测结果改进自身的教学。

(三)大单元的教学设计案例

案例3-1：小学五年级数学《多边形的面积》大单元

该案例选自D小学五年级数学曹老师等人的深度课堂教学实践。该单元主要对标小学数学空间观念、几何直观与应用意识等学科核心素养要素；单元内容由原来9课时解构重组为7课时。该单元教学以深度学习理念、任务驱动理念和探究性学习理念为指导进行设计，结合该校校训"至善至正"，奉行善正教育的宗旨，以培养学生高尚的道德修养和远大的理想抱负为目标开展课堂教学实践。该单元教学设计具体如图3-10所示。

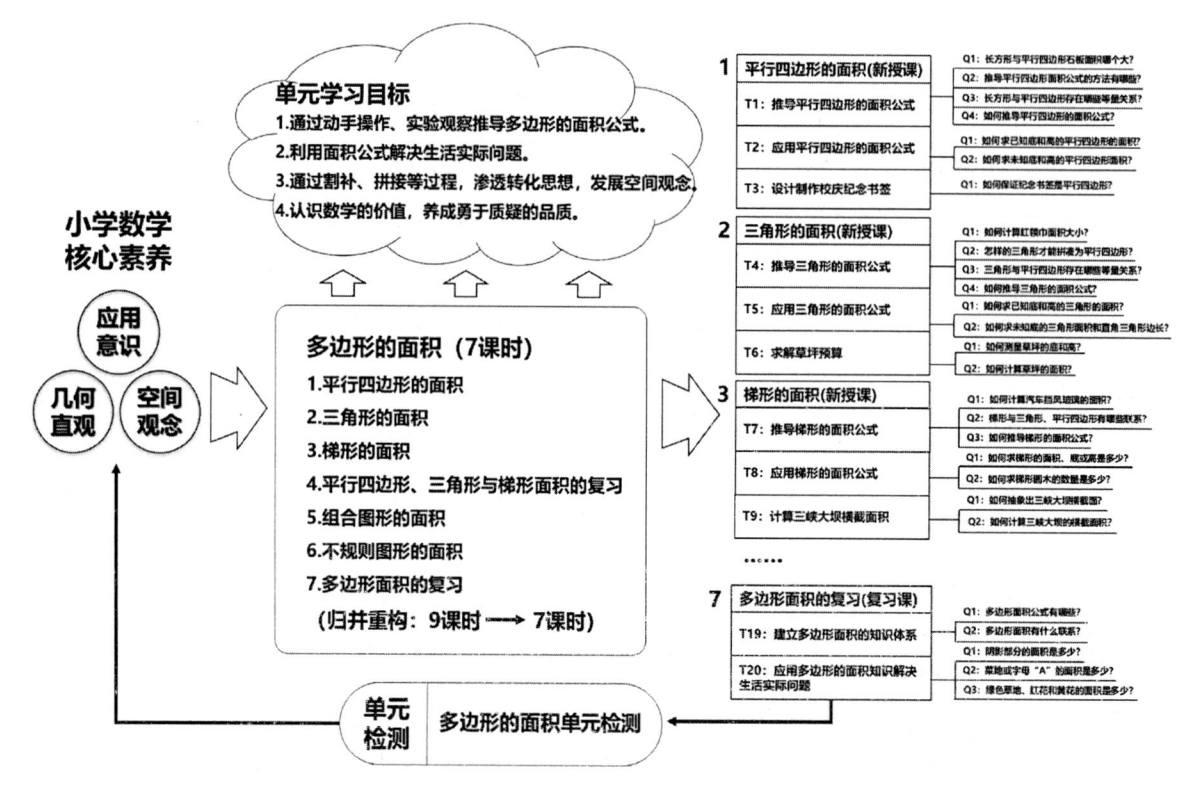

图 3-10　小学五年级数学《多边形的面积》大单元教学设计

❖ 确定学科核心素养

（1）分析课程标准要求

义务教育阶段，数学课程内容主要由"数与代数""图形与几何""统计与概率""综合与实践"四部分组成。针对"图形与几何"教学内容，《义务教育数学课程标准（2011年版）》要求第二学段（4—6年级）的学生能够探索一些图形的形状与大小，了解几何体和平面的基本特征；初步形成空间观念，感受几何直观的作用；能独立思考，体会一些数学的基本思想；利用数学知识，发现并解决生活中的数学问题等。

（2）分析学科核心素养要素

根据《义务教育数学课程标准（2011年版）》，在数学课程中数感、符号意识、空间观念、几何直观、数据分析观念、运算能力、推理能力和模型思想、应用意识、创新意识等是其核心素养要素。结合"图形与几何"教学内容，确定空间观念、几何直观与应用意识作为该单元需要落实的学科核心素养要素。

❖ 重构单元教学内容

(1)凝练单元主题

参考人教版五年级数学义务教育教科书具体的教学内容，总结凝练并最终确定单元主题名称为《多边形的面积》。《多边形的面积》单元属于"图形与几何"的重要组成内容，在《多边形的面积》中，学生需要运用转化的思想方法推导出面积计算公式，积累数学活动经验；在自主探索组合图形面积的活动过程中发展空间观念与几何直观；此外，在解决现实生活中的实际问题时，学生的应用意识能够得到较好培养。

(2)重组单元内容

人教版五年级数学义务教育教科书第六单元《多边形的面积》主要包括平行四边形的面积及巩固应用、三角形的面积及巩固应用、梯形的面积及巩固应用、组合图形的面积及巩固应用、不规则图形的面积、整理与复习9课时的内容。经过对教学内容进行重新组织，最终决定在原有9课时内容的基础上删减3课时的内容，同时补充增加1课时的复习内容。具体重组前后的内容如表3-4所示。

表3-4 重组前后的单元内容

重组前：《多边形的面积》(9课时)	重组后：《多边形的面积》(7课时)
1. 平行四边形的面积	1. 平行四边形的面积
2. 平行四边形的面积巩固应用	2. 三角形的面积
3. 三角形的面积	3. 梯形的面积
4. 三角形的面积巩固应用	4. 平行四边形、三角形、梯形的面积复习课
5. 梯形的面积	5. 组合图形的面积
6. 梯形的面积巩固应用	6. 不规则图形的面积
7. 组合图形的面积	7. 多边形的面积复习课
8. 解决问题(不规则图形的面积)	
9. 整理与复习	

(3)分析单元内容

《多边形的面积》单元中平行四边形的面积、三角形的面积、梯形的面积和多边形的面积计算，是学生在掌握了这些图形的特征以及长方形、正方形的面积计算公式的基础上学习的，也是学生学习圆的面积、立体图形表面积的基础。

平行四边形、三角形和梯形属于规则图形，它们面积的计算可通过转化为已知图形的面积公式进行计算。其中平行四边形面积的计算方式是通过将其转化为一个长方形进行推导而来；三角形的面积计算是通过转换成长方形、正方形或平行四边形推导而来；梯形的面积则是通过转化成三角形或平行四边形推导而来；组合图形可以分解转化为长方形、平行四边形、三角形和梯形等；不规则图形面积的计算则主要通过转化为规则图形的面积或通过估算方法进行计算。其中单元内容的关系如图3-11所示。

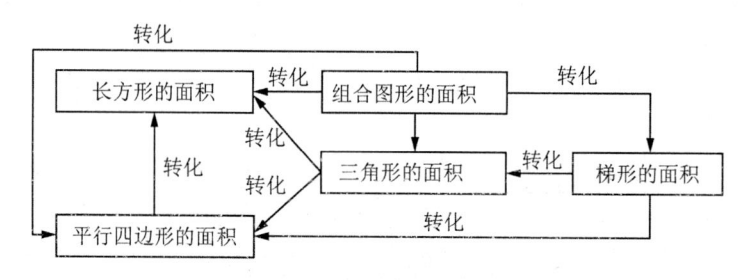

图 3-11 《多边形的面积》内容关系

❖ 确定单元教学目标

（1）分析学科核心素养要素与数学思想方法

《多边形的面积》单元主要是帮助学生探索并体会平行四边形、三角形、梯形、组合图形、不规则图形的特征与关系，让学生掌握图形的平移、旋转和转换的数学思想方法，从而帮助学生发展空间观念与几何直观，提升学生知识迁移能力与问题解决能力。

a. 运用转化思想，促进知识迁移

转化是数学学习和研究的一种重要思想方法。《多边形的面积》单元是学生在了解了垂直、平行的概念后，认识了三角形、平行四边形和梯形的特征，掌握了长方形、正方形面积计算公式的基础上开展的。教师在教授面积计算公式时，是以长方形面积计算为基础，以图形间内部联系为线索，由未知转化为已知的基本程序进行推导。如将平行四边形转化为长方形，将三角形转化为长方形或平行四边形，将梯形转化为平行四边形或三角形。这种根据转化两种图形的内在联系，由已知图形的面积公式推导未知图形的面积公式的方法能够有效促进学生知识迁移能力的培养。

b. 重视动手操作，发展空间观念与几何直观

多边形面积计算公式的推导是建立在学生数、剪、拼、摆的操作活动之上。

动手操作是该单元教学的重要环节。教师需要正确引导学生，让学生经历"提出假设—操作实践—验证猜想—推导概括"的过程，动手操作实践，体验图形面积变化与推导的全过程，从而发展学生空间观念与几何直观。

c. 在解决实际问题中，渗透估测意识与策略

运用转化的思想，采用多种方法推导面积计算公式并计算多边形面积。教师在教学过程中应鼓励学生从不同的角度探索和解决现实生活中面积计算的问题。此外，在实际生活中，学生经常会接触到不规则图形，它们的面积无法直接利用面积公式计算，因此学生需要根据图形的形状，灵活运用各种策略与方法计算它们的面积，以提升估测意识与问题解决能力。

(2)诊断学生基本学情

经过四年的数学学习，学生们的思维由具体形象思维向抽象逻辑思维过渡，学生已具备了一定的推理能力，问题意识比较强，善于发表自己独特的想法和意见。他们的观察能力、记忆能力和想象能力也迅速发展，归类、对比、推理能力渐增。同时，学生已经学习过《四边形的认识》单元，知道平行与垂直的概念，掌握了画平行线与高的技巧，理解了三角形、平行四边形、梯形的特点，熟悉长方形、正方形的面积计算公式，具有学习平行四边形的面积、梯形的面积、三角形的面积等必备的知识。此外，学生们期待更直观、更开放、更个性化、更智能化的学习方式，乐于尝试新事物。学生对通信设备和网络的使用有较好的基础，具备基本操作的技能，能够在智慧课室中借助平板电脑进行高效学习。

(3)描述单元素养目标

通过分析《多边形的面积》单元中的学科核心素养要素与思想，结合学生的基本学情，确定单元素养目标具体包括：

a. 推导多边形的面积公式；

b. 利用面积公式解决生活实际问题；

c. 通过抽象、割补、拼接等过程，发展几何直观与空间观念；

d. 认识数学的价值，养成勇于质疑的品质。

❖ 设计单元任务群

(1)设计任务群

根据《多边形的面积》单元素养目标，以平行四边形的面积、三角形的面积、

梯形的面积等内容为基础，确定该单元包括"推导平行四边形的面积公式""应用平行四边形的面积公式、设计制作校庆纪念书签"等 20 个学习任务。具体单元任务如表 3-5 所示。

表 3-5 《多边形的面积》单元任务群

平行四边形的面积 （1 课时）	T1-1：推导平行四边形的面积公式
	T1-2：应用平行四边形的面积公式
	T1-3：设计制作校庆纪念书签
三角形的面积 （1 课时）	T2-1：推导三角形的面积公式
	T2-2：应用三角形的面积公式
	T2-3：求解草坪预算
梯形的面积 （1 课时）	T3-1：推导梯形的面积公式
	T3-2：应用梯形的面积公式
	T3-3：计算三峡大坝横截面积
平行四边形、三角形和 梯形的面积复习课 （1 课时）	T4-1：探究平行四边形、三角形和梯形面积关系
	T4-2：综合应用公式
	T4-3：解决生活问题
	T4-4：自主设计风筝
组合图形的面积 （1 课时）	T5-1：探究组合图形面积计算方法
	T5-2：应用组合图形面积计算方法
不规则图形的面积 （1 课时）	T6-1：探究不规则图形面积测量方法
	T6-2：应用不规则图形面积测量方法
	T6-3：测量手掌面积
多边形面积复习课 （1 课时）	T7-1：建立多边形面积的知识体系
	T7-2：应用多边形的面积知识解决生活实际问题

(2) 分析任务群

结合数学学科的特点，按照学习任务的分类方法，可以将以上任务群分为以归纳类为主的任务群与以发现类为主的任务群。

a. 新授课主要是以归纳类任务群为主

在第 1 课时《平行四边形的面积》、第 2 课时《三角形的面积》、第 3 课时《梯形的面积》、第 5 课时《组合图形的面积》、第 6 课时《不规则图形的面积》中，主要是设置了探究平行四边形面积、三角形面积、梯形面积等计算方法，要求学生通过观察发现面积计算公式的规律，经历动手操作实践推导出面积计算公式。在《多边形的面积》单元中，教师开展课堂教学主要是以推导面积公式作为教学的重点内容与难点内容。学生只有亲身经历操作平行四边形、三角形、梯形等图形的变化，才能够有效推导归纳出它们的面积公式，才能够在日常的生活中灵活应用，解决生活中的实际问题。

b.复习课主要是以发现类任务群为主

在第4课时《平行四边形、三角形和梯形的面积复习课》、第7课时《多边形面积复习课》，主要强调让学生主动发现平行四边形、三角形、梯形、组合图形、不规则图形面积计算方法之间的内在关系，以帮助学生系统建立多边形面积计算公式的知识脉络。然后通过呈现一系列真实的生活问题，让学生发现解决真实生活问题背后的数学知识与方法，从而培养学生的问题解决能力，促使学生认识到数学的价值，养成善用数学知识的习惯。

✥ 设计单元问题链

（1）设计问题链

结合任务群的设计与分析，确定《平行四边形的面积》7个学习问题，具体如表3-6所示；《三角形的面积》8个学习问题，具体如表3-7所示；《梯形的面积》7个学习问题，具体如表3-8所示；《平行四边形、三角形和梯形的面积复习课》8个学习问题，具体如表3-9所示；《组合图形的面积》5个学习问题，具体如表3-10所示；《不规则图形的面积》6个学习问题，具体如表3-11所示；《多边形的面积复习课》5个学习问题，具体如表3-12所示。

表3-6 《平行四边形的面积》问题链

T1-1：推导平行四边形的面积公式	Q1：长方形与平行四边形石板面积哪个大？ Q2：推导平行四边形面积公式的方法有哪些？ Q3：长方形与平行四边形存在哪些等量关系？ Q4：如何推导平行四边形的面积公式？
T1-2：应用平行四边形的面积公式	Q1：如何求已知底和高的平行四边形的面积？ Q2：如何求未知底和高的平行四边形面积？
T1-3：设计制作校庆纪念书签	Q1：如何保证纪念书签是平行四边形？

表 3-7　《三角形的面积》问题链

T2-1：推导三角形的面积公式	Q1：如何计算红领巾面积大小？ Q2：怎样的三角形才能拼凑为平行四边形？ Q3：三角形与平行四边形存在哪些等量关系？ Q4：如何推导三角形的面积公式？
T2-2：应用三角形的面积公式	Q1：如何求已知底和高的三角形的面积？ Q2：如何求未知底的三角形面积和直角三角形边长？
T2-3：求解草坪预算	Q1：如何测量草坪的底和高？ Q2：如何计算草坪的面积？

表 3-8　《梯形的面积》问题链

T3-1：推导梯形的面积公式	Q1：如何计算汽车挡风玻璃的面积？ Q2：梯形与三角形、平行四边形有哪些联系？ Q3：如何推导梯形的面积公式？
T3-2：应用梯形的面积公式	Q1：如何求梯形的面积、底或高是多少？ Q2：如何求梯形圆木的数量是多少？
T3-3：计算三峡大坝横截面积	Q1：如何利用抽象思维画出三峡大坝横截面？ Q2：如何计算三峡大坝的横截面积？

表 3-9　《平行四边形、三角形和梯形的面积复习课》问题链

T4-1：探究平行四边形、三角形和梯形的面积关系	Q1：平行四边形、三角形与梯形之间的关系是怎样的？ Q2：平行四边形、三角形和梯形面积公式有哪些联系？
T4-2：综合应用公式	Q1：如何填写表格数据？ Q2：如何比较并求解阴影部分面积？
T4-3：解决生活问题	Q1：交通标注牌的高是多少？ Q2：平行四边形花圃能种植多少康乃馨？ Q3：正六边形的面积是多少？
T4-4：自主设计风筝	Q1：如何保证风筝的面积是 100 平方厘米？

表 3-10 《组合图形的面积》问题链

T5-1：探究组合图形面积计算方法	Q1：下图由哪些基本图形组成？ Q2：如何计算组合图形的面积？ Q3：计算组合图形的面积的方法有哪些？
T5-2：应用组合图形面积计算方法	Q1：菜地面积是多少？ Q2：铁皮面积是多少？

表 3-11 《不规则图形的面积》问题链

T6-1：探究不规则图形面积测量方法	Q1：树叶是什么形状？ Q2：怎么计算树叶面积？ Q3：测量不规则图形面积的方法有哪些？
T6-2：应用不规则图形面积测量方法	Q1：涂色内容的面积是多少？ Q2：绿色菜地的面积是多少？
T6-3：测量手掌面积	Q1：手掌的面积是多少？

表 3-12 《多边形的面积复习课》问题链

T7-1：建立多边形面积的知识体系	Q1：多边形面积公式有哪些？ Q2：多边形面积有什么联系？
T7-2：应用多边形的面积知识解决生活实际问题	Q1：阴影部分的面积是多少？ Q2：菜地或字母"A"的面积是多少？ Q3：绿色草地、红花和黄花的面积是多少？

(2) 分析问题链

根据学习任务的要求，按照问题链的分类方法，可以将以上问题链分为诊断性问题链、探究性问题链、迁移性问题链、总结性问题链、递进性问题链5种类型。

a. 诊断性问题链

如表 3-6 所示，"T1-2：应用平行四边形的面积公式"任务下的问题主要包括"Q1：如何求已知底和高的平行四边形的面积？"与"Q2：如何求未知底和高的平行四边形面积？"，这两个问题的设置能够检验学生是否掌握了平行四边形的面积计算公式，能够揭露学生的错误点与知识薄弱点，因此属于诊断性问题链。

同理表 3-7 中的 T2-2、表 3-8 中 T3-2 等任务下的问题链也属于诊断性问题链。

b. 探究性问题链

如表 3-6 所示,"T1-3:设计制作校庆纪念书签"、表 3-9"T4-4:自主设计风筝"、表 3-11"T6-3:测量手掌面积"等任务下的问题链主要侧重学生动手操作、参与完成一系列的学习问题,从而促使学生灵活应用面积计算公式解决真实生活中的问题。

c. 迁移性问题链

如表 3-7 所示,"T2-3:求解草坪预算"任务下的问题主要包括"Q1:如何测量草坪的底和高?"和"Q2:如何计算草坪的面积?"两个问题,这两个问题的设置主要是促使学生运用三角形的底与高的测量方法、三角形的面积计算方法迁移解决草坪的面积与预算的问题,同时也能够帮助学生从现实生活中抽象出具体的图形,从而帮助发展学生的空间观念与几何直观,助力落实数学学科核心素养。同理可知,表 3-8 中 T3-3、表 3-9 中 T4-3 与表 3-12 中 T7-2 等任务下的问题链也属于迁移性问题链。

d. 总结性问题链

如表 3-9 所示,"T4-1:探究平行四边形、三角形和梯形的面积关系"任务下的问题主要包括"Q1:平行四边形、三角形与梯形之间的关系是怎样的?"与"Q2:平行四边形、三角形和梯形面积公式有哪些联系?"两个问题,这两个问题的设置主要是帮助学生阶段性总结梳理平行四边形、三角形与梯形面积公式间的关系,从而促使学生将分散、单一的知识点组成相互关联的知识网络。同理可知,表 3-12 中 T7-1 等任务下的问题链也属于总结性问题链。

e. 递进性问题链

如表 3-6 所示,"T1-1:推导平行四边形的面积公式"任务下的问题主要包括"Q1:长方形与平行四边形石板面积哪个大?""Q2:推导平行四边形面积公式的方法有哪些?""Q3:长方形与平行四边形存在哪些等量关系?""Q4:如何推导平行四边形面积的公式?"四个问题,这四个问题层层相关、环环相扣,它们的设置主要能帮助学生逐步深入掌握平行四边形的面积公式。同理,表 3-7 中 T2-1、表 3-8 中 T3-1、表 3-10 中 T5-1、表 3-11 中 T6-1 等任务下的问题链也属于递进性问题链。

❖ **设计单元教学检测**

单元素养目标的要求，结合具体的教学任务和问题，参考原单元检测题，设置了7道填空题、4道选择题、4道巩固应用题和4道拓展提升题，具体题项检测内容如表3-13所示。

表3-13 《多边形的面积》单元检测内容

1. 填空题	1.1	按要求填写多边形面积计算中的未知值
	1.2	采用最合适的方法计算平行四边形的面积
	1.3	计算长方形和平行四边形的面积并比较面积公式的关系
	1.4	已知梯形的上底、下底与高，计算梯形面积
	1.5	计算梯形的面积并比较梯形和三角形面积公式的关系
	1.6	比较三角形、梯形和平行四边形面积公式并计算面积
	1.7	计算不规则图形的面积
2. 选择题	2.1	比较三角形的面积大小
	2.2	比较梯形变化前后的面积大小
	2.3	比较三角形和平行四边形变化后的大小
	2.4	比较组合图形面积的大小
3. 巩固应用题	3.1	动手操作画出平行四边形
	3.2	计算休闲区的面积
	3.3	计算广告牌的造价
	3.4	计算草坪上的宣传板数量
4. 拓展提升题	4.1	探究组合后的图形形状及面积
	4.2	动手操作在梯形中剪出最大三角形与平行四边形
	4.3	动手绘画出面积相等的平行四边形、三角形和梯形
	4.4	解决生活中草坪的面积及造价等实际问题

(1)填空题

填空题主要是涉及平行四边形、三角形和梯形面积公式的简单应用，要求学生能够熟练掌握多边形的面积计算公式，能够根据多边形的面积计算公式中的已知量求解未知量，能够运用组合的方法与策略计算组合图形的面积，能够运用估算的策略与方法计算不规则图形的面积。填空题设置的目的主要是检测学生对基础知识的掌握情况。部分题项具体如图3-12所示。

1. 填空题。

(1) 直接填写表格。

	面积（cm²）	底（cm）	高（cm）
平行四边形		12.5	4
三角形	38	4	
梯形	38.5	上底：6 下底：	7

(2)（如右图）这个平行四边形的面积是（　　）cm²。

(3) 把一个平行四边形沿高剪开，分成一个直角三角形和一个直角梯形，然后将直角三角形平移，把原来的平行四边形转化为一个长方形，转化后可以发现：

长方形的长=平行四边形的_____，

长方形的宽=平行四边形的_____，

两者面积的大小关系是：长方形的面积与平行四边形的面积_____。

图 3-12　单元检测—填空题

(2) 选择题

选择题相对比较基础。学生通过完成选择题，一方面能够巩固已经学习过的基础知识；另一方面也能够学会权衡比较各个选项，选择出最佳的答案，从而养成良好的做题习惯。部分题项具体如图 3-13 所示。

2. 选择题（选择正确答案的字母编号填在括号里）。

(1) 如图，在边长相等的四个正方形中，画了两个三角形（S1 和 S2），这两个三角形的面积关系是（　　）。

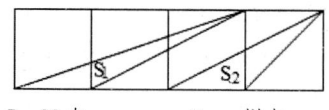

A. S1 大　　B. S2 大　　C. 一样大　　D. 不能确定

(2) 把一个梯形的上底增加 1cm，下底减少 1cm，得到的新梯形和原梯形的面积关系是（　　）。

A. 新梯形面积大　　B. 原梯形面积大

C. 两梯形面积相等　　D. 不能确定

图 3-13　单元检测—选择题

(3)巩固应用题

巩固应用题的重点是让学生迁移应用平行四边形、三角形、梯形、组合图形和不规则图形的知识。巩固应用题主要是检验学生是否能够灵活运用相关方法与技能解决生活中的实际问题。部分题项具体如图3-14所示。

3.巩固应用题

（1）在下图中画出一个和已知三角形面积相等的直角三角形，再画出一个面积是已知三角形面积2倍的平行四边形。（两条虚线互相平行）

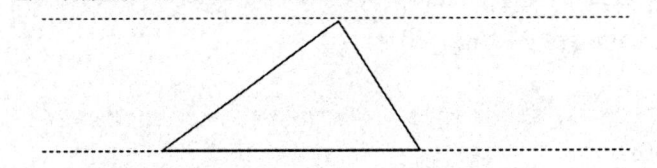

（2）一个长方形广场（如图。单位：m）。两块休闲区共占地多少平方米？

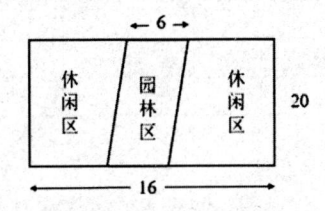

（3）一块三角形广告牌长1.6米，高0.6米。若每平方米的造价为300元，则这个广告牌的造价是多少元？

图3-14 单元检测—巩固应用题

(4)拓展提升题

拓展提升题相对来说具有一定难度，也具有综合性和开放性的特点。拓展提升题主要目的是检测学生综合运用多边形的面积知识解决复杂问题的能力，它不仅强调学生的动手实操能力，而且强调学生能够学以致用，能够在生活实际中寻找到与多边形面积相关的内容，然后利用多边形的面积知识解决生活中的实际问题。部分题项具体如图3-15所示。

二、课时的教学设计

课时的教学设计是单元教学设计的基本单位，也是落实学习任务、开展教学实践的依据。

4.拓展提升题

1.①和②两块纸板刚好能拼成一个大梯形（如图），如果①号纸板的面积是 20cm²，那么拼成的大梯形面积是（　　）cm²。（图中长度单位：cm）

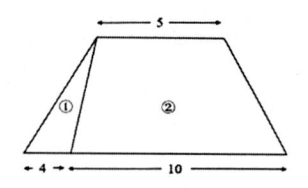

2.如图（单位：cm），梯形的下底是上底的 1.5 倍。
（1）从这个梯形中剪一刀剪出一个最大的三角形，这个三角形的面积是（　　）cm²。
（2）如果从这个梯形中剪一刀剪出一个最大的平行四边形，这个平行四边形的面积是（　　）cm²。
（3）这个梯形的面积是图中阴影部分三角形面积的（　　）倍。

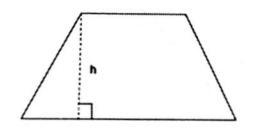

3.在下面的方格纸上分别画一个平行四边形、一个三角形、一个梯形，使它们的面积都相等，并说说你是怎样画的。

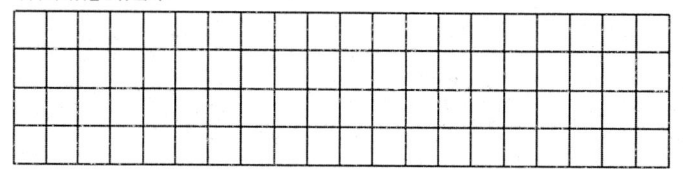

图 3-15　单元检测—拓展提升题

（一）课时的教学设计方法

基于深度学习的课时教学设计主要包括课时基本信息、教学理念、学情分析、素养目标、学习任务、重点难点、教学过程和教学评价八个部分内容[1][2]，具体教学设计操作表格如表 3-14 所示。

表 3-14　深度学习教学设计操作表格

学校名称		执教教师	
课程与单元		学科核心素养	
课时名称		教学对象	
一、设计理念			
√深度学习理念　　√情境化教学理念　　√任务驱动理念 √探究性学习理念　√分层教学理念　　　√个性化学习理念　……			

---

[1] 谢幼如、黎佳：《智能时代基于深度学习的课堂教学设计》，载《电化教育研究》，2020(5)。

[2] 黎佳：《基于深度学习的课堂改进行动研究》，硕士学位论文，广州，华南师范大学，2020。

续表

二、学情分析

三、素养目标

四、学习任务

五、重点难点

六、教学过程				
学习步骤 （任务）T	问题(Q)	学生活动	教师活动	技术应用
……	……	……	……	……

七、教学结构流程

八、教学评价(关注学生的批判性思维、知识迁移能力、问题解决能力)

1. 基本信息

课时基本信息主要包括学校信息、执教老师的信息、课程与单元、学科核心素养、课时名称以及教学对象等信息。

2. 设计理念

教学设计理念是人们对教学活动的看法和持有的基本态度和观念。教师开展课时的教学设计时应以深度学习理念为指导，并结合学生的实际情况选择情境化教学理念、探究性学习理念与分层教学理念等，或结合学校的特色个性选择适合学校发展的特定教学理念。

3. 学情分析

学情分析是课时教学设计的依据，只有明悉了学生起点能力、学习风格、学习动机等问题，才能针对性地开展设计。学生经历了一定课时的学习，不同学生对知识的掌握程度存在一定的差异，因此课时的学情分析需要重点关注学生的起点能力。

4. 素养目标

课时素养目标是对单元目标的细化，是学生经过课时内容的学习后所要达成的素养水平。在对学科素养目标进行阐述时，应该明悉学生所要掌握的核心知识与思想方法、需要提升的关键能力与所需塑造的精神品质。

5. 学习任务

学习任务是落实单元内容的载体，课时内容就是以一定难度梯度的学习任务所构成。同时对于学习任务的分析需要明悉学习任务的类型、学习任务之间的关系以及学习任务下所设置的问题链。

6. 重点难点

教学重点难点是教师依据课时素养目标，结合教材分析结果和学生学情所确定。教学重点是学生必须要掌握的基础知识和基本技能；教学难点则是学生不易掌握的知识与技能。

7. 教学过程

教学过程主要按照完成学习任务的先后顺序进行组织。教学过程需要体现任务群与问题链的特征、需要对学生活动与教师活动进行详细阐述，同时还需明确信息技术的应用。

8. 教学评价

教学评价是检验学生经过课时学习后是否达到既定的学科素养目标的活动，它应重点关注学生批判性思维、知识迁移能力与问题解决能力等方面。

(二)课时的教学设计案例

案例3-2：小学五年级数学《平行四边形的面积》第1课时

该案例选自D小学五年级数学曹老师等人的深度课堂教学实践。学生已经学会长方形、正方形面积计算，掌握平行四边形的特征，会画平行四边形的底和对应的高，也具备一定几何直观和空间观念、逻辑思维能力和一定的推理能力。同时，他们的问题意识比较强，善于发表自己独特的想法和意见。因此他们期待更直观、更开放、更个性化、更智能化的学习方式，乐于尝试新事物。此外，该课时教学基于智能学习环境开展教学实践，它利用Aiclass平台、交互式电子白板系统与智能录播系统等提供支撑，学生对电子产品和网络的使用有较好的基础，具备基本操作的技能，能借助平板电脑进行高效学习。该课时具体的素养目标、学习任务、教学重点难点、教学过程和教学评价如下。

❖ 素养目标

1. 理解平行四边形的面积计算公式，感知割补转化的内涵。

2. 通过猜想、操作、观察、比较推导出平行四边形的面积计算公式，培养学生的批判性思维与实践操作能力，发展学生的几何直观与空间观念。

3. 运用平行四边形的知识设计制作校庆纪念书签，培养学生知识迁移能力与问题解决能力。

4. 感受数学源于生活，生活需要数学，体验数学知识与现实生活的联系，能应用所学知识解决生活中的简单问题，从中获得价值体验。

5. 通过实践操作，体验动手实践的快乐及探索分析的乐趣。

❖ 学习任务

该课时共设计3个学习任务和7个学习问题，具体如下：

◇ 任务1：推导平行四边形面积的计算公式。

　　问题1-1：长方形与平行四边形面积石板面积哪个大？

　　问题1-2：推导平行四边形面积的方法有哪些？

　　问题1-3：长方形与平行四边形的面积存在哪些等量关系？

　　问题1-4：如何推导平行四边形的面积公式？

◇ 任务2：应用平行四边形面积的计算公式。

　　问题2-1：如何求已知底和高的平行四边形的面积？

　　问题2-2：如何求未知底和高的平行四边形的面积？

◇ 任务3：设计制作校庆纪念书签。

　　问题3-1：如何保证纪念书签是平行四边形？

❖ **教学重点难点**

◇ 教学重点

探索并推导平行四边形面积的计算公式，能准确解决实际问题。

◇ 教学难点

利用平行四边形的知识设计制作校庆纪念书签。

❖ **教学过程**

该节课主要包括"学情诊断，导入新课""尝试探究，寻找方法""质疑矫正，推导公式""运用知识，问题解决""归纳总结，拓展提升"五个环节，具体如图3-16所示。

❖ **教学过程**

(1)学情诊断，导入新课

首先，教师通过平板电脑将云平台的练习题传送到学生终端，学生借助平板电脑完成相关练习；然后，教师根据学生练习完成情况，分析学生的易错题，并进行选择性讲评，从而精准诊断学生的学情；最后，聚焦新学期校园新风貌，欣赏学校新装饰的楼梯护栏图案，从而导入新课。

(2)尝试探究，寻找方法

首先，教师组织学生观看学校新装饰的楼梯护栏图案，引出探究问题："长方形和平行四边形两种形状的石板哪一个面积大？"并提出问题："有什么办法能知道平行四边形的面积？"预设以下四种方法：

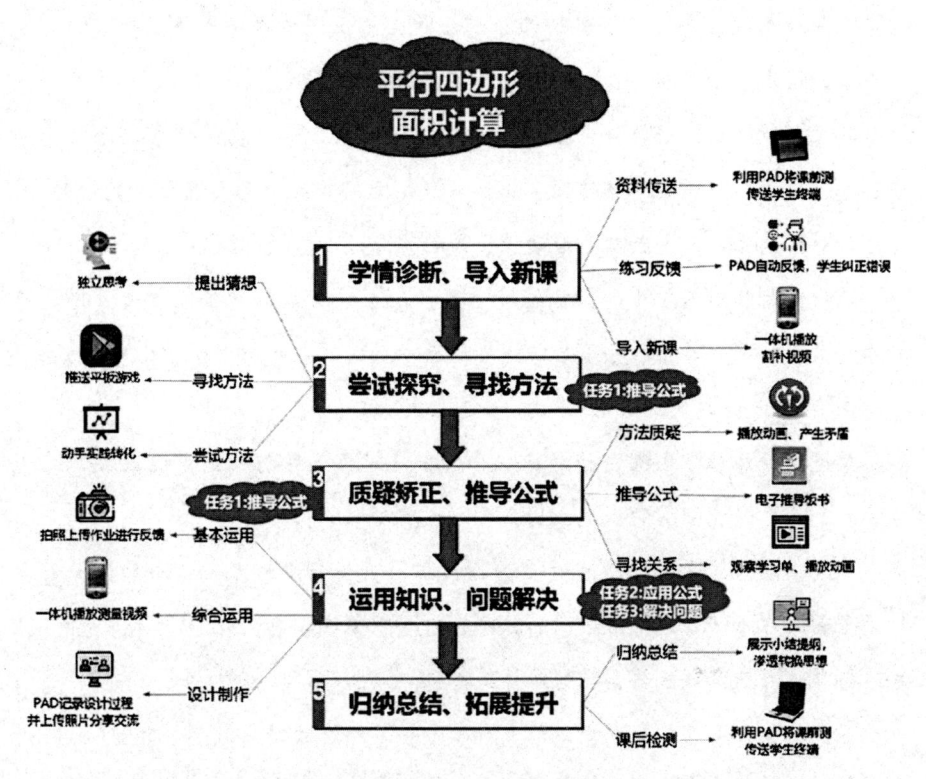

图 3-16　小学五年级数学《平行四边形的面积》具体教学流程图

第一种：邻边×邻边；

第二种：底×高；

第三种：数格子；

第四种：割补法。

其次，教师提供格子图，让学生用面积单位来测量平行四边形的面积，自主探究寻找出求平行四边形面积的方法，从如何数面积单位中发现割补法和转化的思想，完成探究活动一。

最后，教师追问："没有格子图，是否可以把平行四边形变成长方形来计算面积呢？"引导学生尝试用割补法将平行四边形转化为长方形来计算面积，完成探究活动二。教师收集学生转化情况，将成功转化成长方形和失败的剪拼图都投屏进行对比，让学生明确并理解割补要沿着平行四边形的高剪开。

(3) 质疑矫正，推导公式

首先，教师呈现学校蒙学楼护栏上的石雕图，要求学生用割补法沿着高将它剪开变成长方形来计算石板的面积，让学生意识到割补法的局限性，激起认知矛盾，引发学生质疑，激发学生继续探究的兴趣和欲望。

其次，教师利用平板提供平行四边形转化成长方形的动画视频，帮助学生观察寻找出原平行四边形与转化后的长方形之间的等量关系，完成探究活动三，并总结等量关系，为平行四边形面积公式的推导做准备。

最后，教师依据学生的探究结果，依据原平行四边形和转化后长方形之间相等的关系，帮助学生推导平行四边形的面积公式，并介绍字母公式同时板书。

(4)运用知识，问题解决

首先，教师让学生看图并计算四个已知底和高的平行四边形的面积，收集学生的作业，强调书写的规范和用公式时底和高要相对应。

其次，教师让学生计算两块石板的面积，明确长方形石板的面积计算需要测量长和宽，平行四边形石板的面积计算需要测量底和高，教师用"AiTeaching" App将学生作业拍照上传，有针对性地进行点评。

最后，教师引导学生利用该节课所学知识，结合中华人民共和国成立70周年与学校130周年校庆设计制作"纪念书签"，明确设计要求，如图3-17所示，引导学生在设计中记录设计过程并拍照上传进行分享。

国庆校庆"纪念书签"设计制作

第（　）组

任务	制作"培正130周年校庆书签"
规格	面积为80 cm²的平行四边形
要求	◆组长合理分工 ◆记录设计过程 ◆拍照上传分享

图3-17 "纪念书签"设计要求

(5)归纳总结，拓展提升

教师提供总结提纲，让学生从已经学会的知识、存在的疑惑及感兴趣的知识方面进行小结和交流，回答以下三个问题：

①你已经学会了什么？

②你还有什么疑惑？

③你还对什么知识感兴趣？

引导学生对知识及获取知识的手段方法进行小结，渗透转化的思想。然后教师通过平板电脑将云平台的练习题传送到学生终端，引导学生在平板电脑上进行课后检测并收集平板电脑上统计的检测情况，了解学生的掌握情况。

❖ 教学评价

表3-15 深度学习教学设计操作表格

评价维度	自评	互评	教师评	平均得分
平行四边形面积公式推导(30)				
平行四边形面积公式运用(30)				
校庆书签制作(40)				

反思总结

三、基于深度学习的教学策略设计

为有效落实学科核心素养、培养学生批判性思维、发展学生知识迁移能力、提升学生问题解决能力，可采用如下教学策略设计方法。[1][2]

(一)真实问题情境策略设计

教学情境是指由教师预设、师生共同生成并与教学内容呈现及教学组织相关联的情境。[3] 情境认知理论的相关研究表明，学生学习的实质就是学生在特定的情境中，通过与情境要素进行互动，主动完成知识的建构。由此可知，创设教学情境对于学生的有效学习显得尤为重要。创设真实的问题情境是指教师将与学科教学相关、学生生活相关、学生经验相匹配的客观事实与情境素材转化为教学的情境。按照教学情境真实程度可以将其划分为真实情境、准真实情境和虚拟情境。真实情境是现实生活中真实存在的情境，如化学实验课中真实的氧气、氢气等；准真实情境是真实与虚拟之间的情境，如用汽车模型替代真实

---

[1] 谢幼如、黎佳：《智能时代基于深度学习的课堂教学设计》，载《电化教育研究》，2020(5)。

[2] 黎佳：《基于深度学习的课堂改进行动研究》，硕士学位论文，广州，华南师范大学，2020。

[3] 张广斌：《教学情境的结构与类型研究——结构功能主义视角》，载《教育理论与实践》，2010(13)。

汽车的行驶问题；虚拟教学情境则是指借助智能技术手段创设教学情境或个体借助某种手段想象的情境。需要注意的是，首先，创设真实的问题情境应该能够引起学生注意，激发学生的学习兴趣，并与学生的生活经验息息相关；其次，创设真实的问题情境也需要考虑问题情境与学习内容的关联度，即真实的问题情境应承载着教学实质性内容。

问题是学习的起点，在真实情境中，教师要首先开发一个真实的问题，问题设置得当是解决问题学习的关键。设计真实情境的问题要求具有以下特征。第一，真实性，问题应该来源于实际生活但高于实际生活，具有一定的挑战度和吸引力，问题的呈现应包含与这一问题相关的整个背景和环境。第二，目标性，设计的问题必须与教学目标相符，涵盖学习者要学习的知识和技能，满足学生在真实世界中的认知需求且能够让学生有清楚的期待；第三，开放性，创设的真实问题没有直接的和唯一的答案，留给学生足够的空间去创新；第四，适切性，问题的难易程度处于学生的最近发展区，具有一定的挑战性和吸引力，能让学生融入问题的情境脉络中；第五，支持性，真实问题情境中的问题解决是一个非线性的过程，教师应提供相应的教学支架将松散的知识串联起来，如先前知识、资源库、案例库等。真实情境中的问题解决能使学习者像专家一样进行有意义、有目的的活动，并能把真实情境问题解决的知识和经验有效迁移运用到解决现实问题中去，有利于解决教学的针对性和有效性的问题。

(二)师生互动对话策略设计

互动对话是在课堂教学的过程中采用各种手段，使得学生与教师就教学内容进行及时的交流反馈，从而充分调动学生的积极主动性，加深对知识内容的理解。互动对话是一种双向的交流过程，在这个过程中，师生双方根据自身的经验，不断地向对方表达自己的观点，然后整合他人意见，以此完善自身的知识结构。在师生互动对话的过程中，教师需要将学生当作真正意义上独立的人，将学生当作伙伴、朋友，学会以平等的关系倾听学生内心中真实的各种观点，然后再表达自己的态度与看法。首先，构建师生间良好的对话环境，强化课堂的开放性和生成性。在此环境中，教师从知识的传授者转化为教学活动的组织者和引导者，在平等、互信、公平的基础上建立教师与学生之间的学习共同体，在一定程度上弱化教师的权威,从而保障学生的话语权,培养学生的批判性思维。其次,激发学生的主体意识和学习的积极主动性。课堂教学中,教师关注学生的情感和心理变化,并提供充分的情感关怀和情感支持,鼓励并引导学生参与到教学活动中,积极主动思考,敢于提出自己的想法,让学生成为课堂的主人。最后,触发学生对话意识,有组织地开展对话。有趣、有吸引力的话题是学生进行对话的钥匙,教师可提供符合先行组织者原则的教学支架,在对话过程中教师要灵活运用多种教学手段,启发学生思考,发展各项能力。师生之间的有效对话,摆脱了同一性思维的限制和影响,促进了师生之间视域的相互融合,有利于教师和学生的共同发展和不断创新。

具体来说,互动对话的一般流程包括抛出系列问题、引导互动讨论、客观做出评价。抛出系列问题是引发学生进行自主思考,激发学生参与对话的关键步骤。这类问题可以是学习任务下的系列问题,也可以是独立的问题,但关键是这类问题能够帮助学生批判性思考。引导互动讨论则是培养学生批判性思维的重要手段。引导互动讨论就是要让学生对知识内容保持怀疑的态度,然后学习共同个体不断协商对话,教师通过适当引导,从而帮助学生批判性地将孤立、零散的知识内容建立联系,完整建构自身的知识体系。客观作出评价则是确认互动对话结论是否正确的关键一步。互动对话的评价主体可以是学生本身,也可以是学习共同体成员,还可以是教师。需要注意的是,师生互动对话不仅仅局限于学生与教师之间的对话,还包括学生自身与自身对话、学生与学生之间对话,也包括教师自身与自身对话、教师与教师之间对话。

(三)协作探究过程策略设计

基于深度学习的课堂教学主要采用自主学习、合作学习与探究学习的方式,同时伴随着混合式与跨学科的趋势,但其实质都是以真实情境下的学习任务为导向。协作探究学习是指基于问题解决或任务达成而进行的协同知识建构,以协作活动为主线,同时整合了多种知识习得方式,其最终目的是促进协作成员的共同成长。协作探究是基于深度学习的课堂实施重点,也是学生完成学习任务,解决学习问题的重要方式。在协作探究活动之前,教师要根据学习目标与任务,分析学生的个性特征,进行异质分组,创设良好畅通的沟通交流环境,设计多个有探讨价值的任务群，并为协作任务提供相关的背景知识、信息资料以链接资源，供学生查阅、学习和解决问题。在协作探究活动中，可以采用讨论、协商、竞赛等协作形式，让学生以小组为单位进行探究问题，明确小组成员的具体工作和职责，积极进行共享、评价和反馈，通过不同观点的交锋、补充和修改等，达到集体的共同思维成果，从而加深对知识的理解。在协作探究活动结束后，小组成员内部要进行个人和集体的反省，聚力产生成效，促进小组成长，最大化个人和小组习得的成果。在这个过程中，教师需要充分认识到学生的主观能动性，让学生亲自参与、经历动手操作等实践过程，从而培养学生的知识迁移能力与问题解决能力。

(四) 多元持续评价策略设计

教学评价能够判断教学目标的达成情况，也能诊断学生存在的问题。随着大数据、学习分析、机器人技术等智能技术在教育领域的深入应用，教学评价方式也趋向于多样化、个性化、智能化、自适应和精准化，贯穿于教与学的全过程。有效的教学评价是教师实现教学科学干预的核心，基于深度学习的课堂实施过程关注多元持续评价，要求评价主体多元、评价方式多种、评价内容多样，从而让学生清晰了解自身存在的知识短板与能力缺陷，也为教师课堂教学提供有益指导。评价主体多元，即要求教师、学生、家长以及教育管理者共同参与到评价过程中，从而使评价更为客观准确；评价方式多种，即要求课堂教学评价标准必须细化到行为标准，与行为目标有机结合，与学习目标相符合，对于特定学习活动组织的教学内容选择适当的教学评价策略，如批判性思维可以采用报告、反思日志和讨论等方式进行评价，问题解决能力可以采用基于资源的探究和游戏任务等方式进行评价，以此来跟踪评价学习过程和学习行为；评价内容多样，即要求对学生学习过程、学生学习效果、教师指导活动、教学资源质量和支撑服务系统进行综合评价。

智能技术的发展不仅支持了教学过程，而且为教学评价提供了新的工具和方式，有力支持了教学评价活动的实施，要将传统评价方式与智能评价方式结合起来，才能使评价结果更全面、更准确。

【本章小结】

本章主要介绍了智能时代深度课堂教学设计观，阐述了智能时代深度课堂的教学设计理论，提出了智能时代深度课堂的教学设计方法和基于深度学习的教学策略设计方法。具体要点如下。

1. 智能时代深度课堂教学设计观

智能技术正在持续推动教育领域的深层次变革，特别是对基础教育课堂教学产生深远影响。这就迫使我们从传统课堂教学设计观念向智能学习环境下基于深度学习的课堂教学设计观转变，即要求提升教学设计站位，对标学科核心素养；强调单元主题设计，重构学科教学内容；关注知识系统结构，改变知识点碎片化；融合多元智能技术，助力学生个性发展。

2. 智能时代深度课堂教学设计理论

深度课堂教学实践的开展必然依赖于新型教学设计理论的指导，智能时代的深度课堂教学设计的理论依据主要包括深度学习理论和教学设计理论。具体来说，深度课堂体现在学习结果"深"、学习方式"深"、学生参与度"深"；智能时代的深度课堂教学设计具有大单元、任务群和问题链三大特征，其主要包括根据学科核心素养设置单元目标、依据学科核心素养目标重构教学内容、遵照单元学习任务设计教学活动和按照深度学习特征重整教学评价等内容。

3. 智能时代深度课堂的教学设计

智能时代深度课堂的教学设计主要包括大单元的设计和课时的设计。大单元的教学设计主要包括六个部分：①凝练单元名称；②确定单元课时；③确定单元目标；④设计单元任务群；⑤设计单元任务链；⑥设计单元教学检测。

课时的教学设计主要包括八个部分：①基本信息；②设计理念；③学情分析；④素养目标；⑤学习任务；⑥重点难点；⑦教学过程；⑧教学评价。

4. 基于深度学习的教学策略设计

智能时代基于深度学习的教学策略设计包括：①真实问题情境策略设计；②师生互动对话策略设计；③协作探究过程策略设计；④多元持续评价策略设计。

第四章

智能时代深度课堂的典型模式

内容结构

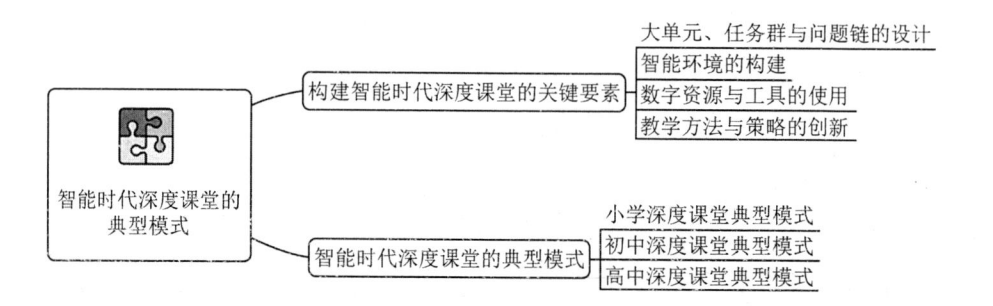

```
                                            ┌─ 大单元、任务群与问题链的设计
                    ┌─ 构建智能时代深度课堂的关键要素 ─┼─ 智能环境的构建
                    │                       ├─ 数字资源与工具的使用
智能时代深度课堂的         │                       └─ 教学方法与策略的创新
典型模式          ─┤
                    │                       ┌─ 小学深度课堂典型模式
                    └─ 智能时代深度课堂的典型模式 ──┼─ 初中深度课堂典型模式
                                            └─ 高中深度课堂典型模式
```

教学模式是指在一定的教育思想、教学理论和学习理念指导下，在一定的教学环境和资源的支持下，教与学活动中各要素之间的稳定关系和活动进程的结构形式。[①] 智能时代深度课堂的典型模式主要指在智能环境下，以深度学习理念为指导所形成具有普遍适应性、推广性的教学过程实施方案。本章内容主要包括构建智能时代深度课堂的关键要素与智能时代深度课堂的典型模式两节内容，详细介绍大单元、任务群与问题链的设计，智能环境的构建，数字资源与工具的使用，教学方法与策略的创新等关键内容，同时深入浅出地阐述了小学深度课堂典型模式、初中深度课堂典型模式、高中深度课堂典型模式以及中小学一线真实应用案例，以期为中小学教师开展深度课堂教学实践提供理论参考与实践借鉴。

第一节　构建智能时代深度课堂的关键要素

一、大单元、任务群与问题链的设计

大单元、任务群与问题链的设计是构建智能时代深度课堂的核心内容。传

---

① 李克东：《新编现代教育技术基础》，340页，上海，华东师范大学出版社，2002。

统教学是在教材原有单元的基础上开展实践教学，这不仅仅能够迅速普及人类历史存留下来的优秀传统文化，推广前人先进的经验，同时也能保证教学的科学性、先进性与准确性。但由于国内东西部地区的经济水平不一，中西部地区文化差异较大，从而导致不同区域的学生在知识与技能、思维与能力、品格与素养等方面存在显著差异。另外，遗传因素、家庭背景、所处环境的千差万别，以及学生个体的差异性，使得千篇一律地按照教材内容开展课堂教学会存在不适用、不合用、不管用等问题。智能时代深度课堂教学设计在充分考虑学生群体差异的基础上，通过大单元、任务群和问题链的形式来落实学科核心素养，培养学生必备品格与关键能力。其中，单元内容是教师在确定学科核心素养要素，分析学生的起点能力、认知风格、学习态度、自我效能感等因素后确定的，它在一定程度上能够满足学生的个性化发展需要。单元内容可以是教材原有的单元，也可以是在教材原有单元的基础上进行解构重组的内容，还可以是根据学习者的实际学习需要，结合已有的学习条件重构创新的内容，但是单元内容一定要经过系统整理，由核心主线串联，具有缜密的逻辑和清晰的结构。任务群与问题链是单元内容的具体显现，也是课堂教学实践的主要内容。在深度课堂中，教师以任务群的形式组织教学活动，通过引导学生解决一个个具有难度梯度的学习问题，帮助学生实现阶梯式螺旋化发展，从而落实学科核心素养，达成深度学习目标。任务群与问题链质量的高低直接影响到教学实践的效果，因此，在智能时代开展深度课堂教学实践应特别注重大单元、任务群和问题链的设计。当然，大单元、任务群与问题链的设置并不是毫无规律可遵，毫无章法可循，而应该根据学生的现实情况，按照学生的学习需要与诉求，结合基础教育领域不同学科的课程标准要求，将教学内容以大单元的形式进行统整规划，并按照一定的逻辑结构与难度梯度进行合理有序设计。①

二、智能环境的构建

智能环境是智能时代深度课堂的重要支撑。以智能化为基本特征的第四次

---

① 黎佳：《基于深度学习的课堂改进行动研究》，硕士学位论文，广州，华南师范大学，2020。

工业革命迫切呼唤创新人才的培养，对智能时代背景下教育领域的系统化变革提出更高的要求。从物理空间到网络空间再到虚实融合的智能空间，逐渐成为课堂教学的新场景。智能时代背景下，以人工智能、第五代移动通信技术、大数据、物联网、虚拟现实为代表的新型智能技术迅速发展并在教育领域中快速应用与普及。以智能化、精准化、个性化、协同化、泛在化为主要特征的新型智能技术赋能学校课堂教学。学校是教书育人的主要场所，也是开展教育教学的主要渠道。开展智能时代深度课堂教学就需要打造虚实融合、个性精准、协同泛在、混合多元的智能环境。具体来说，智能环境能够提供精准的学情诊断、多样的情境创设、丰富的学习资源、实用的学习工具、精准的过程分析与多元的教学评价等。教师能够在智能环境的基础上，按照教学的实际需求，智能诊断学生的学习情况，同时根据学情诊断结果精准推送各类学习资源，智能记录教与学的过程，智能评价教与学的效果。学生则能够在智能环境下选择个性化学习资源与工具，开展个性化交流与互动，从而获得个性化的成长与发展。

三、数字资源与工具的使用

教育资源是教育事业得以生存和发展的基础和土壤。数字资源主要是指经过数字化处理的学习资源，它具有获取便捷性、表现多样性、传播宽泛性、修改扩充性等特征，它可以包括文字、图像、声音、动画、课件和视频等多种形式。数字资源是实现基于智能技术的教育教学模式和教育服务方式变革的必备条件，是新时代推进教育现代化的必然要求，也是解决教育发展不平衡不充分问题的现实选择。学习工具是指有益于学习者查找获取和分析处理信息，能够帮助学习者交流协作，建构知识，并以具体的方法组织并表述理解和评价学习效果的中介。[1] 它可以是原始的贝壳、石头、算盘，也可以是传统的学习机、复读机，还可以是在线学习网站、自适应学习系统、虚拟图书馆等。智能时代新型技术作为重要的创新要素，它能够成为变革课堂教学的内生动力，并融合于

---

[1] 钟志贤、张琦：《论学习环境中资源、工具与评价的设计》，载《开放教育研究》，2005(3)。

教育教学的环节与流程之中。同时，它也可以作为学习工具，具体体现为具有获取信息、储存信息、处理信息、表达和交流信息、解决问题等功能作用的工具，如文字处理软件等效能工具、搜索引擎等信息工具、微世界等情境工具、微信等交流工具、Xmind 等认知工具、电子学档等评价工具。智能时代教师开展深度课堂教学的过程中，应该按照教学的实际需要，选择能够有效突破教学重点、难点，达成学科核心素养目标的数字资源与工具。需要注意的是，在课堂教学的过程中，数字资源与工具并不需要体现在教学的每一个环节和每一个步骤中，而应以学生的学习需要为准绳，在不增加学生认知负荷的基础上，以科学有效、简便快捷、促进成长的原则进行选择。

四、教学方法与策略的创新

教学方法是指为完成教学任务，教师的教和学生的学的相互作用所采取的方式、手段和途径。[1] 教学策略是为了达成教学目的，完成教学任务，在对教学活动清晰认识的基础上进行调节和控制的一系列执行过程。[2] 教学方法是教学策略的具体化，是更为详细具体的方式、手段和途径。教学方法与策略的创新运用是构建智能时代深度课堂的推动力量。智能时代深度课堂改变传统以教材为中心、以课堂为中心、以教师为中心的局面，转向以学生的学习为中心、以学生的发展为中心、以学生的学习效果为中心。教师的教应服务于学生的学，因此教师的教学方式应服务于学生学习的实际需要。教师应根据学生的实际情况，灵活采用情境式、探究式、任务驱动式等多样化的教学方式。学生则主要采用自主学习、合作学习和探究性学习的方式。一方面深度课堂教学内容主要以大单元、任务群和问题链的形式进行组织，其有序推进离不开真实有趣的教学情境，其实践落地离不开逻辑清楚的层次结构。另一方面，自主学习、合作学习和探究性学习方式能够给予学生充分的批判思考时间，让学生在互动交流的过程中碰撞出思想的火花，通过批判建构达成深度学习。良好有序的课堂教学实践活动也是智能时代深度课堂效果的保证。因此，教师在引导学生开展互动讨

---

[1] 刘克兰：《现代教学论》，重庆，西南师范大学出版社，1993。
[2] 和学新：《教学策略的概念、结构及其运用》，载《教育研究》，2000(12)。

论、进行任务探究、组织汇报展示、实施综合实践活动不仅需要既定的程序和标准，让学生清楚地知道自己在学习活动中承担的角色和应尽的责任，而且要灵活运用创设真实问题情境、重视师生互动对话、注重协作探究过程、关注多元持续评价等有效教学策略。

第二节 智能时代深度课堂的典型模式

一、小学深度课堂典型模式

(一)小学语文阅读深度课堂模式

1. 小学语文阅读的一般教学流程

语言文字是人类最重要的交际工具和信息载体，也是人类文化的重要组成部分。语文课程是致力培养学生的语言文字运用能力，提升学生综合素养的一门学科。语文课程应特别关注汉语言文字的特点对学生识字、写字、阅读、写作、口语交际和思维发展等方面的影响。阅读能力作为语文学科重要核心素养之一，其有效落实对学生成长与发展具有重要作用。一般来说，小学语文阅读的一般教学流程主要包括五个环节[1]，具体如图4-1所示。

激趣导入吸引注意 → 初读课文整体感知 → 互动探究掌握技法 → 拓展阅读迁移应用 → 交流展示评价总结

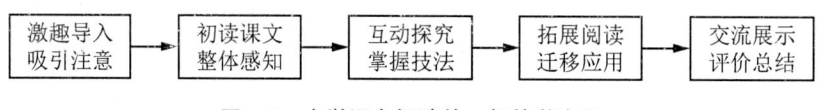

图4-1 小学语文阅读的一般教学流程

(1)激趣导入，吸引注意

兴趣是最好的老师。一节成功的语文阅读课应该能够有效持久地激发学生学习兴趣，让学生乐而不疲、学而不倦。激发学生学习兴趣，吸引学生注意的关键在于创设真实有趣的教学情境。因此，在"激趣导入，吸引注意"环节，教师需要在把握学生基本学情的基础上，创设符合学生学习规律且与学生认知发展相贴合的真实生活情境，从而促使学生迅速进入学习状态。

---

[1] 成小娟、张文兰、李宝：《电子书包在小学语文阅读教学中的应用模式及成效研究——基于学习成效金字塔理论的视角》，载《中国远程教育》，2017(4)。

(2) 初读课文，整体感知

该环节，教师首先提出明确的学习任务，明悉学生经历初步阅读课文的过程所需要掌握的知识与技能等。学生则在教师的引导下，采用自主、合作、探究学习等方式对课文进行整体感知，形成自己独特的见解。

(3) 互动探究，掌握技法

该环节，教师主要搭建阅读脚手架帮助学生掌握阅读技巧，体会阅读情感。学生在教师的指导下，采用自主、合作、探究的方式阅读课文。学生经历略读、细读、品读课文的过程，体会课文的谋篇布局与表达方式，掌握阅读课文的相关技巧，体验作者所要表达的思想感情。该环节是小学语文阅读教学的关键阶段，是阅读教学成败的重要一招。因此，教师在开展阅读教学实践时，尤其需要注意引导学生开展互动探究活动，帮助学生掌握阅读的相关技法。

(4) 拓展阅读，迁移应用

该环节，教师主要提供丰富的阅读材料，并引导学生运用习得的相关技法开展阅读训练，从而进一步巩固所学知识点。学生通过学习不同层次的阅读材料，迁移运用所学知识，从而达到灵活运用、融会贯通。同时，该环节也是落实语文学科核心素养、培养学生高阶思维能力的重要环节。在该环节中，教师应着重发展学生的知识迁移能力与问题解决能力，从而达成既定教学目标。

(5) 交流展示，评价总结

该环节，教师主要引导学生交流展示，汇报创作作品或阅读收获，然后对学生的表现进行评价总结。学生则主要做好汇报工作，借助智能化手段或工具将自己所学、所悟、所感可视化表达出来。

2. 智能环境对小学语文阅读教学的作用

本书根据小学语文阅读课的特征，结合一线教学实践，认为智能环境能够对小学语文阅读教学提供以下支撑作用。

(1) 资源推送，预学导读

课前教师依据语文阅读素养目标，根据学科教学内容将涵盖图片、音频以及视频的学习资源通过智能学习终端发送给学生。学生初步预学，了解学习内容，从而为开展课堂学习奠定基础。同时，教师能够根据智能学习终端反馈的学习情况做出适应性调整，从而更具针对性地开展课堂教学。

(2)个性阅读，即时测试

智能环境能够帮助学生实现个性化阅读，提供阅读检测数据的同步服务。教师则根据即时检测的数据结果进行解读点评，对学生的学习情况进行详细分析，从而提供学生不同程度的指导和帮助。此外，它也能有效促进师生、生生互评，实现在交往反馈的过程中有效培养学生的批判性思维与知识迁移能力。

(3)过程记录，智能分析

智能环境能够对所有学生的阅读检测完成情况进行动态记录与分析，同时借助可视化的工具呈现分析结果，这为教师引导学生采用有效的教学策略和方法开展阅读教学提供重要参考。同时，智能分析的结果也能够为学生学习效果评价提供重要依据，从而保障课堂教学的效率。

(4)提供工具，师生联结

教师可通过智能学习终端为学生推送个性化的拓展阅读材料、解答不同的阅读疑问、建立线上线下的无缝连接。教师利用多样化的交流互动工具，引导学生相互争鸣、合作交流、阅读分享等，从而发展学生的批判性思维、提升学生知识迁移能力、培养学生的问题解决能力。

(5)拓展阅读，情感体验

智能环境能够提供丰富的拓展阅读资源和实用的交流互动的空间。学生能够在完成整体阅读、快速阅读的基础上，通过创作交流工具，实现精细品味阅读内容、理解阅读文本立意，实现阅读情感升华、达成文学作品创作。

(6)智能评价，总结反思

智能学习终端能够提供大量的电子量规、电子档案袋、学生个人以及教师日志等，可实现全方位的智能评价。学生能够根据学习伙伴和教师的评价来总结反思自己的阅读学习情况，不断优化自己阅读的过程与方法，从而达成更高层次的阅读目标。

3. 智能环境小学语文阅读深度课堂模式

本书根据深度学习的一般过程，按照小学语文阅读的一般教学流程，结合智能环境的支撑作用，构建智能环境小学语文阅读深度课堂模式，具体如图4-2所示。

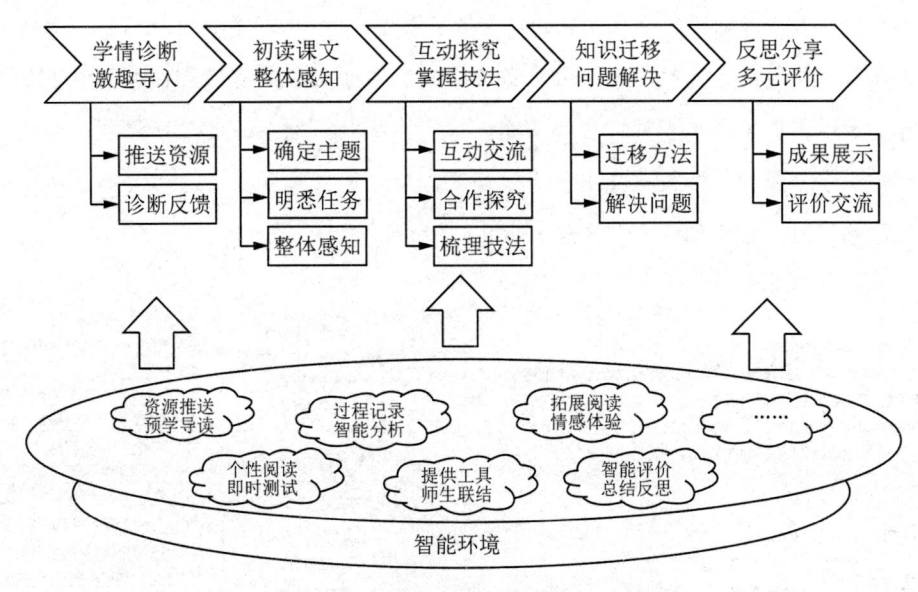

图 4-2 智能环境小学语文阅读深度课堂模式

智能环境小学语文阅读深度课堂模式主要包括"学情诊断，激趣导入""初读课文，整体感知""互动探究，掌握技法""知识迁移，问题解决""反思分享，多元评价"六个环节。该模式注重学生对阅读技法的掌握，强调学生利用相关技法解决拓展阅读的练习，着意面向真实阅读任务下的问题解决。在"互动探究，掌握技法"与"知识迁移、问题解决"阶段，强调落实学生阅读素养，注重学生的批判性思维、知识迁移与问题解决能力培养。

4. 智能环境小学语文阅读深度课堂模式应用

(1) 应用领域

智能环境小学语文阅读深度课堂模式注重对标语文阅读素养，培养学生批判性思维、知识迁移能力和问题解决能力。该模式主要适用于小学中高年段语文阅读课教学。

(2) 典型案例

案例 4-1：小学六年级语文《阅读策略》大单元

一、《阅读策略》大单元设计

该案例选自 D 小学六年级语文杨老师的深度课堂教学实践。该单元主要对标小学语文语言运用、思维发展和审美借鉴等学科核心素养；单元内容由原来8课时解构重组为6课时。该单元内容组织不仅准确定位各篇课文独立承担的任务，而且体现了课文之间的逻辑关系，显示出从"扶"到"放"的学习梯度，这既为学生学习阅读策略搭建支架、降低难度，又为学生开展自主阅读实践提供了充足的空间。该单元教学设计具体如图4-3所示。

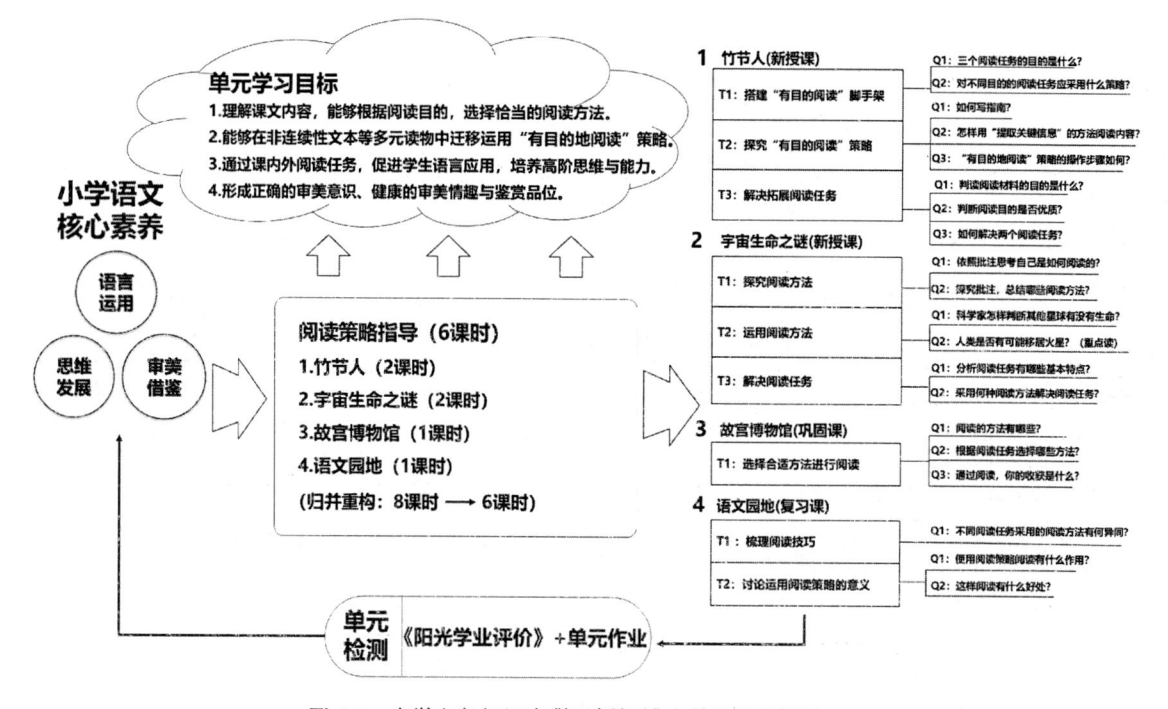

图4-3 小学六年级语文《阅读策略》大单元教学设计

❖ 学科核心素养

1. 语言运用：该单元主要是让学生在丰富的阅读实践过程中，通过主动积累、梳理和整合，逐步掌握阅读技巧并能够迁移运用到其他阅读任务中。

2. 思维发展：该单元主要是让学生在运用阅读技巧完成相关阅读任务的过程中，发展逻辑思维与批判性思维，同时培养知识迁移能力与问题解决能力。

3. 审美借鉴：该单元主要是让学生带着审美情趣进行阅读，在阅读过程中逐步形成正确的审美意识和鉴赏品味。

❖ 单元目标

1. 理解课文内容，能够根据阅读目的，选择恰当的阅读方法。

2. 能够在非连续性文本等多元读物中迁移运用"有目的地阅读"策略。

3. 通过课内外阅读任务，促进学生语言应用，培养高阶思维与能力。

4. 形成正确的审美意识、健康的审美情趣与鉴赏品位。

❖ 单元内容

该单元一共 6 课时，《竹节人》包括 2 个课时，具体让学生在阅读文学类作品的实践中初步感受"有目的地阅读"策略，同时明悉"有目的地阅读"操作步骤；《宇宙生命之谜》包括 2 课时，具体让学生在完成知识类作品的实践中，进一步体会阅读策略选择和运用的方法，从而提高阅读效率；《故宫博物院》包括 1 课时，具体让学生运用迁移运用策略，自主开展"有目的地阅读"；同时还设置了 1 课时的《语文园地》，具体让学生建构阅读单元的知识结构，同时促使学生逐步形成正确的审美意识和鉴赏品味。

❖ 任务群与问题链

该单元旨在帮助落实语言运用、思维发展、审美借鉴等语文学科核心素养。基于此，该单元共设置了 9 个任务 20 个问题，具体如表 4-1 所示。

表 4-1 《阅读策略》任务群与问题链的设计

竹节人 （2 课时）	T1-1：搭建"有目的地阅读"脚手架	Q1：三个阅读任务的目的是什么？ Q2：对不同目的的阅读任务应采用什么策略？
	T1-2：探究"有目的地阅读"策略	Q1：如何写指南？ Q2：怎样用"提取关键信息"的方法阅读内容？ Q3："有目的地阅读"策略的操作步骤如何？
	T1-3：解决拓展阅读任务	Q1：判读阅读材料的目的是什么？ Q2：判断阅读目的是否优质？ Q3：如何解决两个阅读任务？
宇宙生命之谜 （2 课时）	T2-1：探究阅读方法	Q1：依照批注思考自己是如何阅读的？ Q2：探究批注，总结：阅读方法有哪些？
	T2-2：运用阅读方法	Q1：科学家怎样判断其他星球有没有生命？ Q2：人类是否有可能移居火星？
	T2-3：解决阅读任务	Q1：分析：阅读任务有哪些基本特点？ Q2：采用何种阅读方法解决阅读任务？
故宫博物院 （1 课时）	T3-1：选择合适方法进行阅读	Q1：阅读的方法有哪些？ Q2：根据阅读任务，选择哪些方法？ Q3：通过阅读，你的收获是什么？

语文园地 （1课时）	T4-1：梳理阅读技巧	Q：不同阅读任务采用的阅读方法有何异同？
	T4-2：讨论运用阅读策略的意义	Q1：使用阅读策略阅读有什么作用？ Q2：这样阅读有什么好处？

二、《竹节人》课时设计

该内容主要选自《阅读策略》的第一篇文章《竹节人》，具体包括2课时。该内容以深度学习理念、翻转课堂理念和探究式教学理念为指导进行设计，具体素养目标、学习任务、教学重点难点和教学流程如下。

❖ **素养目标**

1. 知道"有目的地阅读"的内涵，理解阅读方法会根据阅读目的与阅读材料的变化而调整。

2. 经历合作探究解决完成最难阅读任务的过程，掌握"有目的地阅读"的方法和策略。

3. 运用"有目的地阅读"的方法和策略解决"体会传统玩具给人们带来的乐趣"任务和"讲一个有关老师的故事"阅读任务，提升知识迁移能力和问题解决能力。

4. 在阅读实践中，感受有目的地阅读带来的成就感，体会深度阅读的乐趣。

❖ **学习任务**

该课时共设计3个学习任务和8个学习问题，具体如下：

◇任务1：搭建"有目的地阅读"脚手架。

　　问题1-1：三个阅读任务的目的是什么？

　　问题1-2：对不同目的的阅读任务应采用什么策略？

◇任务2：探究"有目的地阅读"策略。

　　问题2-1：如何写指南？

　　问题2-2：怎样用"提取关键信息"的方法阅读内容？

　　问题2-3："有目的地阅读"策略的操作步骤如何？

◇任务3：解决拓展阅读任务。

　　问题3-1：判读：阅读材料的目的是什么？

　　问题3-2：判断：阅读目的是否优质？

问题3-3：如何解决两个阅读任务？

❖ **教学重点难点**

◇ 教学重点

理解"有目的地阅读"的内涵，掌握有目的地阅读的方法和策略。

◇ 教学难点

运用"有目的地阅读"的方法和策略完成阅读实践活动。

❖ **教学流程**

《竹节人》主要包括"学情诊断，预学分析""理解概念，明确任务""搭建支架，分析任务""合作探究，归纳方法""深化应用，解决问题""反思分享，拓展提升"六个环节，具体教学流程如图4-4所示。

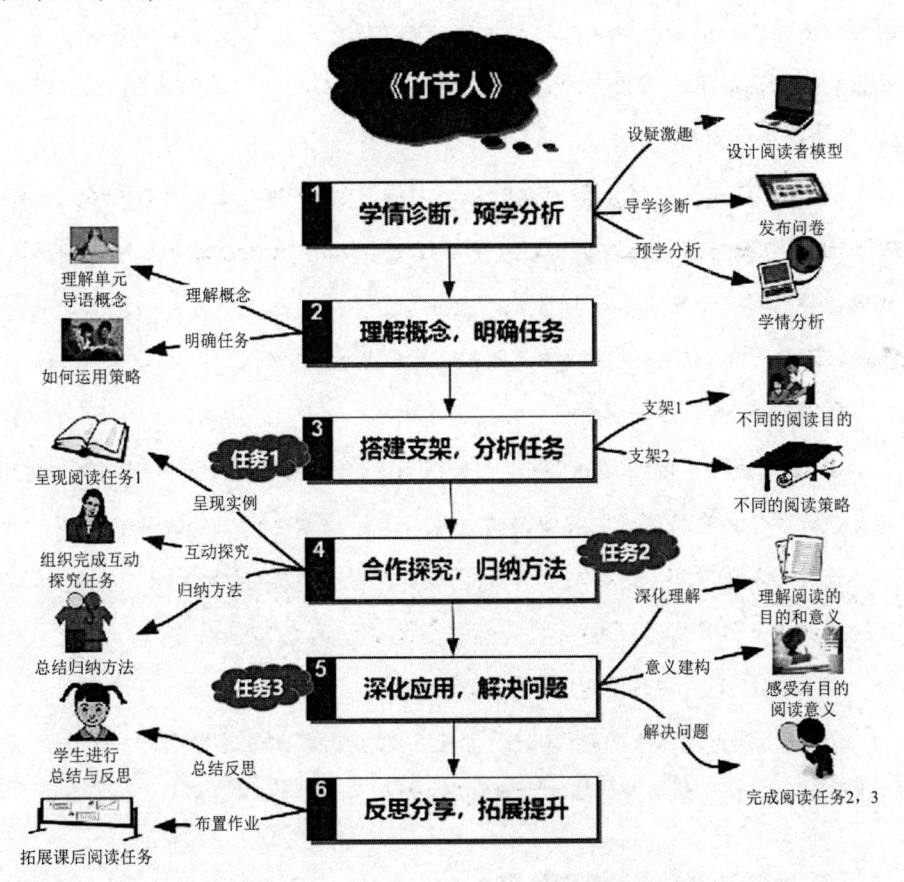

图4-4 小学六年级语文《竹节人》具体教学流程图

（1）学情诊断，预学分析

在"学情诊断，预学分析"阶段，教师利用智能学习平台发放导学案，同时发起构建阅读者模型活动。学生按照要求完成课前活动，完成相关问卷。然后教师依据学生课前练习的分析报告，分析学生的学情。

(2)理解概念，明确任务

在"理解概念，明确任务"阶段，教师首先提出问题：如何"有目的"地阅读《竹节人》？然后教师组织学生开展互动交流，帮助理解"有目的地阅读"的概念与内容；最后引出学习任务，要求学生明悉《竹节人》材料中："有目的地阅读"策略的具体运用。

(3)搭建支架，分析任务

在"搭建支架，分析任务"阶段，教师主要帮助学生搭建阅读脚手架，要求学生明悉：三个阅读任务的目的分别是什么？不同目的阅读内容采用的阅读策略分别是什么？学生在教师的引导下完善脚手架内容，补充完善阅读材料的主要目的和阅读方法。

(4)合作探究，归纳方法

在"合作探究，归纳方法"阶段，学生小组之间以"提取关键信息"阅读策略，解决"写玩具制作指南并教会别人玩这个玩具"任务。教师引导小组同学讨论完成阅读任务过程中所采取的方法和步骤，并记录讨论结果。最后选择具有典型代表的小组汇报"提取关键信息"的操作流程和方法。

(5)深化应用，解决问题

在"深化应用，解决问题"阶段，教师引导学生探究：阅读目的从何而来？同时分析：什么样的阅读任务更具有价值？小组同学之间则积极展开讨论。随后，教师发布学习任务，要求学生按照"提取关键信息"的方法步骤，解决"体会传统玩具给人们带来的乐趣"和"讲一个有关老师的故事"阅读任务。

(6)反思分享，拓展提升

在"深化应用，解决问题"阶段，学生反思自己在学习过程中的不足之处并思考改进的方法。随后教师布置课后阅读作业。

(二)小学数学概念深度课堂模式

1. 小学数学概念的一般教学流程

数学是研究数量关系和空间形式的科学，是人类文化的重要组成部分。数学是使学生掌握必备的基础知识和基本技能，培养学生的抽象思维和推理能力，创新意识和实践能力，促进学生在情感态度和价值观等方面发展的重要课程。数学课程内容的设置需要根据社会的现实需要，符合学生的认知学习规律，贴近学生的实际生活，反映学科思想方法，对标数学学科核心素养，体现层次性与多样性。同时数学课程内容的设计需要充分发挥智能技术的作用，在实施的过程中注重合理、科学地应用新型智能技术，将其作为解决数学问题的有力资源与工具。

小学数学概念是小学数学知识的基础，也是数学教学最重要的部分。[①] 即概念课是小学数学的主要课型之一。一般来说，小学数学概念课是以教授新概念为主，其主要目的是促使学生掌握数学概念，应用数学概念解决生活中的实际问题。[②] 具体来说，小学数学概念的一般教学流程主要包括五个环节，具体如图 4-5 所示。

创设情境 导入新课 → 引导启发 探究概念 → 练习检测 巩固概念 → 拓展提升 应用概念 → 反思分享 总结升华

图 4-5　小学数学概念的一般教学流程

(1) 创设情境，导入新课

该环节，教师主要通过创设真实的问题情境，借助动人的故事、精彩的情节和生动的游戏引发学生学习兴趣，激发学生学习动机，从而帮助学生全身心地投入课堂学习。

(2) 引导启发，探究概念

该环节，教师主要引导学生采用自主、合作、探究等学习方式探究概念课内容，重点突破教学重点和教学难点内容，从而让学生有效掌握数学概念内容。

(3) 练习检测，巩固概念

该环节，教师主要根据学生新学概念内容，设置练习检测；然后引导学生完成基础练习题，帮助学生分析错题缘由，总结解题方法与策略，从而巩固数学概念。

---

① 许中丽：《小学数学概念教学的策略研究》，载《中小学教师培训》，2015(3)。
② 陈开勋、鞠锡田：《谈小学数学概念的教学》，载《教学与管理》，2006(12)。

(4)拓展提升，应用概念

该环节，主要是让学生完成不同层次类型的练习，学生通过动手操作解决不同场景下的生活问题，从而深化理解新授概念内容，同时达到对数学概念内容的灵活运用。

(5)反思分享，总结升华

该环节主要是教师引导学生系统总结课堂所学知识，帮助学生建立知识之间的联系；学生则反思交流，明悉自身的知识薄弱点并寻找改进的策略。

2. 智能环境对小学数学概念教学的作用

本书根据小学数学概念课的特征，结合一线教学实践，认为智能环境能够对小学数学概念教学提供以下支撑作用。

(1)学情诊断

教师能够在智能环境下，借助学习分析技术与情感分析技术智能诊断学生学情并根据学生对数学概念的实际掌握情况，从而有针对性地开展教学。

(2)情境创设

智能环境能够提供多样的视频、动画、案例等交互式资源，教师利用这些资源，结合学情诊断情况，创设易引发学生共鸣的学习情境。

(3)错题记录

智能环境能够动态记录学生的错题情况，根据学生的做题情况智能诊断出学生的知识盲点，从而帮助学生系统梳理数学概念等内容的结构。

(4)精准推送

智能环境利用大数据技术、人工智能技术，结合对学生的学习行为过程记录，精准推送满足学生实际需要的学习资源。

(5)个性支持

智能环境能够提供多样化学习工具，如思维可视化工具、设计制作工具、创造工具等，学生能够根据自身的实际需要个性化选择。

(6)协作交流

智能环境包括支持互动讨论的平台，能够有效支撑班级内外的即时和异步讨论，也能够支持小组开展协作学习、进行作品创作分享等。

(7) 智能评价

智能环境能够提供量化多样化的评价工具，有效支撑学习过程的全过程评价。

3. 智能环境小学数学概念深度课堂模式

本书根据深度学习的一般过程，按照小学数学概念的一般教学流程，结合智能环境的支撑作用，构建智能环境小学数学概念深度课堂模式，[①] 具体如图 4-6 所示。

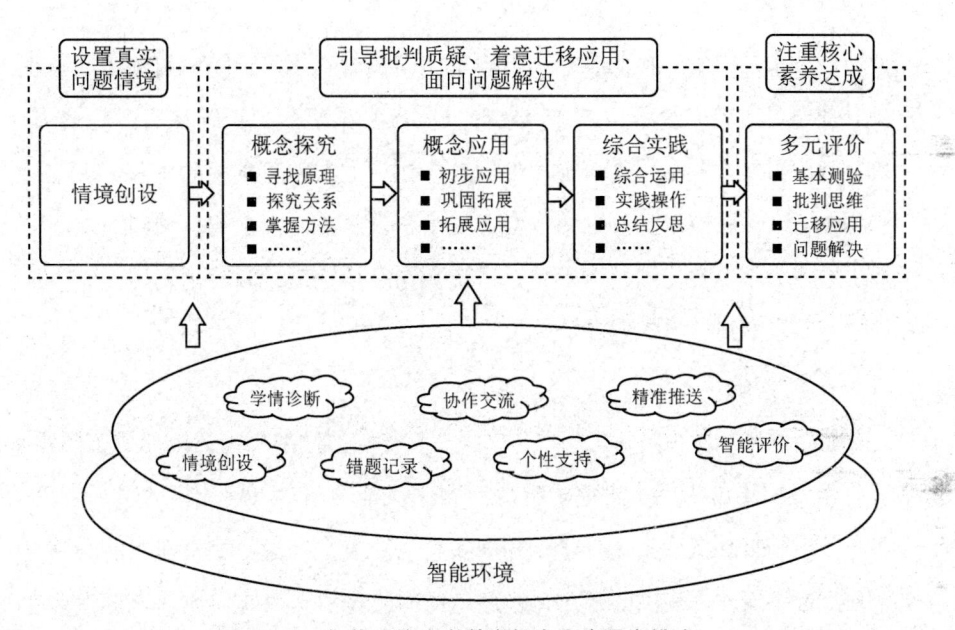

图 4-6　智能环境小学数学概念深度课堂模式

(1) 情境创设

情境创设是智能环境小学数学概念深度课堂模式的起点。情境创设应结合学生生活，创设与学生生活息息相关、与学生实际经验相符的真实问题情境。智能环境能够为学生的学习提供便利，能够根据学生的实际需要创设出生动的真实情境。

---

① Xie Youru, Li Jia, Ye Zhidan, Lin Xiaoling, Cao Li, Yuling Huang (2020), The Development and Effect Analysis of the Deep-learning Classroom Model of Primary School Mathematics in the Intelligent Envirnment, 2020 International Symposium on Educational Technology (ISET), Thailand: IEEE Computer Society, pp. 13-17.

(2)概念探究

数学概念探究是指学生不仅需要知其然，而且要知其所以然，不仅需要掌握基础知识与基本技能，而且要把握知识背后的规律与方法。数学概念探究的过程应注重学生批判性思维的培养。因此，教师需要引导学生开展自主学习、合作学习与探究学习，让学生亲身经历数学概念探究的过程，批判质疑概念探究的结论，从而有效建构自身的知识结构。智能环境能够提供多样化学习工具，帮助学生利用直观可视化手段掌握抽象的数学概念。

(3)概念运用

概念运用是指学生将概念探究过程中所掌握的知识、技能和方法等迁移应用到其他学习内容的过程。概念运用的过程应注重学生知识迁移能力的培养。因此，教师需要设置不同难度梯度的问题，让学生在初步应用的过程中巩固理解知识点，在深化应用的过程中体会方法的价值与魅力。智能环境则能够结合大数据技术为学生智能推送个性化拓展资源与分层测验；同时也能够为学生的协作交流、汇报展示提供平台支撑。

(4)综合实践

综合实践是指学生灵活运用所学知识、技能与方法解决生活中的真实问题，实践创作并物化出作品，注重学生的问题解决能力培养。因此，在这一阶段，学习任务应来自现实生活，让学生在现实任务中发现问题，提出问题的解决方案，然后动手操作，解决问题。智能环境能够结合实践内容，为学生提供多样学习资源与工具，从而方便学生解决生活现实问题。

(5)多元评价

基于深度学习的课堂教学评价不仅注重学生的学习结果，而且关注学生的学习过程。智能环境小学数学概念深度课堂模式的多元评价阶段注重学生批判性思维、知识迁移能力与问题解决能力的提升。智能环境能够借助学习仪表盘等技术，智能评价学生对知识的掌握情况，智能分析学生学习中存在的短板并针对性地提出反馈建议。

4.智能环境小学数学概念深度课堂模式应用

(1)应用领域

智能环境小学数学概念深度课堂模式注重对标数学核心素养，培养学生批判性思维、知识迁移能力和问题解决能力。该模式主要适用于小学中高年段数学概念教学。需要注意的是，在具体的教学实践过程中并不是按照该教学模式一成不变的套用，而是以该模式的流程为主线，结合实际教学需要适当调整。

(2) 典型案例

案例 4-2：小学三年级数学《平行四边形和梯形》大单元

一、《平行四边形和梯形》大单元设计

该案例选自 D 小学三年级数学曹老师的深度课堂教学实践。该单元主要对标小学数学直观想象、数学抽象与应用意识等数学学科核心素养。单元内容由原来 7 课时解构重组为 6 课时。该单元聚焦图形与几何核心内容，要求学生探索几何图形的形状与大小，了解几何体和平面的基本特征；初步形成空间观念，感受几何直观的作用；能独立思考，体会一些数学的基本思想；利用数学知识，发现并解决生活中的数学问题等。该单元教学设计具体如图 4-7 所示。

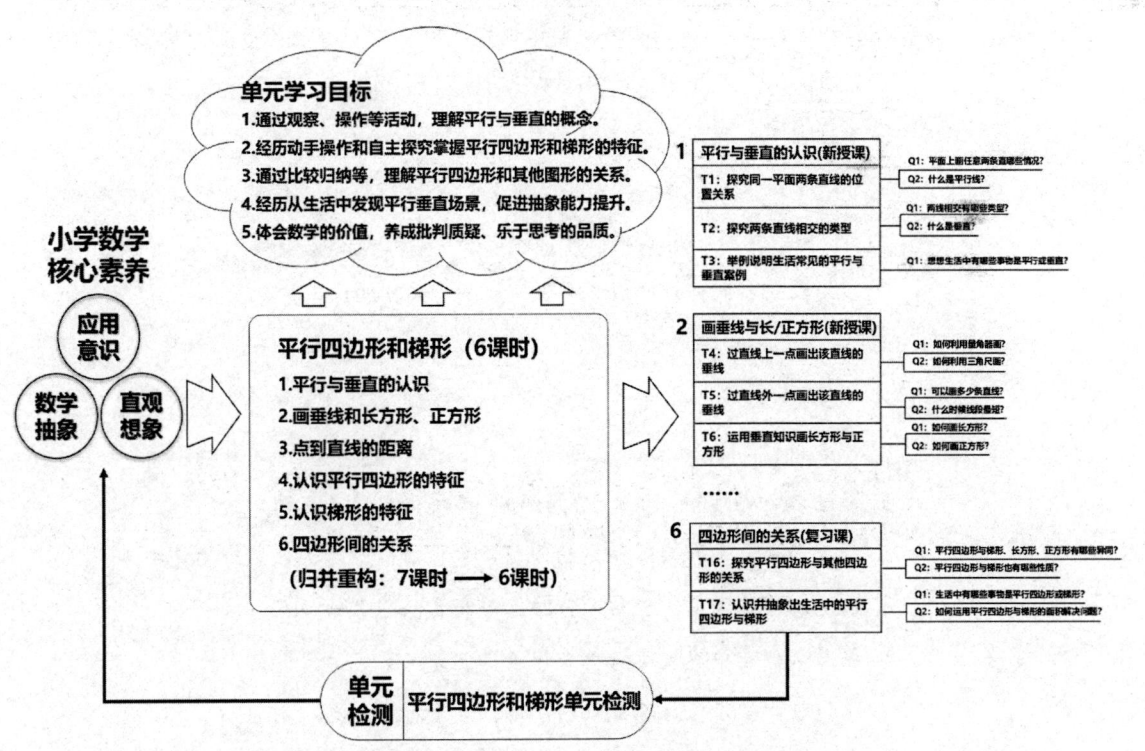

图 4-7 小学三年级数学《平行四边形和梯形》大单元教学设计

✤ 学科核心素养

数学素养是现代社会每一个公民应该具备的基本素养。开展智能环境小学数学概念深度课堂教学实践的目的在于促进学生数学学科核心素养有效落地，发展学生批判性思维，培养学生知识迁移能力和问题解决等高阶能力。《平行四边形和梯形》单元主要帮助学生建立几何观念、空间观念，体会抽象思想。在《平行四边形和梯形》单元中，要求学习者根据生活中常见的物体特征抽象出平行四边形和梯形，能够根据平行四边形和梯形想象出所描述的实际物体；同时也能够利用平行四边形和梯形的知识将现实生活中复杂的数学问题变得简明、形象，从而帮助学生直观理解数学概念。此外，还要求学生能够有意识地利用平行、垂直的概念，画垂线的原理与方法批判解决现实生活中的问题；能够将生活中部分现实问题抽象成与平行四边形相关的问题，利用数学思想进行理解，通过数学方法进行解决。

1. 直观想象：该单元中，教师引导学生通过观察、分类与讨论等多种活动，体会在同一平面内两条直线的位置关系有相交与不相交两种情况，从而帮助学生建立平行的表象，建构平行线的概念。同时，该单元还让学生借助平行与垂直的相关知识画长方形、正方形，从而建立线、面的内在联系，加深学生对平行、垂直的认识，发展学生空间想象能力。

2. 数学抽象：通过提供丰富的生活原型，如石板、木梯、衣柜等，让学生从生活中的原型中抽象出长方形、正方形、平行四边形和梯形，从直观到抽象，抓住生活中图形的特征来建构概念，以进一步加深对四边形的认识。

3. 应用意识：结合三年级学生知识水平、学习风格与信息素养条件，安排学生作图练习，然后根据学生画垂线的经验，提供生活中过人行道、剪裁图形等真实任务，从而加强学生对平行、垂线与平行四边形、梯形等概念知识的运用。

❖ 单元目标

1. 通过自主观察和讨论交流等活动，理解平行与垂直的概念。
2. 经历动手操作和实践探究的过程，掌握平行四边形和梯形的特征。
3. 通过比较归纳等，理解平行四边形和其他图形的关系。
4. 经历从生活中发现平行垂直场景，促进抽象能力提升。
5. 体会数学的价值，养成批判质疑、乐于思考的品质。

❖ 单元内容

《平行四边形和梯形》单元一共6课时，具体内容包括"平行与垂直的认识""画垂线和长方形、正方形""点到直线的距离""认识平行四边形的特征""认识梯形的特征"与"四边形间的关系"。该单元是学生在掌握直线、线段、射线的性质，了解长方形、正方形面积，学会角的度量的基础上进行设计，也是学生在五年级学习三角形、多边形面积，六年级学习长方体、正方体的重要基础。该单元按照单个主题深度覆盖的原则，实现教学内容逐级深化。平行与垂直是平行四边形面积计算的基础。学生只有理解平行与垂直的概念，掌握画平行线、长方形、正方形，认识四边形与梯形的特点，熟悉四边形的关系，才能够有效建立几何概念、体会抽象思想等。

❖ 任务群与问题链

《平行四边形和梯形》单元旨在落实直观想象、数学抽象和应用意识等学科核心素养。基于此，该单元共设置了17个任务32个问题，具体如表4-2所示。

表4-2 《平行四边形和梯形》任务群与问题链设计

平行与垂直的认识（1课时）	T1-1：探究同一平面两条直线的位置关系	Q1：平面上画任意两条直线有哪些情况？ Q2：什么是平行线？
	T1-2：探究两条直线相交的类型	Q1：两线相交有哪些类型？ Q2：什么是垂直？
	T1-3：举例说明生活中常见的平行与垂直案例	Q：想想生活中有哪些事物是平行或垂直的？
画垂线和长方形、正方形（1课时）	T2-1：过直线上一点画出该直线的垂线	Q1：如何利用量角器画？ Q2：如何利用三角尺画？
	T2-2：过直线外一点画出该直线的垂线	Q1：可以画多少条直线？ Q2：什么时候线段最短？
	T2-3：运用垂直知识画长方形与正方形	Q1：如何画长方形？ Q2：如何画正方形？
点到直线的距离（1课时）	T3-1：运用垂直线段最短解决实际生活问题	Q1：直线外一点到直线的长度何时最短？ Q2：求通往公路的最短距离为多少？
	T3-2：探究平行线之间的距离关系	Q：平行线之间的距离有何关系？
	T3-3：验证两条线是否为平行线	Q1：平行线之间有何关系？ Q2：如何验证两条平行线平行？

续表

认识平行四边形的特征（1课时）	T4-1：认识平行四边形	Q1：什么是平行四边形？ Q2：什么叫作平行四边形的高/底？
	T4-2：探究平行四边形的性质	Q1：平行四边形对边有何关系？ Q2：平行四边形具有哪些性质？
	T4-3：在点子图上画出不同的平行四边形	Q1：如何在点子图上画平行四边形？
认识梯形的特征（1课时）	T5-1：探究梯形的特征	Q1：什么是梯形？ Q2：梯形有哪些类别？ Q3：梯形具有哪些特征？
	T5-2：认识梯形的上下底与高	Q1：什么叫作上/下底？ Q2：什么叫作腰？ Q3：如何画梯形的高？
	T5-3 在点子图上画出不同的梯形	Q1：如何在点子图上画梯形？
四边形间的关系（1课时）	T6-1：探究平行四边形与梯形、长方形和正方形的关系	Q1：平行四边形等四边形有哪些异同？ Q2：平行四边形与梯形也有哪些性质？
	T6-2：认识并抽象出生活中的平行四边形与梯形	Q1：生活中有哪些事物是平行四边形或梯形？ Q2：如何运用平行四边形与梯形的面积解决问题？

二、《画垂线和长方形、正方形》课时设计

《画垂线和长方形、正方形》主要选自《平行四边形和梯形》第2课时内容。该课时以深度学习理念、探究式教学理念和"善正课堂"理念为指导进行设计，具体素养目标、学习任务、教学重点难点和教学流程如下。

❖ **素养目标**

1. 能够过直线上一点和直线外一点画出该直线的垂线，掌握垂线的画法。

2. 经历长方形和正方形的画图过程，体验类推的思想和方法，培养学生的思维能力和动手能力。

3. 体验数学知识在生活中的应用，感受数学的魅力。

❖ 学习任务

该课时共设计 3 个学习任务和 6 个学习问题，具体如下：

◇ 任务 1：过直线上一点画出该直线的垂线。

　　问题 1-1：如何利用量角器画垂线？

　　问题 1-2：如何利用三角尺画垂线？

◇ 任务 2：过直线外一点画出该直线的垂线。

　　问题 2-1：可以画多少条直线？

　　问题 2-2：什么时候线段最短？

◇ 任务 3：运用垂直知识画长方形与正方形。

　　问题 3-1：如何画长方形？

　　问题 3-2：如何画正方形？

❖ 教学重点难点

◇ 教学重点

掌握画垂线的方法。

◇ 教学难点

应用垂直的知识解决生活中的实际问题。

❖ 教学流程

《画垂线和长方形、正方形》主要包括"情境引入，揭示课题""小组合作，探究画法""知识迁移，掌握方法""实践应用，解决问题""归纳总结，拓展提升"五个环节，具体教学流程如图 4-8 所示。

(1) 情境引入，揭示课题

在"情境引入，揭示课题"阶段，教师通过复习长方形、正方形知识引入课题。然后利用云平台、专题网站推送相关学习资源和练习作业，学生根据学习云平台和专题网站上提供的资源进行学习，完成相关练习。然后教师根据学生练习完成情况，借助 iPad 诊断学生学情并引出画垂线知识。

(2) 小组合作，探究画法

在"小组合作，探究画法"阶段，教师引导学生完成探究活动，要求学生借助直角三角板或者量角器完成过直线上一点作垂线；然后，教师在学生提交的作品中，抽选出具有代表性的垂线画法。

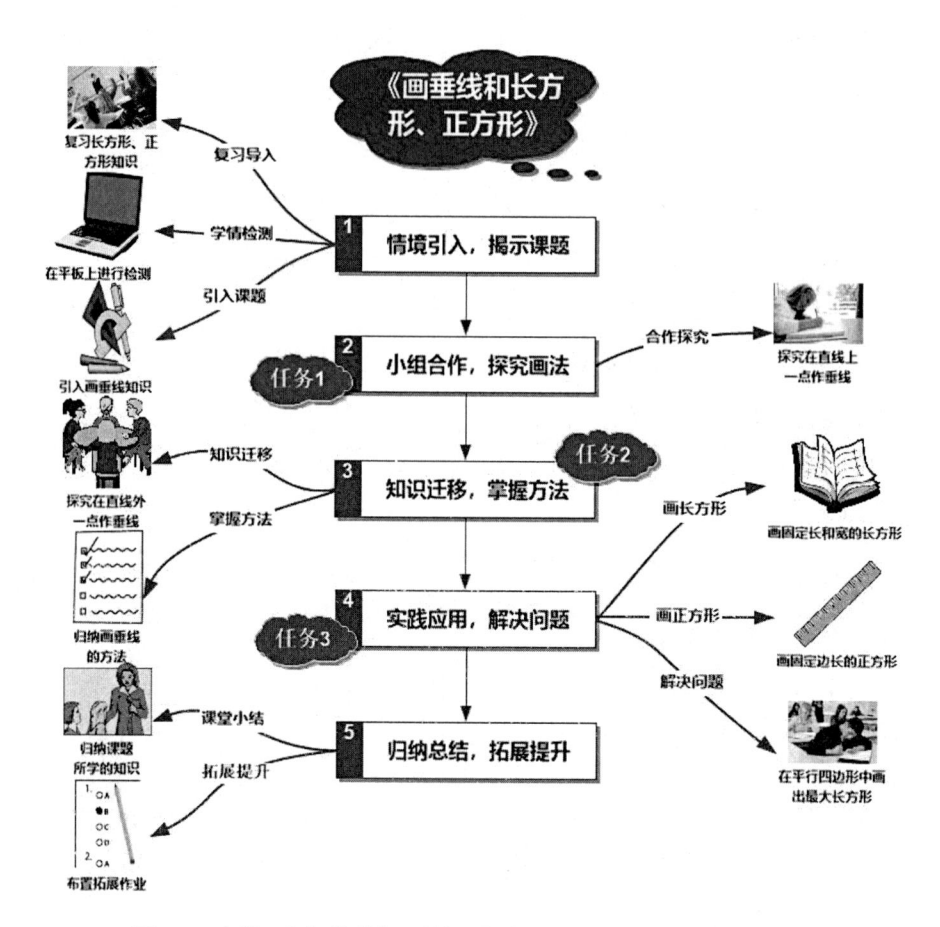

图 4-8　小学三年级数学《画垂线和长方形、正方形》具体教学流程图

(3) 知识迁移，掌握方法

在"知识迁移，掌握方法"阶段，教师引导学生继续完成探究活动，要求学生过直线外一点画出该直线的垂线。随后，教师引导学生认识从直线外一点到这条直线所画的垂直线段最短，它的长度叫作点到直线的距离。然后，教师引导学生系统总结画垂线的不同情况以及相对应的方法。

(4) 实践应用，解决问题

在"实践应用，解决问题"阶段，教师主要让学生利用画垂线的知识解决生活中的实际问题。教师先让学生画长方形、正方形，然后让学生在平行四边形中画出最大长方形；通过逐渐加大应用难度，培养学生的问题解决能力。

(5) 归纳总结，拓展提升

在"归纳总结，拓展提升"阶段，教师对课堂知识进行系统总结归纳；然后利用云平台分享推送学习资料与课后练习，要求学生完成相关检测练习。

(三) 小学英语写作深度课堂模式

1. 小学英语写作的一般教学流程

当今世界正处于大发展、大变革与大调整时期，并呈现出经济全球化与技术智能化趋势。作为全球使用最广泛的语言之一，英语已经成为国际交往、文化交流与教育合作的重要工具。义务教育阶段，学生应该能够通过英语学习形成初步的综合语言运用能力，促进心智发展，提升综合人文素养。具体来说，学生需要学习语言知识与技能、培养情感与态度、运用学习策略、树立文化意识等。

作为语言运用能力的重要组成部分，语言技能主要包括听、说、读、写四个方面。听和读是理解的技能，说和写是表达的技能。小学英语写作则主要是发展学生从口头表达转向书面表达的能力，让学生主动运用单词、语法、句型知识与认知策略、调控策略等，围绕某一特定的主题开展短篇作文的写作。本书参考王琦[1]、周莉[2]英语写作教学模型，确定小学英语写作的一般教学流程主要包括六个环节，具体如图 4-9 所示。

个性预学积累素材 → 创设情境研习方法 → 知识迁移创编作文 → 合作探究完善作文 → 展示汇报评价作文 → 反思分享升华作文

图 4-9 小学英语写作的一般教学流程

(1) 个性预学，积累素材

该环节，教师给学生准备各种类型的写作素材，学生自己也可以借助智能化的手段开展个性化阅读，从而不断积累丰富的写作素材，形成一定的写作模式，并达到个性化阅读的目的。

(2) 创设情境，研习方法

该环节，教师主要通过创设与现实生活相符、与学生经验相近、与写作内

---

[1] 王琦：《以学生为中心的英语写作教学实验研究》，载《西北师大学报 (社会科学版)》，2002(6)。
[2] 周莉：《初中英语读写结合模式促进有效写作教学的探讨》，载《课程·教材·教法》，2011(9)。

容相关的真实问题情境。通过有效创设教学情境，从而引发学生的学习兴趣，激发学生的学习动机。然后教师搭建脚手架，引导学生学习写作的方法。需要注意的是，教师不应该直接"替代"学生学习，而应该将主动权交给学生，让学生在互动探究的过程中能够正确使用大小字母和常用的标点符号，能够根据例句或图片的提示写出简短的语句，从而明悉写作方法。

(3)知识迁移，创编作文

该环节是学生运用写作方法，进行作品创作的关键环节。该环节，教师应适当给予学生支持，帮助学生梳理写作思路并搭建写作框架。学生应按照教师的引导，自主构思写作思路，灵活使用写作素材，巧妙运用写作方法，从而有效完成作文的创编。

(4)合作探究，完善作文

该环节，主要是学生通过合作探究的方式，修改初步创编的作文。在这个环节，教师需要注重引导学生进行合作探究，并适当给予干预，但要避免学生的"浅"合作与"假"探究。学生则主要是以小组合作的形式，学生相互之间批改作文并提出具体的修改意见。然后学生根据不同的反馈意见对自己作文进行针对性的修改完善。

(5)展示汇报，评价作文

该环节，主要是学生进行展示汇报经过修改完善的作文，全班同学和教师则根据学生的汇报情况进行评价。

(6)反思分享，升华作文

该环节，教师主要总结作文写作的思路方法，然后引导学生分享自己的收获与感想，不断完善作文。

2. 智能环境对小学英语写作教学的作用

本书根据小学英语写作课的特征，结合一线教学实践，认为智能环境能够对小学英语写作教学提供以下支撑作用。

(1)推送个性写作素材

课前教师可以依据英语写作学习目标，按照英语写作主题，推送给学生不同的写作素材。学生则可以根据自己的学习兴趣，选择出合适的写作素材进行阅读。当然，学生也可不局限于教师所推送的写作素材，他们可借智能化的手段和方式自主搜寻阅读材料并展开学习。

(2)支持在线讨论交流

智能环境能够为师生提供方便快捷的交流空间，支持异步或同步的讨论交流。学生之间通过在线讨论交流，分享学习心得与写作思路；教师能够参与讨论交流，了解学生的想法与观点，知道学生的真实需求。

(3)提供写作创编工具

智能环境能够提供线上创编工具。教师利用创编工具帮助学生搭建创编脚手架，引导学生梳理写作思路；学生则利用线上创编工具进行即兴写作，创编出具有创新性的优秀作品。

(4)开展错误记录与智能批改

智能环境能够针对学生创编作品中的问题进行智能记录和批改。一方面，智能环境能够快速诊断出学生所出现的问题，另一方面能够提出修改的建议与方法，帮助教师从繁重的教学任务中解脱开来。

(5)支持作品推荐分享

智能环境能够支持学生作品的推荐与分享。智能环境具有丰富的优秀学习资源，具有典型的高分写作模板，能够推送给学生观摩。同时，智能环境通过智能诊断学生写作作品，发掘出优秀作品，然后推荐给学生学习。另外，智能环境也将学生写作过程中出现的典型错误进行分享，教师引导学生深度剖析，从而帮助学生更为有效地掌握写作方法。

(6)实现多元智能评价

智能终端能够提供大量的电子量规、电子档案袋、个人以及教师日志等，可实现全方位的智能评价；它支持教师、学生、家长和管理人员进行评价，也支持采用质性评价和量化评价相结合的方式进行评价。学生能够根据多元评价的结果，认清自己的知识短板，从而为采取有效的举措提供参考依据。

(7)提供多维拓展工具

智能环境具有多样化的学习工具，如思维发展工具、协作交流工具、作品创作等工具，它们能够有效支持多样化学习方式，帮助学生提高学习效率。

3. 智能环境小学英语写作深度课堂模式

本书根据深度学习的一般过程，按照小学英语写作的一般教学流程，结合智能环境的支撑作用，构建智能环境小学英语写作深度课堂模式，具体如图 4-10 所示。

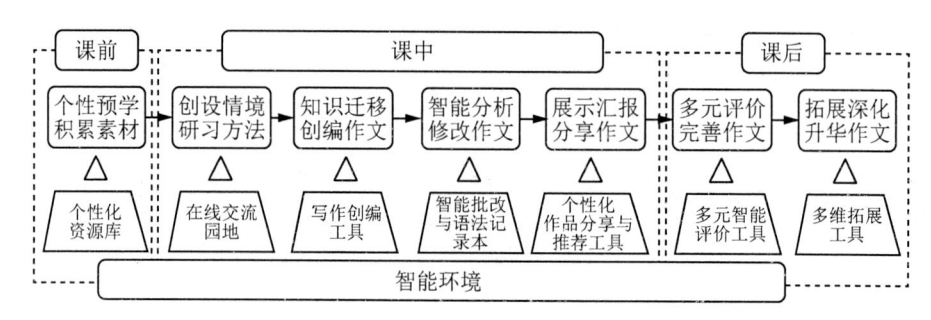

图 4-10　智能环境小学英语写作深度课堂模式

智能环境小学英语写作深度课堂模式主要包括课前、课中与课后三个部分，具体包括"个性预学，积累素材""创设情境，研习方法""知识迁移，创编作文""智能分析，修改作文""展示汇报，分享作文""多元评价，完善作文"和"拓展深化，升华作文"七个环节。智能环境小学英语写作深度课堂模式强调学生对写作方法的掌握，注重学生利用写作技巧完成作文的创编。在"创设情境，研习方法"环节，主要侧重发展学生的批判性理解能力；在"知识迁移，创编作文"与"智能分析，修改作文"环节，主要侧重落实学生的英语写作素养，提升学生知识迁移能力，培养学生的问题解决能力。

4. 智能环境小学英语写作深度课堂模式应用

(1) 应用领域

智能环境小学英语写作深度课堂模式注重对标英语学科核心素养，培养学生的批判性思维、知识迁移能力和问题解决能力。该模式主要用于小学中高年段英语写作教学。在开展智能环境小学英语写作深度课堂实践时，应结合学校已有的基本条件，根据学生的特征与学习需要，适当调整智能环境小学英语写作深度课堂模式，从而形成具有学校特色，能够推广复制的典型案例。

(2) 典型案例

案例 4-3：小学六年级英语"The City I Travelled"

该案例选自 D 小学六年级杨老师的英语写作课"The City I Travelled"，该课时以深度学习理念、任务驱动式学习理念为指导进行设计，具体素养目标、学习任务、教学重点难点和教学流程如下。

❖ 素养目标

1. 能正确并熟练运用句型：I travelled to...、I did...、I felt... 等。

2. 通过阅读写作资源，采用合作探究方式提炼写作"五要素"，培养学生的批判性思维。

3. 运用写作的方法，按照拓展文章的架构，结合自己生活的实际，创编出具有创新价值的作文。

4. 通过引导学生完成任务，激发学生英语学习兴趣和提高积极性，培养学生英语学习自信心和养成勇于尝试的积极态度。

❖ 学习任务

该课时共设计 3 个学习任务和 8 个学习问题，具体如下：

◇ 任务 1：提炼"五要素"文章结构。

　　问题 1-1：利用什么时态补充邮件内容？

　　问题 1-2：井底之蛙的暑假生活如何？

　　问题 1-3：你们的暑假生活如何？

　　问题 1-4：总结归纳文章的结构。

◇ 任务 2：创编写作邮件。

　　问题 2-1：写作的要点是什么？

　　问题 2-2：如何去写一封邮件？

◇ 任务 3：修改评价邮件。

　　问题 3-1：邮件内容写得如何？

　　问题 3-2：如何去修改完善邮件内容？

❖ 教学重点难点

◇ 教学重点

认读、听懂、运用描述城市和旅游的词汇及句型。

◇ 教学难点

模仿拓展文章的架构，结合自己生活的实际，写一篇描述城市的文章。

❖ 教学流程

"The City I Travelled"主要包括"学情反馈，复习导入新课""创设情境，布置写作任务""分解任务，开展写作指导""明悉要求，完成写作任务""师生共评，修改写作作品""总结归纳，布置拓展任务"六个环节，具体教学流程如图 4-11 所示。

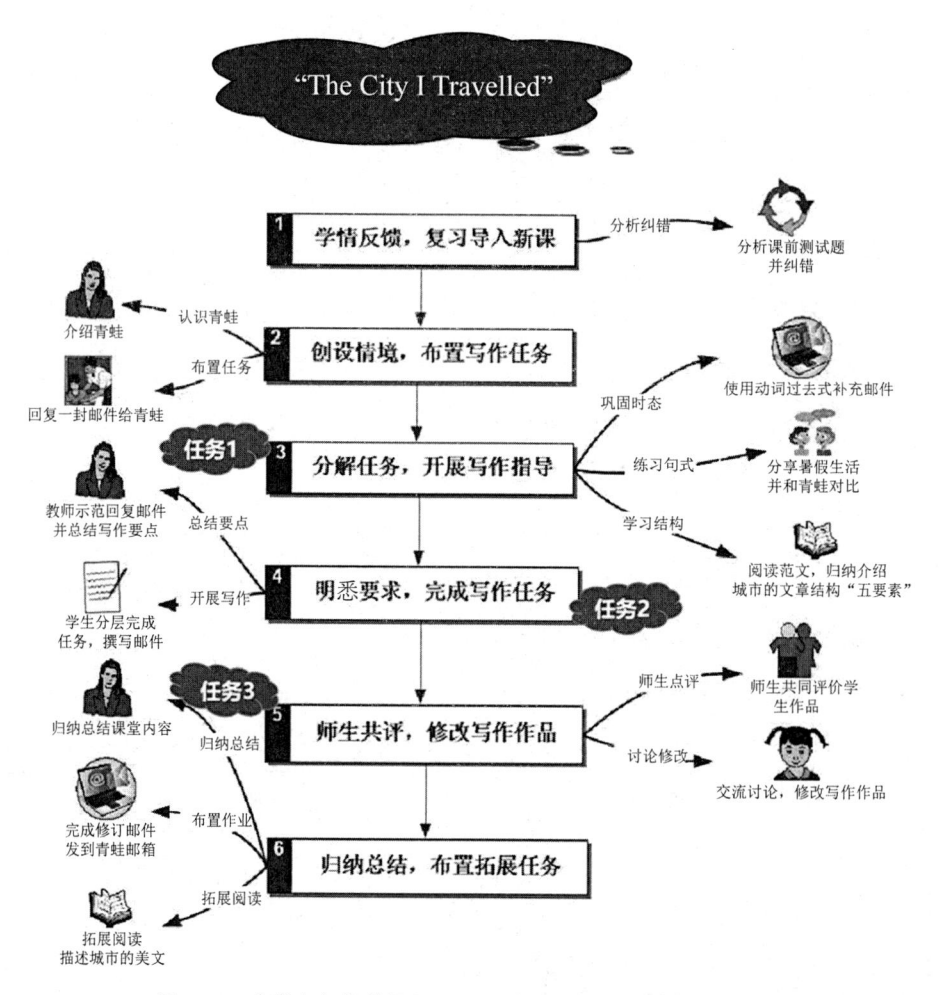

图 4-11 小学六年级英语"The City I Travelled"具体教学流程图

(1) 学情反馈，复习导入新课

在"学情反馈，复习导入新课"环节，教师利用云平台给学生推送课前练习；学生借助 iPad 完成相关练习。然后教师根据学生练习完成情况，分析学生易错的过去式词汇与错误率较高的单词并进行全班纠错，从而有效诊断学生的学情。

(2) 创设情境，布置写作任务

在"创设情境，布置写作任务"环节，教师首先创设"井底之蛙"的故事情境，然后引导学生学习 frog 和 well 两个新单词；最后教师布置写作任务，要求学生给青蛙回复一封邮件。

(3) 分解任务，开展写作指导

在"分解任务，开展写作指导"阶段，教师主要引导学生完成时态练习、句子巩固和结构分析三个内容。在时态练习中，教师展示了邮件内容，引导学生使用动词词组的过去式把邮件补充完整；在句子巩固中，教师主要引导学生运用邮件句式与小组同学分享自己的暑假生活，并与青蛙写的邮件做对比；在结构分析中，学生根据学习任务单的内容，学习介绍城市的文章结构，并归纳总结出"五要素"的文章结构。

(4) 明悉要求，完成写作任务

在"明悉要求，完成写作任务"阶段，教师示范回复青蛙的邮件，总结写作要点；学生根据写作的要点内容，结合自己的实际情况，自由选择不同难度等级的写作任务，写一封邮件，给青蛙推荐一座城市。

(5) 师生共评，修改写作作品

在"师生共评，修改写作作品"阶段，学生提交自己创编的作品后，借助智能学习平台查看评分情况，并根据平台意见修改文章。同时，学生还需查看同班同学写的邮件，给优秀作品点赞。此外，学生还参与文章纠错，并学习其他优秀作品的长处。

(6) 总结归纳，布置拓展任务

在"总结归纳，布置拓展任务"阶段，教师对课堂内容进行梳理总结；学生则通过智能学习平台继续修改完善写作内容；此外，教师推送给学生丰富的阅读拓展资源，要求学生完成课外拓展阅读。

二、初中深度课堂典型模式

(一)初中语文阅读深度课堂模式

1. 初中语文阅读的一般教学流程

语文课程是一门学习语言文字运用的综合性、实践性的课程。初中语文阅读教学应特别重视引导学生钻研文本，促使学生在阅读的过程中积极主动的思考和体验，不断加深理解和享受审美乐趣。同时，教师在阅读教学过程中要注重培养学生感受、理解、欣赏和评价的能力，要鼓励学生从多角度有创意地阅读，鼓励学生在批判阅读和反思阅读的过程中，拓展阅读空间，提高阅读质量。教师在阅读教学的过程中应不断加强阅读方法的指导，让学生逐步学会浏览、略读、精读的技巧与方法。此外，教师在阅读教学的过程中也需重视培养学生广泛的阅读兴趣，鼓励学生不断扩大阅读面，增加阅读量，提高阅读品味。教师可以推荐阅读书目，加强对学生课外阅读的指导，开展多样化的阅读活动，创造丰富多样的交流展示的机会，营造良好的阅读氛围。本书根据初中学生的个性特点，结合阅读生成的特征，认为初中语文阅读的一般教学流程主要包括五个环节，具体如图4-12所示。

自主预学整体感知 → 情境创设阅读引入 → 批判质疑阅读分析 → 应用探究情感升华 → 拓展提升总结反思

图 4-12 初中语文阅读的一般教学流程

(1)自主预学，整体感知

该环节主要是教师借助智能化的手段为学生提供大量的阅读资源，这些资源能够帮助教师有效开展弹性预设教学，也能够拓宽学生的阅读视野，帮助学生形成良好的阅读习惯。

(2)情境创设，阅读引入

该环节主要是教师通过大量真实的形象化资源直观、生动地展现教学情境，这不仅能够吸引学生的注意力、激发学生阅读兴趣、引发学生阅读欲望，而且能奠定阅读教学的基础。

(3)批判质疑，阅读分析

该环节是阅读教学的重要环节，该环节是学生习得阅读技巧，掌握阅读方法，提升阅读能力的关键环节。该环节教师需重点对教学过程中产生的问题进行及时有效的捕捉，然后引导学生阅读分析，帮助学生建构和完善自身的知识体系。

(4)应用探究，情感升华

该环节重点在于培养学生正确的思想观念、科学的思维方式、高尚的道德情操、健康的审美情趣和积极的人生态度，也是帮助学生掌握阅读方法、提升阅读能力、升华阅读情感的重要一招，在该环节教师应特别注重学生情感的升华，可以借助思维导图软件、文档编辑软件等对学生阅读结果进行可视化表征，从而为总结反思奠定基础。

(5)拓展提升，总结反思

在"拓展提升，总结反思"环节，教师应重点引导学生对学习过程进行交流和总结，鼓励学生对学习所得、所感、所悟进行分享，对学习过程中存在的不足进行反思。

2. 智能环境对初中语文阅读教学的作用

本书根据初中语文阅读课的特征，结合一线教学实践，认为智能环境能够对初中语文阅读教学提供以下支撑作用。

(1)资源推送

智能环境能够为初中语文阅读教学提供丰富多样的资源，具体包括慕课、微课、动画、电子教材、在线测试等。学生在课前能够借助智能化的学习终端自主选择所需要的阅读材料，开展个性化的阅读。教师能够根据学生的阅读情况，在课上有针对性地讲解阅读内容。

(2)情境创设

智能环境涵盖大量形象化资源，能够直观、生动地创设有助于互动学习的情境，从而有助于提高课堂教学效率。

(3)过程记录

智能环境能够借助人工智能、云计算、大数据、学习分析等技术，充分了解学生的起点能力、学习风格、学习动机、信息素养、学习进程和学习问题，能够及时捕捉和记录学生在互动过程中生成的信息，从而为学生制定切实可行、个性发展的干预措施。

（4）沟通交流

智能环境能够提供多样化的互动交流工具。教师组织学生充分利用互动交流工具开展互助学习、自主分析学习、任务分层学习，从而实现个性化的知识建构。同时，学生也能够利用互动交流工具分享经验与收获，实现个性化的巩固与拓展。

（5）精准评价

智能环境能够提供错题本、电子档案袋、电子量规等评价工具，借助智能技术手段，实现学生知识盲点精准分析、知识困惑精准判断、知识缺点精准诊断。

3. 智能环境初中语文阅读深度课堂模式

本书根据深度学习的一般过程，按照初中语文阅读的一般教学流程，结合智能环境的支撑作用，构建智能环境初中语文阅读深度课堂模式，具体如图 4-13 所示。

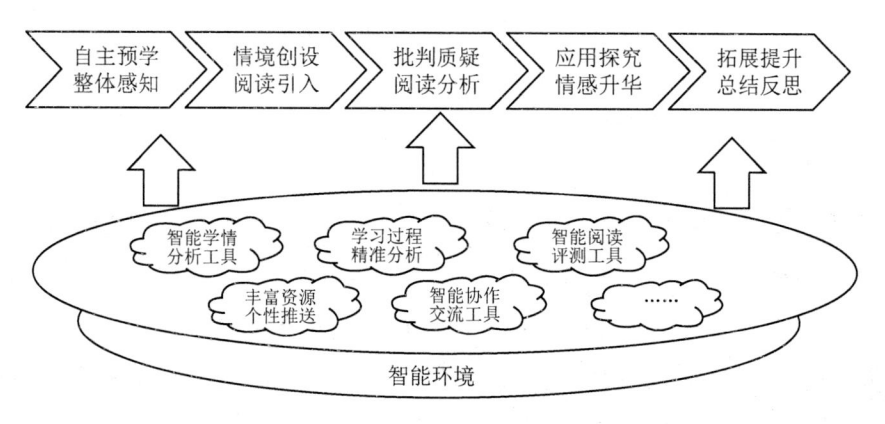

图 4-13　智能环境初中语文阅读深度课堂模式

智能环境初中语文阅读深度课堂模式主要包括"自主预学，整体感知""情境创设，阅读引入""批判质疑，阅读分析""应用探究，情感升华""拓展提升，总结反思"五个环节。在整个教学过程中，教师注重学生阅读方法的掌握、阅读思维的提升和阅读能力的培养；同时，教师也关注学生道德品质的塑造。而智能环境能够为语文阅读课教学提供智能学情分析工具和个性推送学习资源、进行学习过程记录并精准分析、提供智能协作交流工具与阅读测评工具，从而促进学生深度学习。

4. 智能环境初中语文阅读深度课堂模式应用

(1)应用领域

智能环境初中语文阅读教学侧重对学生的阅读兴趣、阅读习惯、阅读品味、阅读方法和阅读能力的培养。智能环境下，教师按照该模式开展课堂教学实践时，应注重阅读素养与批判性思维、知识迁移能力及问题解决能力的同步培养，尤其需要将学生精神塑造融入阅读教学的全过程。

(2)典型案例

案例4-4：初一语文阅读课《一棵小桃树》

该案例选自G中学初一高老师的语文阅读课《一棵小桃树》，该课时以深度学习理念、探究式教学理念和个性化学习理念为指导进行设计。该课通过整体略读、细致品读、情感分析等环节，让学生在阅读过程中掌握阅读的技巧、把握故事发展路线，体会人物情感。该课时的具体素养目标、学习任务、教学重点难点和教学流程如下。

❖ 素养目标

1. 学生自读课文，能借助旁注分析把握本文的主要内容，梳理小桃树的生长过程。

2. 学生能够结合作者背景，学习托物言志的写法，体会小桃树寄寓的深刻内涵。

3. 学生通过品读关键字句，把握小桃树的形象，体会作者对小桃树的独特情感。

❖ 学习任务

该课时是七年级下册第五单元的自读课文，主要包括3个任务8个问题，具体如下：

◇ 任务1：探究散文阅读的方法。

问题1-1：《一棵小桃树》与其他文章有何不同？

问题1-2：旁注的问题有哪些？

问题1-3：如何阅读散文？

◇ 任务2：分析小桃树的形象特点。

问题2-1：为什么说小桃树"没出息"？

问题2-2：小桃树有哪些形象特点？

◇ 任务3：梳理作者情感变化。

问题3-1：为什么大家漠视小桃树？

问题3-2：作者为什么用"我的小桃树"这一称呼？

问题3-3：作者随着小桃树的成长经历，感情如何变化？

❖ **教学重点难点**

◇ 教学重点

学习托物言志的写法，体会小桃树寄寓的深刻内涵。

◇ 教学难点

把握小桃树的形象，体会作者对小桃树的独特情感。

❖ **教学流程**

《一棵小桃树》主要包括"资源推送，个性自学""质疑激趣，引入课题""整体感知，掌握方法""品读课文，体会情感""迁移训练，实践应用""拓展提升，总结反思"六个环节，具体教学流程如图4-14所示。

(1)资源推送，个性自学

在"资源推送，个性自学"环节，教师主要通过优课平台个性推送阅读资源，并引导学生自学。学生在平台上自主选择阅读材料，同时完成练习，并对不明白、不理解的内容提出疑问。

(2)质疑激趣，引入课题

在"质疑激趣，引入课题"环节，教师通过名字谐音导入：一个人的名字往往有着鲜明的个人审美趣味和文化内涵，这里有两个名字，你喜欢哪一个？（"平娃"和"平凹"）。

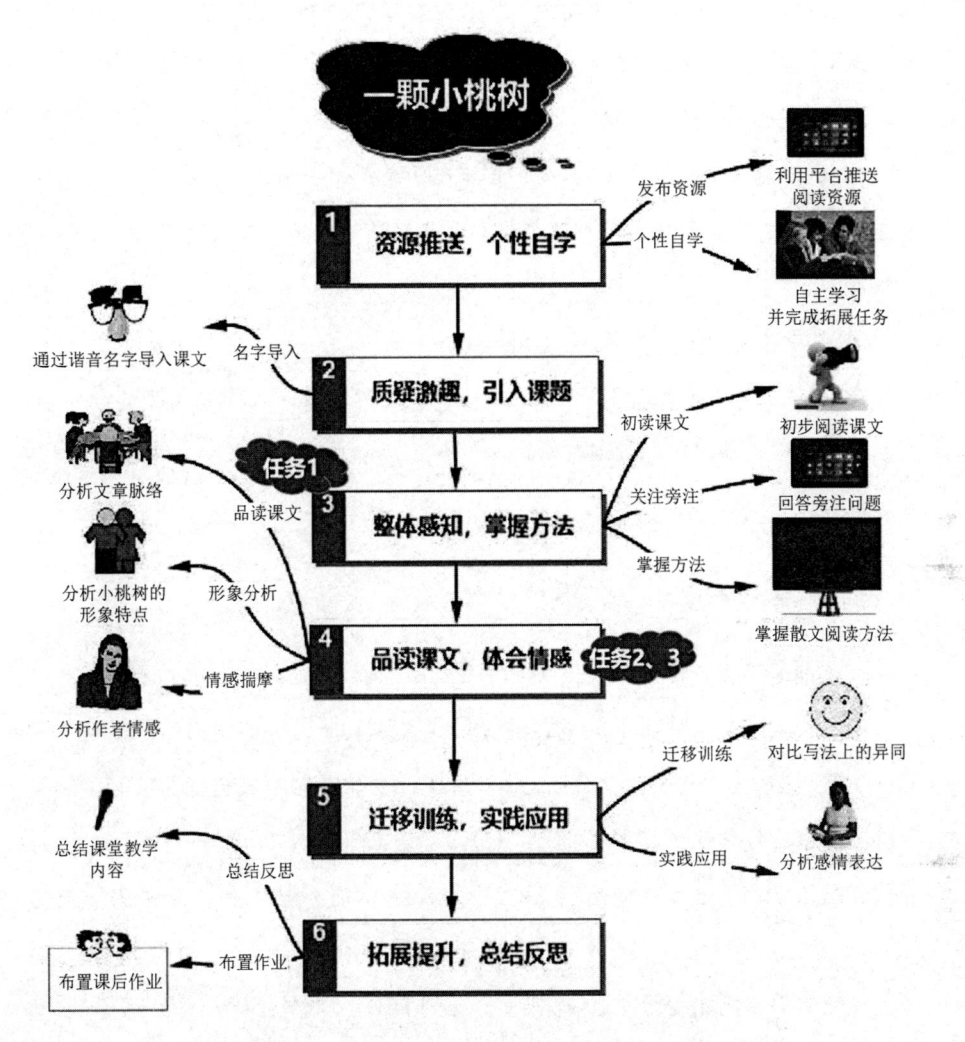

图 4-14　初一语文《一棵小桃树》具体教学流程图

(3) 整体感知，掌握方法

在"整体感知，掌握方法"环节，教师首先提出问题，要求学生回答整体阅读课文之后的感受。然后让学生分析《一棵小桃树》与其他文章有何不同，从而引导学生掌握阅读散文的方法。

(4) 品读课文，体会情感

在"品读课文，体会情感"环节，教师引导学生细读课文，同时要求学生注意旁注：文中反复描写小桃树"没出息"，那么它为什么没有出息呢？学生整体品读课文之后，总结小桃树的形象特点。紧接着，引导学生分析作者与小桃树的成长经历,其感情是如何变化的?然后组织探究活动,让学生开展小组协作,结合课文背景,理解作者生平。

(5)迁移训练,实践应用

在"迁移训练,实践应用"环节,教师让学生对比分析《一棵小桃树》与《紫藤萝瀑布》在思想上与写法上的异同之处。学生则灵活运用托物言志写作手法完成表格内容。

(6)拓展提升,总结反思

在"拓展提升,总结反思"环节,学生首先进行交流,对学习收获进行分享,对学习不足进行反思。教师则利用优课平台发布课后作业,并引导学生完成《名师导航》内容并参与生生互评。

(二)初中数学复习训练深度课堂模式

1. 初中数学复习训练的一般教学流程

初中阶段是学生学习至关重要的阶段,也是承上启下的学习阶段。初中阶段的学习,学生已经脱离小学的稚嫩和童真,逐渐走向自觉自律。换言之,初中阶段的学习是学生整个学习生涯中的重中之重。初中数学是一门逻辑严谨、合理实用的学科,也是发展学生高阶思维能力、培养学生必备品格的重要方式。[1]《义务教育数学课程标准(2011年版)》明确指出了数学的10个核心概念,具体包括数感、符号意识、空间观念、几何直观、数据分析观念、运算能力、推理能力、模型思想、应用意识和创新意识。[2] 这10个核心概念既是数学学科核心素养的基础,又是学生解决生活中数学问题的内涵表现。

初中数学复习训练课作为数学教学中的重要课型,在系统巩固学生的知识体系、培养学生的应用意识等方面具有重要作用。与新授课相比,复习训练课需要将平时相对独立分散的知识,通过整理、归纳的方式使得各知识点相互联系起来,进而加深学生对知识的理解,发现知识间的联系与逻辑关系,从而提

---

[1] 陈遵志:《数学核心素养理念下的初中数学课堂教学实践探索》,载《福建教育学院学报》,2017(2)。

[2] 中华人民共和国教育部:《义务教育数学课程标准(2011年版)》,4-7页,北京,人民教育出版社,2012。

升学生知识迁移与问题解决的能力,以达到教学效果的最优化。本书参考刘桂林的文章①,构建如图 4-15 所示的初中数学复习训练的一般教学流程。

预学反馈 精准诊断 → 系统梳理 知识建构 → 典例分析 批判质疑 → 实践应用 问题解决 → 分享交流 总结反思

图 4-15 初中数学复习训练的一般教学流程

(1)预学反馈,精准诊断

该环节,主要是教师针对数学章节内容的重难点制作相应的微课,并借助智能化设备发布到学习平台上。同时教师根据复习的知识点发布相应的练习题,练习题的设置要充分考虑学生已有的认知结构,合理地设计练习题的数量和难度。学生通过智能化终端自主学习微课,完成相应练习题,并根据反馈情况在智能平台上撰写错题反思,也可再次选择相应的微课进行复习巩固。在"预学反馈,精准诊断"的环节中,教师能够精准诊断学生存在的知识盲点、弱点,从而为课中教学奠定基础。

(2)系统梳理,知识建构

该环节是教师引导学生建立数学知识点之间的内在联系,认清数学知识之间的逻辑关系,理清数学知识之间的本质特征的重要环节。在"系统梳理,知识建构"环节,教师应充分利用思维导图等认知工具将数学知识可视化,通过互动讨论等环节,让学生主动参与、自主探究,从而便于学生建构自身的知识体系。

(3)典例分析,批判质疑

该环节,主要是教师根据课前学生的知识掌握情况,根据学生的知识盲点与弱点,设计典型案例;然后,教师引导学生完成典型案例,并利用智能终端的统计分析功能,分析学生案例完成情况,总结易错题型,帮助学生明确学习目标。接着由教师提出问题,引导学生批判质疑,进而深化学生对知识内容的理解。

(4)实践应用,问题解决

该环节,主要是教师利用智能终端给学生推送不同层次、不同水平的练习

---

① 刘桂林:《初中数学复习课整合创新教学模式的实践与认识》,载《郧阳师范高等专科学校学报》,2010(3)。

检测，让学生自主完成学习任务。然后教师选取学生共性错题详细讲解，并引导学生提炼解题方法，梳理章节知识点。然后教师发布具有难度梯度的习题，组织学生进行综合实践，让学生解决生活中的真实问题，从而有效提升学生的知识迁移能力与问题解决能力。

(5)分享交流，总结反思

该环节，主要是教师利用智能化终端对学生的学习情况进行多维度、全过程的评价。然后学生进行课堂分享交流，分析自己存在的不足与缺陷，同时采用相对应的举措解决。

2. 智能环境对初中数学复习训练教学的作用

本书根据初中数学复习训练课的特征，结合一线教学实践，认为智能环境能够对初中数学复习训练教学提供以下支撑作用。

(1)学情诊断

在初中数学复习训练课中，学生在课前主要完成相关练习，并对章节知识进行系统梳理，教师则需要对学生在课前练习检测时所产生的疑问进行整理分析，然后在课堂中通过交流探讨的形式解决学生的问题。智能平台不仅能够智能诊断学生课前练习检测情况，而且能够提供即时、动态学习行为数据，教师进而把握学生真实学情。

(2)在线检测

智能环境能够为初中复习训练课提供在线检测等功能，能够改变传统纸质作业提交不能及时反馈和保存评价信息的弊端。在智能终端上，教师可以充分利用系统的试题库，结合学生的知识掌握情况进行自动组卷；教师既可以对组卷内容进行灵活改编，又可以直接使用。学生在完成在线习题后，智能终端能够给予学生及时的反馈信息，学生不仅能够正常查看正确的解题过程，而且能够实时撰写错题反思与报告。

(3)错题记录

智能环境具有强大的统计分析功能，能够精确分析每位学生作业、练习的完成情况。同时，针对每位学生的作业记录，生成个性化的错题本，这不仅能够帮助学生知道自身的知识盲点，而且能够有助于教师实现个性化的指导。

(4)个性支持

智能环境能够对师生进行个性化支持。对教师而言，智能环境能够帮助教师智能备课，对常规性的、一般性的知识进行系统梳理；对学生而言，智能环境能够推送个性化资源与练习检测，学生能够根据自身的实际情况，自定步调学习。

(5)多维评价

智能环境借助学习分析、大数据等技术，智能记录学生学习的全过程，能够通过智能技术手段对学生的学习状态、学习进程、学习结果进行分析，从而全方位评价学生的学习情况。

3. 智能环境初中数学复习训练深度课堂模式

本书根据深度学习的一般过程，按照初中数学复习训练的一般教学流程，结合智能环境的支撑作用，构建智能环境初中数学复习训练深度课堂模式，具体如图 4-16 所示。

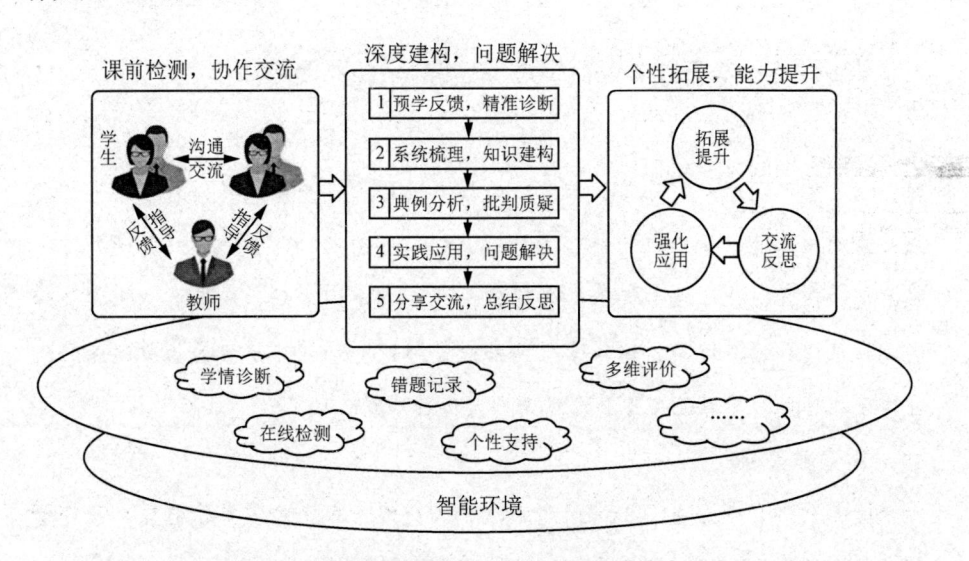

图 4-16 智能环境初中数学复习训练深度课堂模式

智能环境初中数学复习训练深度课堂模式主要包括"预学反馈，精准诊断""系统梳理，知识建构""典例分析，批判质疑""实践应用，问题解决""分享交流，总结反思"五个环节。在整个教学过程中，教师注重引导学生建立章节内容的联系，在课前环节注重引导学生交流互动与批判质疑，在"典例分析，批判质疑"环节，着重激发学生批判质疑的欲望；在"实践应用，问题解决"环节，主要引导学生解决生活中真实的生活问题，从而落实数学学科核心素养，提升知识迁移能力、问题解决能力。而智能环境能够为数学课堂教学提供学情诊断、在线检测、错题记录、个性支持、多维评价等功能，能够为教师的深度教学、学生的深度学习提供支持。

4. 智能环境初中数学复习训练深度课堂模式应用

(1)应用领域

智能环境初中数学复习训练教学侧重对章节内容系统梳理，通过查漏补缺、个性练习，从而帮助学生全面建构自身的知识体系。初中数学复习课主要注重培养学生的数学分析观念、运算能力和应用意识，即让学生有意识地利用数学中的概念、原理和方法解释现实生活中的数学现象，在现实的生活中提炼出数学问题，并运用数学的运算法则和规律等知识去分析和解决问题。

(2)典型案例

案例 4-5：初三数学复习训练课《"圆"来如此简单》

该案例选自 G 中学初三刘老师的数学复习训练课《"圆"来如此简单》，该课时以深度学习理念、探究式教学理念为指导进行设计。该课时内容根据中考要求而设定，通过对圆知识的梳理与总结，插入全新的"隐"圆知识，借助具有一定难度的任务，让学生寻找隐含条件知识综合解决圆问题，从而有效落实数学的化归思想和方程思想，培养学生的知识迁移能力和问题解决能力。该课时的具体素养目标、学习任务、教学重点难点和教学流程如下。

❖ 素养目标

1. 通过对前置任务、研讨问题的探究和交流，自主梳理知识盲点，系统建构自身知识体系。

2. 经历几何证明等过程，发展几何观念，提升合理猜想、分析归纳的能力。

3. 借助小组合作解决生活圆问题，培养学生应用意识，提升学生合作精神，增强学生集体荣誉感。

❖ 学习任务

该课是九年级上册的内容，学习任务包括"观察生活中的圆周运动"等 4 个学习任务10个学习问题，具体如下。

◇ 任务1：系统梳理圆的知识点。

问题1-1：圆的定义与特征？

问题1-2：圆内接四边形性质？

问题1-3：四点共圆定理判定？

◇ 任务2：探寻多边形的"隐"圆。

问题2-1：如何寻找"隐"圆？

问题2-2：运用"隐"圆知识点的条件？

◇ 任务3：证明三角形形状与线段长度。

问题3-1：三角形BDQ可能是直角三角形吗？

问题3-2：线段BQ的长度范围？

◇ 任务4：解决生活实际问题。

问题4-1：求解线段CG长度？

问题4-2：证明线段FE与DE是否相等？

问题4-3：抛物线中的圆问题？

❖ 教学重点难点

◇ 教学重点

掌握寻找"隐"圆的方法。

◇ 教学难点

1. 灵活将复杂未知的问题转化为简洁已知问题。

2. 熟练应用圆相关知识解决生活中的实际问题。

❖ 教学流程

《"圆"来如此简单》主要包括"前置预学，交流探究""知识梳理，互动研讨""典例分析，批判质疑""实践探究，迁移应用""拓展提升，问题解决""总结反思，感悟分享"六个环节，具体教学流程如图4-17所示。

(1)前置预学，交流探究

在"前置预学，交流探究"环节，教师主要通过智能终端布置前置任务，要求学生自主复习圆的知识，同时完成练习检测题；然后对复习过程与练习过程中存在的问题进行交流探讨。

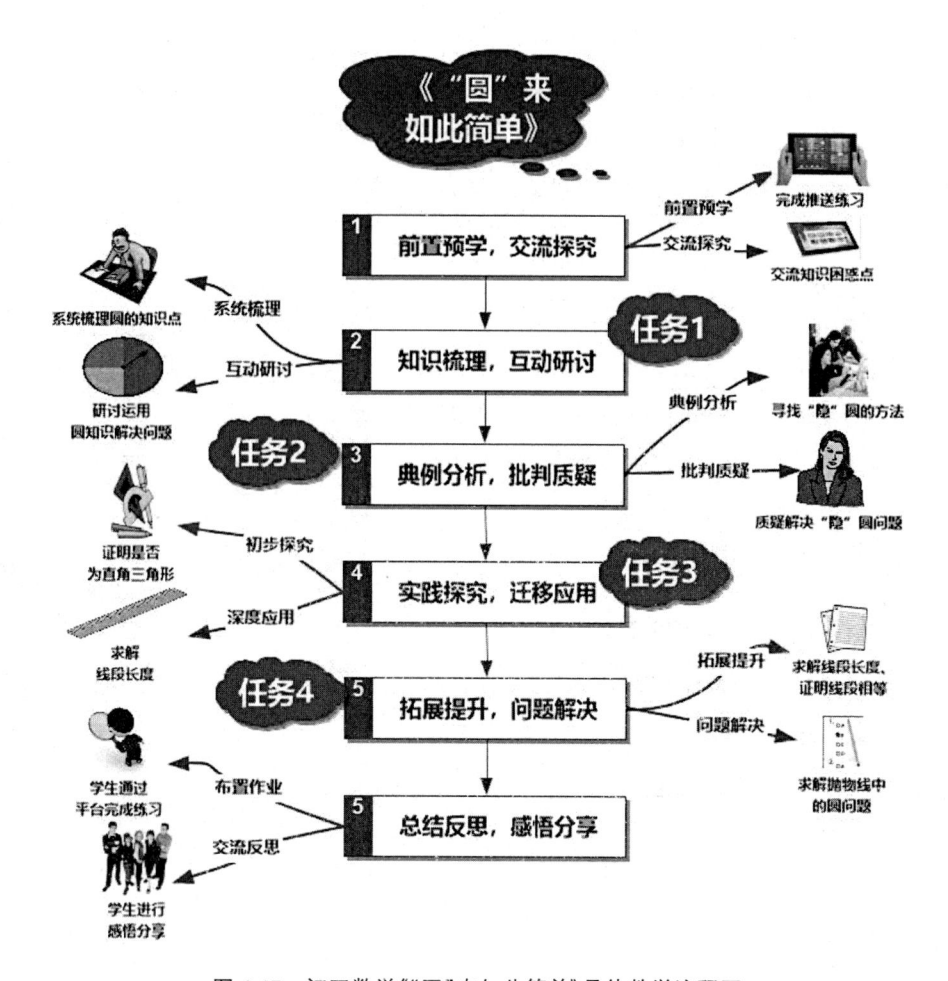

图 4-17 初三数学《"圆"来如此简单》具体教学流程图

(2) 知识梳理，互动研讨

在"知识梳理，互动研讨"阶段，教师引导学生对圆的定义、圆的基本特征、圆的内接四边形性质定理与四点共圆定理等知识进行梳理，同时组织学生就圆知识的运用进行研讨。

(3) 典例分析，批判质疑

在"典例分析，批判质疑"阶段，教师首先引导学生思考，在多边形中如何寻找"隐"圆等问题；然后归纳寻找"隐"圆的方法；随后，教师呈现典型案例，让学生灵活运用圆的性质等知识解答问题。

(4) 实践探究，迁移应用

在"实践探究，迁移应用"阶段，教师主要引导学生一题多解，找到"隐"圆后灵活运用勾股定理、点到直线的举例和直线与圆相交的个数等知识点求证三角形 BDQ 是否为直接三角形，同时求解线段 BQ 的长度。

(5) 拓展提升，问题解决

在"拓展提升，问题解决"阶段，学生根据自身的实际情况，灵活运用"圆"的知识内容解决生活中的实际问题。具体来说，所有同学需要完成基础拓展题"求解线段 CG 长度、证明 FE 与 DE 相等"，部分学生需要完成提升题"抛物线中的圆问题"。

(6) 总结反思，感悟分享

在"总结反思，感悟分享"阶段，学生主要分享"圆"知识的掌握情况，并对自己存在的问题提出解决方案。

三、高中深度课堂典型模式

(一) 高中数学函数规则深度课堂模式

1. 高中数学函数规则的一般教学流程

数学是研究数量关系和空间形式的一门科学，它承载着落实立德树人根本任务、发展素质教育的功能。高中数学课程是义务教育阶段后普通高级中学的主要课程，具有基础性、选择性和发展性。高中数学必修课程主要面向全体学生，以帮助学生构建共同基础；高中数学选择性必修课程、选修课程则是充分考虑了学生的不同成长需求，提供多样性的课程供学生自主选择，从而满足学生的个性化发展需要。[1]

学科核心素养是育人价值的集中体现，是学生在学科学习的过程中逐步形成和发展的正确价值观念、必备品格和关键能力。数学学科核心素养是数学课程目标的集中体现，是具有数学基本特征的思维品质、关键能力以及情感、态度与价值观的综合体现，是学生在数学学习和应用的过程中逐步形成和发展的。一般来说，高中数学学科核心素养主要包括数学抽象、逻辑推理、数学建

---

[1] 中华人民共和国教育部：《普通高中数学课程标准（2017 年版）》，1-2 页，北京，人民教育出版社，2018。

模、直观想象、数学运算和数据分析六方面。① 高中数学函数规则课主要是指将数学函数的法则、公式、公理、定理、重要结论和基本题的解法等规则作为主要教学任务的课。高中数学函数规则课的主要任务是使学生能够运用大量的例证来说明函数规则所反映的关系，并能够灵活运用函数规则在不同的情境中解决问题。本书主要参考谭国华②的数学教学研究与实践，确定高中数学函数规则的一般教学流程，具体如图 4-18 所示。

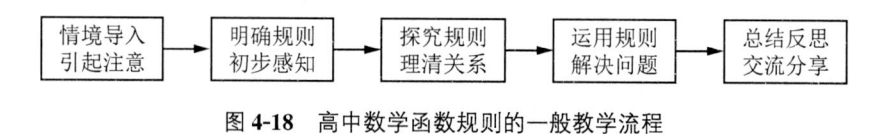

情境导入 引起注意 → 明确规则 初步感知 → 探究规则 理清关系 → 运用规则 解决问题 → 总结反思 交流分享

图 4-18 高中数学函数规则的一般教学流程

(1)情境导入，引起注意

该环节，主要是教师通过创设与函数概念和规则相关的，且与学生现实生活相符的真实教学情境，从而吸引学生注意，激发学生学习的兴趣。

(2)明确规则，初步感知

该环节主要是让学生知道函数规则是什么，重点引导学生对所学新规则进行理解。在该环节中，教师首先需要引导学生回忆所学函数规则等，然后呈现所需要学习的新规则，帮助学生在新旧规则之间建立联系，促使新规则能够进入学生原有的知识结构，然后重点达成对新规则的理解。

(3)探究规则，理清关系

该环节主要是让学生明白函数规则为什么是这样，以及相关函数规则之间的区别与联系。在该环节中，教师需要通过设置不同的探究任务，让学生自主探究函数规则，找出函数规则之间的相互关系，然后帮助学生梳理清楚不同函数规则之间的区别和联系。

(4)运用规则，解决问题

该环节的重点是学生需要明确运用函数规则解决问题的程序和步骤，并在一些典型的情境中尝试运用。因此，在该环节中，教师首先需要呈现函数规

---

① 李祎：《高中数学核心素养研究述评》，载《基础教育课程》，2019(22)。
② 谭国华：《高中数学规则课型及其教学设计》，载《中学数学研究(华南师范大学版)》，2013(13)。

则应用的案例，展示运用函数规则解决问题的步骤和程序；其次，提供变式练习，让学生运用函数规则解决练习问题。最后，根据学生对函数规则掌握情况，分层次拓展练习，以帮助学生掌握并熟练运用函数规则解决生活中的实际问题。

(5)总结反思，交流分享

该环节，主要是教师引导学生系统总结所学知识内容，梳理课堂所学内容；同时学生交流课堂所学内容，分享课堂收获。

2. 智能环境对高中数学函数规则教学的作用

本书根据高中数学函数规则课的特征，结合一线教学实践，认为智能环境能够对高中数学函数规则教学提供以下支撑作用。

(1)创设情境，启发思维

数学知识来源于生活，又服务于生活，从生活中来又走向生活。真实的生活情境不仅能够有效激发学生的学习动机，引发学生的学习热情，而且能够吸引学生注意，提高学生学习效率。但课堂教学由于时间、地点的限制，不能将生活中的真实案例搬上课堂，这在一定程度上限制了课堂教学。智能环境为课堂教学提供了契机，它能够借助智能技术手段，将生活中的数学问题展现在学生面前，能够通过信息化的方式，创设真实的数学问题情境，让学生在情境中感同身受，启发学生思维，促进学生发展。

(2)化解抽象，直观展示

数学学科中涉及了大量抽象性、概括性的知识，从而导致学生难以全面掌握当前的数学知识，进而降低学习效率。智能环境能够通过数学教学工具，将过去传统的、静态的书本教材转变为由声音、图像、文本、动画构成的动态教材，能够将抽象性知识直观化，让学生在学习的过程中对抽象的数学知识内容具有更加全面的体会，从而真正掌握函数概念、函数规则的本质与核心。

(3)互动交流，多元协作

数学教学离不开教师与学生的互动交流，更离不开学生与学生的互动交流。从建构主义的角度来说，互动交流是学生构建自身知识体系，完善自身认知结构的重要手段。然而由于课堂教学时间的限制，师生互动交流、沟通协作活动时间往往被压缩，从而导致学生学习停留在表面。智能环境能够拓宽时空的限制，为学生提供虚实融合的学习环境。学生不仅可以在课前利用智能化学习平台与教师、同学进行沟通交流，而且能够在课后提出自己的问题，并与教师、同学协商解决。

(4) 分层练习，个性推送

由于学生的起点能力不同，学习能力不一，学生对函数规则新授知识的接受能力存在差异，其知识水平也存在差别。然而传统数学课堂教学大部分采用"一刀切"的方式，轻视学生的群体差异。智能环境能够记录学生的学习情况，判断学生的学习水平，在练习检测环节分层推送材料，从而满足学生个性需求。

(5) 个性支持，精准评价

传统课堂教学评价主要以纸笔考试为主，重视学生的学习结果，忽视学生的学习过程，这在一定程度上导致评价的非客观性与非真实性。智能环境由于其具有智能化、精准化、个性化、协同化、泛在化等特征，能够对课堂教学进行全过程记录，能够个性诊断学生课堂学习存在的问题，能够有效判别学生的知识弱点与盲点，能够精准实施教学评价。

3. 智能环境高中数学函数规则深度课堂模式

本书根据深度学习的一般过程，按照高中数学函数规则的一般教学流程，结合智能环境的支撑作用，构建智能环境高中数学函数规则深度课堂模式，具体如图 4-19 所示。

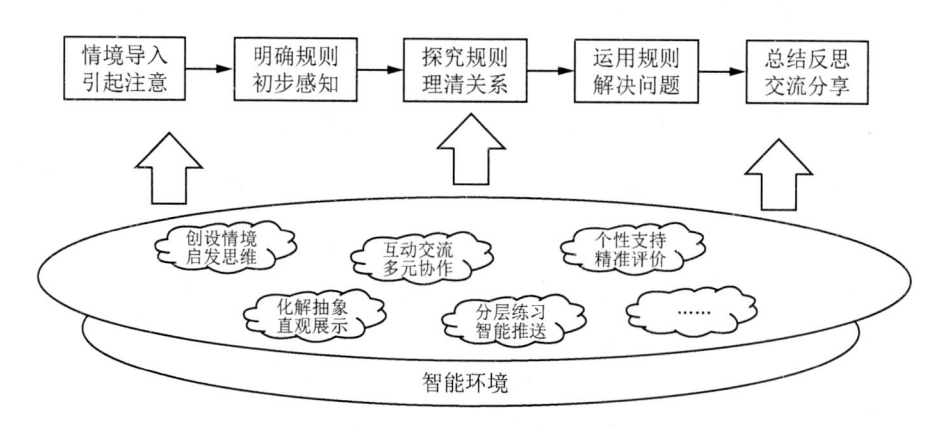

图 4-19 智能环境高中数学函数规则深度课堂模式

智能环境高中数学函数规则深度课堂模式主要包括"情境导入，引起注意"

"明确规则,初步感知""探究规则,理清关系""运用规则,解决问题""总结反思,交流分享"五个环节。在整个教学过程中,教师注重落实数学学科核心素养,注重发展学生的批判性思维,注重提升学生的知识迁移能力,注重培养学生的问题解决能力。尤其在"明确规则,初步感知""探究规则,理清关系"环节,特别注重学生的批判性思维的培养;在"运用规则,解决问题"环节则借助与生活相关、与现实相符的真实问题培养学生的知识迁移能力和问题解决能力。

4. 智能环境高中数学函数规则深度课堂模式应用

(1)应用领域

智能环境高中数学函数规则深度课堂模式主要适用于高中数学中的关于函数公式、定理等方面的教学。智能环境下,教师按照该模式开展课堂教学,不仅能够有助于学生直观掌握数学规则,而且能够提升教师教学效率,从而有效落实数学学科核心素养,发展学生批判性思维,提升学生知识迁移能力,培养学生问题解决能力。

(2)典型案例

案例4-6:高一数学函数规则课《函数 $y=A\sin(\omega x+\varphi)$ 的图像》

该案例选自G中学高一江老师的数学函数规则课《函数 $y=A\sin(\omega x+\varphi)$ 的图像》,该课时以深度学习理念、探究性教学理念为指导进行设计。该节课主要渗透数形结合思想,让学生体会化复杂为简单的化归思想,感受图像的变化规律,体会图像的美感。该课时的具体素养目标、学习任务、教学重点难点和教学流程如下。

❖ 素养目标

1. 理解参数 φ、ω、A 对函数 $y=A\sin(\omega x+\varphi)$ 的图像的影响,能解决正弦类函数图像的平移和伸缩问题。

2. 通过对"先伸缩后平移"和"先平移后伸缩"两种不同变换顺序下平移量的研究,深刻理解函数图像变换与函数解析式变换的内在联系。

3. 经历由简单到复杂、由特殊到一般的研究过程,体会类比、转化和归纳等数学思想在数学问题研究过程中的作用。

4. 通过对参数的控制影响图像(声音)这一事实，体会数学在观察和控制客观世界中的作用。

❖ 学习任务

该课时是三角函数的一个专题，主要内容包括"探索 φ 对函数 $y=A\sin(x+\varphi)$ 图像的影响"等 4 个学习任务和 7 个学习问题，具体如下。

◇ 任务 1：探索 φ 对函数 $y=A\sin(x+\varphi)$ 图像的影响。

问题 1-1：观察 $y=\sin\left(x+\dfrac{\pi}{3}\right)$ 和 $y=\sin x$ 图像之间有何关系？

问题 1-2：特殊点在移动过程中，图形如何变化？

◇ 任务 2：探索 $\omega(\omega>0)$ 对函数 $y=\sin\omega x$ 图像的影响。

问题 2-1：$y=\sin 2x$ 和 $y=\sin x$ 的图像之间有何关系？

问题 2-2：特殊点在移动过程中，图形如何变化？

◇ 任务 3：探索 ω、φ 对函数 $y=\sin(\omega x+\varphi)$ 图像的影响。

问题 3-1：观察 $y=\sin x \to y=\sin 2x \to y=\sin\left(2x+\dfrac{\pi}{3}\right)$ 图像如何变化？

问题 3-2：不同的变化顺序，平移量为什么不一样？

◇ 任务 4：探索 A 对函数 $y=A\sin(\omega x+\varphi)$ 图像的影响。

问题 4-1：$y=2\sin\left(2x+\dfrac{\pi}{3}\right)$ 和 $y=\sin\left(2x+\dfrac{\pi}{3}\right)$ 的图像之间有何关系？

❖ 教学重点难点

◇ 教学重点

1. 理解正弦类函数图像的平移和伸缩问题。

2. 掌握 φ、ω、A 对函数 $y=A\sin(\omega x+\varphi)$ 的影响。

◇ 教学难点

1. 理解周期变换、平移变换的本质。

2. 掌握函数图像变换与函数解析式变换的内在联系。

❖ 教学过程

《函数 $y=A\sin(\omega x+\varphi)$ 的图像》主要包括"前置预学，学情诊断""明确规则，初步感知""探究规则，厘清关系""运用规则，解决问题""兴趣拓展，总结反思"五个环节，具体教学流程如图 4-20 所示。

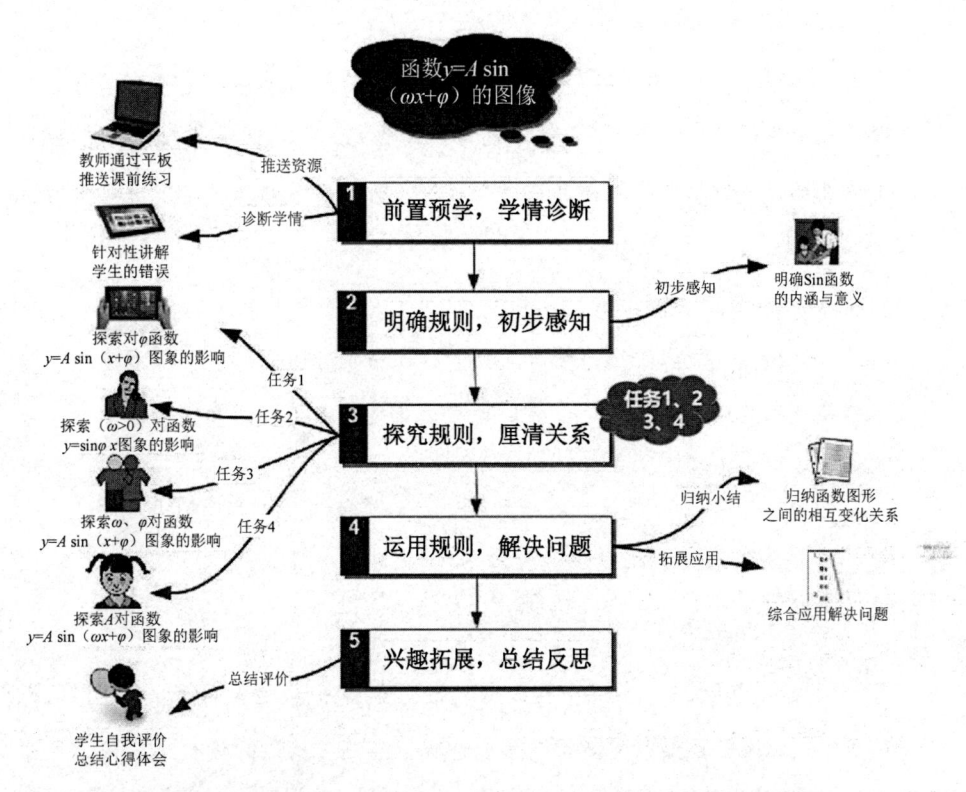

图 4-20　高一数学《函数 $y=A\sin(\omega x+\varphi)$ 的图像》具体教学流程

（1）前置预学，学情诊断

在"前置预学，学情诊断"环节，教师主要在课前推送抛物线相关知识，让学生复习参数 a、h、k 对抛物线函数的影响；然后教师利用 Ai 学智慧课堂对学生的学习情况进行反馈，精准诊断学生的学情。

（2）明确规则，初步感知

在"明确规则，初步感知"环节，教师展现 sin 函数形状，引发学生思考函数图形的基本特征；学生则在教师的启发下感知 sin 函数的内涵等。

（3）探究规则，厘清关系

在"探究规则，厘清关系"环节，教师设置 4 个学习任务，即探索 φ 对函数 $y=A\sin(x+\varphi)$ 图像的影响、探索 $\omega(\omega>0)$ 对函数 $y=\sin\omega x$ 图像的影响、探索 ω、φ 对函数 $y=\sin(\omega x+\varphi)$ 图像的影响、探索 A 对函数 $y=A\sin(\omega x+\varphi)$ 图像的影响。学生在教师的引导下，观察函数与所对应图形的变化，然后总结变化的规律，厘清 φ、ω 和 A 变化时，函数所对应图形的变化。

(4)运用规则，解决问题

在"运用规则，解决问题"环节，教师设置了基础巩固题、实践应用题、拓展提升题等不同层次水平练习题，所有学生需要完成基础巩固题与实践应用题，部分学生选择性地完成拓展提升题。然后教师根据学生的练习情况进行针对性讲解。

(5)兴趣拓展，总结反思

在"兴趣拓展，总结反思"环节，教师引入的声音图像中包含正弦函数，启发学生不断探究的欲望。然后教师引导学生交流分享课堂所学内容，反思学习过程中存在的不足。

(二)高中英语阅读深度课堂模式

1. 高中英语阅读的一般教学流程

阅读是从印刷或书面信息中构建意义的过程。[①] 阅读是人们获取信息、认识世界、发展思维、获得审美体验的重要途径。在高中英语阅读教学中，学生通过相应的阅读材料不仅能够获取英语语言知识，而且能通过阅读活动提升阅读能力，同时促进听、说、读、写能力的共同发展。本书主要参考赵继光[②]的中学英语阅读教学与实践研究，确定高中英语阅读的一般教学流程主要包括五个环节，具体如图 4-21 所示。

学情诊断激趣导入 → 通览阅读初步感知 → 细节阅读深化理解 → 品味阅读批判思考 → 巩固阅读拓展提升

图 4-21 高中英语阅读的一般教学流程

(1)学情诊断，激趣导入

该环节主要了解学生学习的基本情况，从而有针对性地设计教学过程，激发学生积极主动参与学习的意愿和兴趣。教师从学生的起点能力、学习基础、

---

① Day, R. R. & Bamford, J. (1998), *Extensive Reading in the Second Language Classroom*, Cambridge: Cambridge University Press.
② 赵继光：《新课程中学英语"5S"阅读教学模式的设计与实施》，载《课程·教材·教法》，2010(8)。

学习风格和信息素养等方面充分了解学生，并善于挖掘文章中的兴趣点，利用图片、视频、动画等多种媒体形式精心设计课堂导入，采用合适的方法引出文章的主题，以激发学生的阅读动机。

(2)通览阅读，初步感知

该环节主要培养学生快速阅读的能力，建立对阅读材料的整体感知。教师要善于根据不同的文章类型采取相对应的教学方式，引导学生快速进行阅读，认识并掌握生词，从而快速获取文章的中心思想和表达的主要观点，达到对文章的初步理解。

(3)细节阅读，深化理解

该环节主要培养学生有目的、有意识地快速获取文章中特定信息的能力，在整体理解的基础上进一步深化对文章内容的理解。教师要精准把握文章的精髓之处，聚焦语篇，根据关键内容有针对性地设计不同形式、不同难度梯度的问题，引导学生逐步探究问题，从而准确把握文章的细节内容，提升学生的问题解决能力。

(4)品味阅读，批判思考

该环节主要培养学生批判性思考的意识和能力，从不同视角品味和评价文章的内容和形式。教师要用思考的方式、批判的态度开展阅读教学，设置思辨性的阅读任务，让学生能够从不同的视角解读文章，从而培养学生批判性思考能力和创新创造能力。此外，教师可以设置真实情境的小组合作探究活动，让学生将所学知识迁移运用于实际生活中的问题解决，推动教学中有效交互活动的发生。

(5)巩固阅读，拓展提升

该环节主要加深学生对文章的理解及语言的运用，使学生在领悟文章及习得知识技能的基础之上，培养语言运用能力和知识迁移能力。语言习得是听说读写相结合的过程，教师要结合教学内容和学生实际，合理选择口语、听力或写作等促进学生运用语言。

2. 智能环境对高中英语阅读教学的作用

本书根据高中英语阅读课的特征，结合一线教学实践，认为智能环境能够对高中英语阅读教学提供以下支撑作用。

(1)精准诊断学情

教师课前可以通过智能学习平台推送前置学习任务单和相关调查问卷，了解学生学习的起点能力、学习风格等基本情况，从而根据教学内容和学生的实际情况，有针对性地开展教学设计。

(2)创设真实情境

智能环境可以感知物理环境的实时状态，挖掘文章中的深层兴趣点，利用图片、视频、动画等多种技术媒体形式，创设贴近现实生活的真实情境，激发学生的阅读兴趣和动机。

(3)开展探究活动

智能技术能够为学生创建真实的探究环境，让学生能够观察并亲身体验到日常生活难以或者无法观察到的自然现象和过程，以个人或小组的形式开展探究活动，从而将文章细节可视化，帮助学生理解文章的细节内容。

(4)促进知识建构

智能环境为学生知识构建提供了多种认知工具和协作交流工具，如思维导图可以帮助学生梳理阅读材料的逻辑框架，从而让学生更容易抓住阅读材料表达的主要内容和观点，逐步达成对阅读材料的深度理解，促进知识建构。

(5)实施多元评价

智能技术能够记录学生学习过程和学习行为产生的数据，对其进行深度分析，挖掘出数据背后的信息和价值，对学生的学习情况进行全方位评价。同时，智能技术支持教师、学生、家长、教育管理者等教学主体参与到教学评价中，从而使评价更加精准客观。

3. 智能环境高中英语阅读深度课堂模式

本书根据深度学习的一般过程，按照初高中英语阅读的一般教学流程，结合智能环境的支撑作用，构建智能环境高中英语阅读深度课堂模式，具体如图4-22所示。

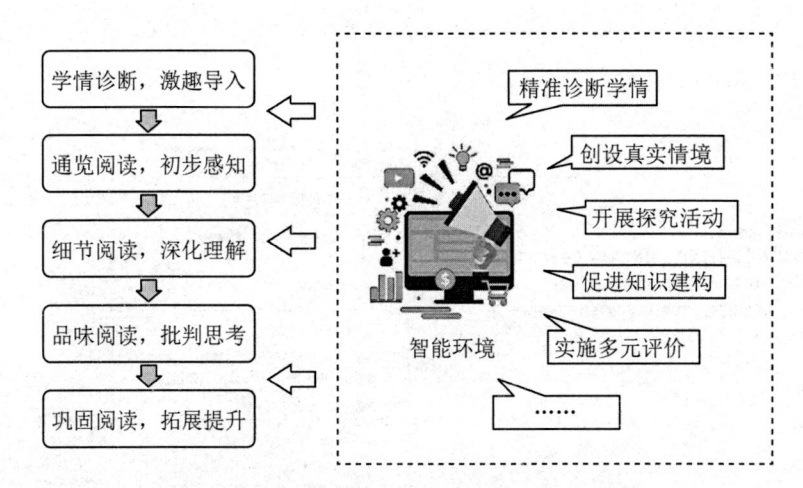

图 4-22　智能环境高中英语阅读深度课堂模式

智能环境高中英语阅读深度课堂模式主要包括"学情诊断，激趣导入""通览阅读，初步感知""细节阅读，深化理解""品味阅读，批判思考""巩固阅读，拓展提升"五个环节。该模式注重学生对阅读策略的掌握，强调学生利用相关策略解决拓展阅读的练习，着意面向真实阅读任务下的问题解决。在"细节阅读，深化理解"与"品味阅读，批判思考"阶段，强调落实学生英语学科素养，注重学生的批判性思维、知识迁移与问题解决能力培养。

4. 智能环境高中英语阅读深度课堂模式应用

(1) 应用领域

智能环境高中英语阅读深度课堂模式注重对标英语学科核心素养，以阅读策略为切入点，培养学生批判性思维、知识迁移能力和问题解决能力。该模式主要适用于高中英语阅读教学。

(2) 典型案例

案例 4-7：高二英语"A Healthy Life"大单元

一、"A Healthy Life"大单元设计

该案例选自 G 中学高二唐老师与曾老师的深度课堂教学实践。该单元主要对标高中英语语言能力、学习能力和思维品质；单元内容由原来 8 课时解构重组为 7 课时。该单元以健康话题为主线，借助社会热点话题引导学生学习并掌

握"区分主次关系"阅读策略，形成运用阅读策略的意识和习惯。该单元教学设计具体如图 4-23 所示。

图 4-23 高二英语"A Healthy Life"大单元教学设计

❖ 学科核心素养

1. 语言能力：该单元主要是让学生在阅读实践的过程中，通过主动感知与领悟、内化与整合，逐步掌握阅读技巧，并能熟练迁移运用到其他阅读材料中。

2. 思维品质：该单元主要是让学生在运用阅读技巧完成相关阅读任务的过程中，发展学生的批判性思维，同时促进学生知识迁移能力与问题解决能力的培养。

3. 学习能力：该单元主要让学生进行自主合作学习完成学习任务，帮助学生有效选择与获取阅读材料的主要信息，探究并内化阅读策略的使用方法。

❖ 单元目标

1. 能够表达警告、禁止和允许的日常交际用语。

2. 能够掌握"区分主次关系"等阅读策略的使用技巧，并能迁移运用于其他阅读材料。

3. 通过课内外阅读任务，促进语言能力发展，培养高阶思维能力。

4. 关注健康问题，认识到抽烟、吸毒的危害性，了解 HIV/AIDS 及其预防知识，树立对待 HIV/AIDS 病人的正确态度。

❖ 单元内容

该单元一共 6 课时，"Stop Smoking"包括 2 课时，具体让学生在阅读作品的实践中初步感受"区分主次关系"阅读策略，同时明悉"区分主次关系"阅读策略的具体操作，并掌握劝告信的写作方法；"HIV/AIDS: Are You at Risk?"包括 2 课时，具体让学生在阅读知识类作品的实践中体会如何运用"区分主次关系"阅读策略提高阅读效率，并明确对待 HIV/AIDS 病人的态度和加强自我保护的意识；"No Drugs"包括 2 课时，具体让学生迁移运用"区分主次关系"阅读策略，探讨药物上瘾的解决办法，并分析不同情形，提出合理的建议；"A Healthy Life"包括 1 课时，是单元内容的复习，具体让学生归纳总结，建构阅读策略的使用方法和要点，引导学生养成良好的生活习惯，并树立积极健康的生活理念。

❖ 任务群与问题链

该单元阅读教学旨在帮助学生落实语言能力、思维品质、学习能力等英语学科核心素养。基于此，该单元共设置了 14 个任务 29 个问题，具体如表 4-3 所示。

表 4-3 "A Healthy Life"任务群与问题链的设计

Stop Smoking（2课时）	T1-1：说说我们身边的健康问题	Q：与我们日常生活有关的健康问题有哪些？
	T1-2：探究"区分主次关系"阅读策略	Q1：文章的主旨是什么？ Q2：哪些句子体现了文章主旨？ Q3：如何给每段内容添加小标题？
	T1-3：运用阅读策略	Q1：爷爷的信的主要内容是什么？ Q2：吸烟上瘾的基本特征有哪些？ Q3：吸烟的有害影响有哪些？ Q4：如何正确戒烟？
	T1-4：掌握写劝告信的方法	Q1：对比论证 Health 和 Wealth 哪个比较重要？ Q2：如何论述抽烟是一种坏习惯？

续表

HIV/AIDS: Are You at Risk? (2课时)	T2-1：运用阅读策略开展阅读	Q1：HIV 和 AIDS 的区别是什么？ Q2：如何预防 HIV/AIDS？
	T2-2：批判阅读，续写故事	Q1：这篇文章是为什么人而写的？ Q2：如果你是作者，你会在下一段中谈论什么？
	T2-3：探讨对待 HIV/AIDS 患者的态度	Q1：我们应该如何对待染上 HIV/AIDS 的患者？ Q2：我们应该如何帮助 HIV/AIDS 患者？
	T2-4：设计制作 HIV/AIDS 防治海报	Q：如何按照要求完成海报制作？
No Drugs (2课时)	T3-1：迁移运用阅读策略解决阅读任务	Q1：文章每个段落的主旨句是哪句？ Q2：文章每个段落内容之间有什么联系？
	T3-2：探讨药物滥用和药物上瘾的基本特征和解决办法	Q1：药物滥用有哪些基本特征？ Q2：药物滥用的解决办法有哪些？ Q3：药物上瘾有哪些基本特征？ Q4：药物上瘾的解决办法有哪些？
	T3-3：掌握表达主要观点的技巧	Q1：对不同的情形如何给出合理的健康建议？ Q2：如何表达主要观点？
	T3-4：设计制作预防药物滥用和药物上瘾的宣传海报	Q：如何按照要求完成宣传？
A Healthy Life (1课时)	T4-1：探讨健康生活方式	Q1：如何养成健康的生活方式？ Q2：通过阅读，你学到了什么？
	T4-2：总结阅读策略的使用方法	Q：使用阅读策略有哪些要点？

二、"HIV/AIDS: Are You at Risk?"课时设计

该内容主要选自"A Healthy Life"的第二篇阅读文章"HIV/AIDS: Are You at Risk?"，具体包括2课时。该内容以深度学习理念、任务驱动理念和探究式教学理念为指导进行设计，具体素养目标、学习任务、教学重点难点和教学流程

如下。

❖ **素养目标**

1. 了解中国在抗击HIV/AIDS中取得的成就，了解目前中国AIDS的现状。

2. 学生能够有效运用"区分主次关系"阅读策略完成任务，了解关于HIV/AIDS的一些基本知识，有效做好防护。

3. 探讨对待感染HIV/AIDS的人的态度，提升学生的社会责任感、增强自我保护意识。

4. 迁移运用所学知识完成HIV/AIDS防治海报的制作。

❖ **学习任务**

该课时共设计4个学习任务、7个学习问题，具体如下。

◇ 任务1：运用阅读策略开展阅读。

问题1-1：HIV和AIDS的区别是什么？

问题1-2：如何预防HIV/AIDS？

◇ 任务2：运用策略批判阅读，续写故事。

问题2-1：这篇文章是为什么人而写的？

问题2-2：如果你是作者，你会在下一段中谈论什么？

◇ 任务3：探讨对待HIV/AIDS患者的态度。

问题3-1：我们应该如何对待染上HIV/AIDS的患者？

问题3-2：我们应该如何帮助HIV/AIDS患者？

◇ 任务4：设计制作HIV/AIDS防治海报。

问题：如何按照要求完成海报制作？

❖ **教学重点难点**

◇ 教学重点

运用"区分主次关系"阅读策略完成阅读任务，培养学生正确对待艾滋病人及加强自我保护意识。

◇ 教学难点

运用所学知识完成海报制作。

❖ **教学过程**

"HIV/AIDS: Are You at Risk?"主要包括"学情诊断，激趣导入""通览阅

读，掌握生词""细节阅读，批判思考""品味阅读，体会情感""合作探究，创作海报""归纳总结，拓展提升"六个环节，具体教学流程如图4-24所示。

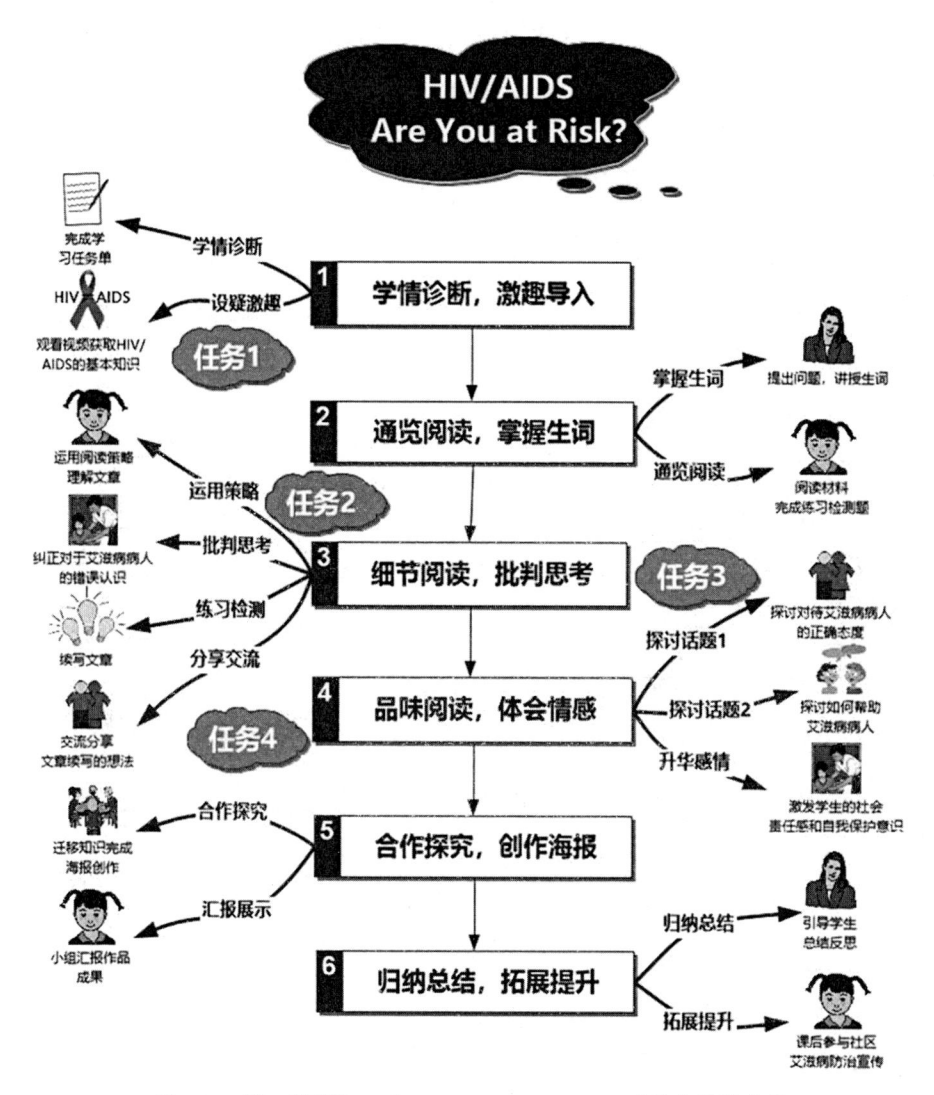

图4-24 高二英语"HIV/AIDS：Are You at Risk?"具体教学流程

(1)学情诊断，激趣导入

在"学情诊断，激趣导入"环节，教师在智能学习平台上引导学生完成前置性学习任务单，依据学生的任务完成情况精准分析学情。然后教师播放最近几年中国关于抗击HIV/AIDS取得的成就，激发学生的学习兴趣，让学生对中国HIV/AIDS的现状有初步的了解。

(2) 通览阅读，掌握生词

在"通览阅读，掌握生词"环节，教师首先提出问题：HIV 和 AIDS 的区别是什么？如何预防 HIV/AIDS？学生在问题的引导下阅读全文，掌握生词，了解 HIV/AIDS 的基本知识，对 HIV/AIDS 树立正确的认知及自我保护的意识，并完成相关练习检测题。

(3) 细节阅读，批判思考

在"细节阅读，批判思考"环节，教师引导学生运用"区分主次关系"阅读策略仔细阅读全文，体会细节，理解文章表达的主要观点和内容，明白文章的真实写作意图，并启发学生对人们现存共有的对 HIV/AIDS 的错误认识进行批判性思考，如与 HIV/AIDS 病人的肢体接触会让我们感染 HIV/AIDS 等。随后，教师提供有关 HIV/AIDS 的其他信息，引导学生思考：如果自己是作者，如何续写文章，可以让读者更加充分地了解 HIV/AIDS，学生之间相互交流，并记录讨论，不断完善自己的文章续写。

(4) 品味阅读，体会情感

在"品味阅读，体会情感"环节，教师邀请学生代表分享自己的文章续写，并引导学生探讨：我们应该如何对待染上 HIV/AIDS 的患者？我们应该如何帮助 HIV/AIDS 患者？激发学生明确对待 HIV/AIDS 患者的正确态度，积极主动帮助 HIV/AIDS 患者做一些力所能及的事情，建立与其友好相处的模式，唤醒学生的社会责任感，树立正确的价值观。

(5) 合作探究，创作海报

在"合作探究，创作海报"环节，教师明确要求，让学生迁移运用有关 HIV/AIDS 的基本知识解决实际问题，通过小组合作的方式完成 HIV/AIDS 防治海报的制作。然后，小组派代表进行汇报，教师组织学生交流海报的创作想法，并引导学生进行互评。

(6) 归纳总结，拓展提升

在"归纳总结，拓展提升"环节，教师引导学生分享该节课的心得体会和收获，并让学生课后亲身参与社区防治 HIV/AIDS 的宣传工作，帮助更多人树立对 HIV/AIDS 的正确认知。

(三)高中物理实验探究深度课堂模式

1. 高中物理实验探究的一般教学流程

物理是一门研究自然界物质的基本结构、相互作用与运动规律的基础性学科。物理学是基于观察与实验，建构物理模型，通过科学推理和论证，从而形成系统的研究方法和理论体系。高中物理是物理学科领域中的基础课程，它的主要目的是帮助学生从物理学的视角认识自然、理解自然，建构关于自然界的物理图景，引导学生经历科学探究的过程，体会科学的研究方法，养成科学思维习惯，形成科学态度与价值观，从而有效形成物理学科核心素养。

一般来说，物理学科核心素养主要包括"物理观念""科学思维""科学探究""科学态度与责任"四个方面。[①]

物理观念是从物理学视角形成的关于物质、运动与相互作用、能量等的基本认识。它是物理概念和规律等在头脑中的提炼与升华，也是学生从物理学视角解释自然现象和解决实际问题的基础，主要包括物质观念、运动与相互作用观念、能量观念等要素。

科学思维是从物理学视角对客观事物的本质属性、内在规律及相互关系的认识方式。它是基于经验事实建构物理模型的抽象概括过程，是分析综合、推理论证等方法在科学领域的具体运用，是基于事实证据和科学推理对不同观点和结论提出质疑和批判，进行检验和修正，进而提出创造性见解的能力与品格，主要包括模型建构、科学推理、科学论证、质疑创新等要素。

科学探究是指基于观察和实验提出物理问题、形成猜想和假设、设计实验与制订方案、获取和处理信息、基于证据得出结论并做出解释，以及对科学探究过程和结果进行交流、评估、反思的能力，主要包括问题、证据、解释和交流等要素。

科学态度与责任是指在认识科学本质，认识科学、技术、社会与环境关系的基础上，逐渐形成的探索自然的内在动力，严谨认真、实事求是和持之以恒的科学态度，以及遵守道德规范，保护环境并推动可持续发展的责任感，主要

[①] 中华人民共和国教育部：《普通高中物理课程标准（2017年版2020年修订）》，2-3页，北京，人民教育出版社，2020。

包括科学本质、科学态度与社会责任等要素。

高中物理课堂教学实践离不开教学理论的指导。一般来说，高中物理主要包括概念规律课、实验探究课、习题讲解课三种。概念规律课是物理教学的重要课型，是学生掌握物理观念的主要内容，是发展科学思维的重要基础，也是形成科学态度与价值观的关键步骤。实验探究课是学生获得感性认识，培养观察能力和思维能力的关键课型，也是培养学生的实验技能与能力的重要形式。教师应根据教学要求和学生学习情况，选编好例题和习题，将复习讲评、示范解题和学生练习等有机结合。本书主要参考杨会民[①]的物理教学过程实践，确定高中实验探究的一般教学流程主要包括四个环节，具体如图4-25所示。

提出问题 制定方案 → 协作交流 合作探究 → 归纳结果 得出结论 → 迁移应用 解决问题

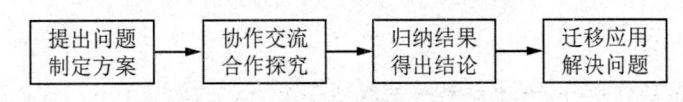

图4-25　高中物理实验探究的一般教学流程

(1) 提出问题，制定方案

该环节的核心任务是提出需要探究的物理问题。首先，教师创设形象的教学情境，帮助学生直观认识物理现象。学生对于物理现象的认识是感性认识，因此教师需要借助具体、直观的物理现象，才能有效帮助学生从物理现象中凝练出需要探究的物理问题。其次，学生制定实验探究方案，详细说明探究的问题、探究的方法以及探究的步骤等要素。在该环节中，教师可以利用直观教具呈现客观物体，运用实验展示相关的物理现象，借助技术手段展现难以在课堂上出现但实际存在的物理过程，从而有效帮助学生抓住核心问题，制定有效方案。

(2) 协作交流，合作探究

该环节是在学生获得感性认识的基础上，教师提出问题，引导学生进行分析、综合、概括，然后总结概括出物理现象的共性问题与本质属性，从而进一步帮助学生形成物理概念、掌握物理规律。该环节的关键是教师引导学生对所接触的物理现象进行本质探究。

---

① 杨会民：《谈谈高中物理课型特点与教法》，载《考试周刊》，2012(11)。

(3)归纳结果，得出结论

该环节是在学生建立物理概念和规律的基础上所开展的教学环节。在该环节中，学生需要对物理概念和规律进行深入探讨。具体来说，学生需要总结归纳出物理概念和规律的价值与意义、讨论物理概念与规律的使用条件与范围、讨论不同物理概念与规律自建的区别和联系。需要指出的是，学生应具有批判的眼光，质疑探究规律的正确性与权威性。

(4)迁移应用，解决问题

该环节主要是让学生将物理概念与规律运用到现实生活中，解决现实生活中的实际问题。一方面，学生通过分析、处理和解决典型物理问题，从而深化对相关物理概念与规律的理解；另一方面，学生利用物理现象与规律解决复杂生活问题，从而学以致用、回馈生活。

2. 智能环境对高中物理实验探究教学的作用

本书根据高中物理实验探究课的特征，结合一线教学实践，认为智能环境能够对高中物理实验探究教学提供以下支撑作用。

(1)开展精准诊断

课前，教师能够借助智能化学习平台对学生的学习情况进行精准诊断，发现学生的知识盲点与困惑点，从而有针对性地采取教学措施。此外，教师也能够利用智能化学习平台分析学生的学习风格、学习兴趣与学习动机等，从而全方位开展前端分析，实现精准诊断。

(2)创设真实情境

真实的物理情境能够有效帮助学生建立物理概念，发现物理规律。如教师能够依托虚拟仿真平台呈现实验室内不容易观察得到的自然物理现象，从而让学生身临其境，感受自然的魅力。此外，真实的物理情境应该是与学生的日常生活相联系并与学生日常观念相矛盾的事实。类似于这种情境才能够充分引发学生的共鸣，激发学生的学习热情。

(3)推送丰富资源

物理学科属于自然学科领域中的基础学科，由于学科的特殊性，因此很多物理现象与规律无法在课堂当中进行现场展示，这就需要丰富的拓展资源。教师能够借助智能环境为课堂教学和学生的课后学习提供有效服务。如航空航天、核电站、纳米技术、工业信息化等相关拓展资源，从而加深学生对相关课程内容的感性认识，拓展学生的视野，开放学生的心灵。

（4）提供个性工具

智能环境能够为物理课堂教学提供多样的个性化学习工具。如教师能够利用思维导图工具梳理物理学科知识点内容、借助物理实验软件展现包含电学、力学、电磁学、光学、热学、声学等各类物理实验器具与实验过程等。学生则能够根据学生学习的实际需要选择合适的学习工具，从而充分提高学习效率。

（5）进行协作交流

智能环境能够充分支持师生的交流互动。教师在课前能够抛出学习问题，激励学生围绕核心问题进行讨论分析。教师能够在课中引导学生就某一学习问题进行批判；学生与学生之间也能够不断交互协作，产生一致的认识。教师还能够在课后利用智能学习平台不断跟踪反馈学生的学习情况，从而帮助学生实现物理观念的有效建构。

（6）实施多元评价

智能环境能够有效实现评价主体多元化、评价方式多元化。教师、学生以及管理者能够参与评价学生学习情况；同时，他们也能够对学生的情况进行量化评价，还能够对他们进行质性评价。

3. 智能环境高中物理实验探究深度课堂模式

本书根据深度学习的一般过程，按照高中物理实验探究的一般教学流程，结合智能环境的支撑作用，构建智能环境高中物理实验探究深度课堂模式，具体如图 4-26 所示。

智能环境高中物理实验探究深度课堂模式主要包括课前、课中与课后三部分。课前教师主要引导学生就某物理问题进行讨论分析；课中主要包括"创设情境，引入主题""提出问题，制定方案""协作交流，合作探究""归纳结果，得出结论""迁移应用，解决问题""交流展示，评价总结"六个环节；课后则主要包括"强化应用""拓展提升"与"总结反思"内容。在课前环节以及课中"提出问题，制定方案"和"协作交流，合作探究"环节，主要侧重通过交流互动的形式，培养学

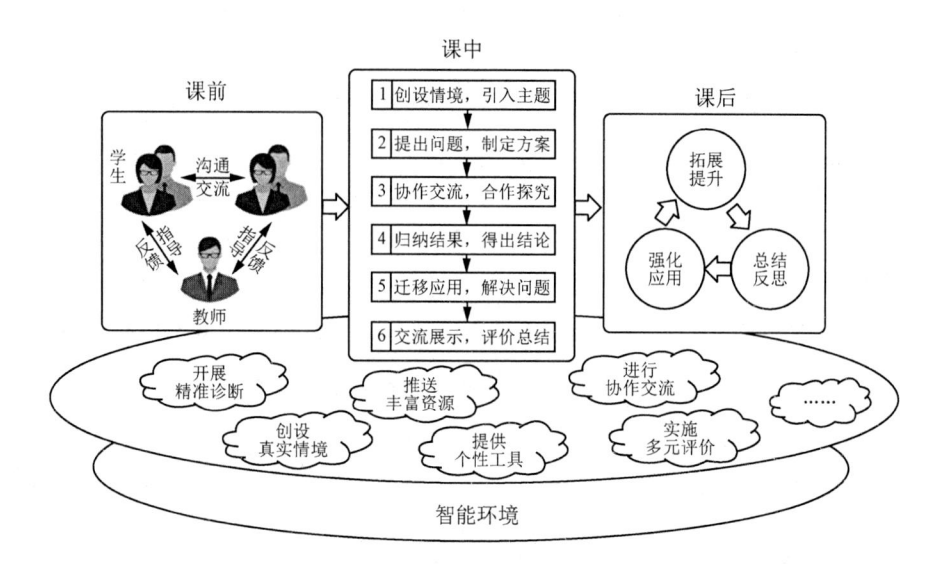

图 4-26 智能环境高中物理实验探究深度课堂模式

生的批判性思维；在"迁移应用，解决问题"环节，主要侧重学生的知识迁移能力和问题解决能力的培养。而智能环境主要能够为物理课堂教学提供多样化的学习支持，具体包括开展精准诊断、创设真实情境、推送丰富资源、提供个性工具、进行协作交流、实施多元评价等方面。

4. 智能环境高中物理实验探究深度课堂模式应用

（1）应用领域

智能环境高中物理实验探究深度课堂模式侧重对标物理观念与科学思维核心素养，同时学生的科学探究、科学态度与责任核心素养也能够得到一定程度的发展。该模式主要适用于高中物理实验探究课教学。教师在智能环境下，按照该模式开展教学实践，应该根据学生的学习需要，结合相应的办学理念和育人方式进行调整。

（2）典型案例

案例 4-8：高一物理实验探究课《生活中的圆周运动》

该案例选自 S 高中高一杨老师的物理探究课《生活中的圆周运动》，该课时以深度学习理念、任务型教学理念为指导进行设计。该课时以知识条件化、知识情境化、知识结构化对教材进行重构设计，充分挖掘学科育人价值。该课时充分体现学生建构从物理现象、物理知识到物理方法和物理思想的形成过程。

该课时的具体素养目标、学习任务、教学重点难点和教学流程如下。

❖ 素养目标

◇ 物理观念

1. 知道向心力是物体沿半径方向且指向圆心的合外力。

2. 用牛顿第二定律分析变速圆周运动中某些特殊点的向心力。

3. 会在具体问题中分析向心力的来源。

◇ 科学思维

1. 通过对圆周运动的实例分析，渗透理论联系实际的观点，提高学生分析和解决问题的能力。

2. 通过匀速圆周运动的规律也可以在变速圆周运动中使用过程，渗透特殊性和一般性之间的辩证关系，提高学生的分析能力。

3. 通过对匀速圆周运动实例分析，对学生进行物理方法教育，让学生能了解和掌握科学方法。

◇ 科学探究

1. 通过探究火车转弯实验，体会科学探究的过程，学会用合理、科学的方法处理问题。

2. 通过对圆周运动现象实例的分析，从实验现象到问题本质，提高学生进行科学探究的能力。

◇ 科学态度与责任

关注物理与生活的联系，感受理论与实践的关系以及物理世界的和谐统一。

❖ 学习任务

该课时是《生活中的圆周运动》专题的内容，主要包括4个学习任务7个学习问题，具体如下：

◇ 任务1：观察生活中的圆周运动。

　　问题1-1：日常生活中的物体是如何实现转弯的？

　　问题1-2：物体转弯的向心力是什么力来提供的呢？

◇ 任务2：研究汽车转弯情况。

　　问题2-1：汽车转弯由什么力提供向心力？

　　问题2-2：汽车速度v要满足什么条件转弯才是安全的？

◇ 任务3：解释小球做圆锥摆的情况。

　　问题3-1：小球做匀速圆周运动的线速度为多大？

　　问题3-2：角速度和周期分别为多少？

◇ 任务4：解决自行车转弯安全倾角的问题。

　　问题4-1：自行车转弯安全倾角应为多大？

✥ 教学重点难点

◇ 教学重点

1. 会分析物体做圆周运动的向心力的来源。

2. 会用牛顿第二定律写出物体的向心力。

◇ 教学难点

1. 运用类比方法掌握并分析生活圆周运动事例。

2. 了解并初步掌握研究物理的科学方法。

✥ 教学过程

《生活中的圆周运动》主要包括"学情诊断""引入新课""情境探究""拓展延伸""总结升华""效果检测""课后拓展"七个环节，具体教学流程如图4-27所示。

图4-27　高一物理《生活中的圆周运动》具体教学流程

(1) 学情诊断

在"学情诊断"环节，教师主要在课前推送导学案和微课，学生自学微课内容并完成教师推送的学习资源；教师再利用智能学习平台反馈预习结果，从而为教学提供参考。

(2) 引入新课

在"引入新课"环节，教师展现生活中物体做圆周运动情境，引起学生思考：日常生活中的物体是如何实现转弯的？物体转弯的向心力是什么力来提供的呢？学生借助直观的图片感受生活中的物理现象。

(3) 情境探究

在"情境探究"环节，首先，教师提供火车模型，播放汽车转弯与火车转弯的视频，引导学生发现物理问题；其次，教师布置学习任务，引导学生探究分析火车轮子在铁轨上行进的方式等问题；再次，学生分组协作，2名同学固定导轨，2名同学给小车初速度，1名同学注意观察车轮与外轨之间是否挤压，1名同学观察车轮与内轨是否挤压，1名同学记录结果；最后，在学生展示解决问题的过程中，教师对学生进行物理科学方法的教育，显化科学方法，如理想模型化、控制变量法等方法。

(4) 拓展延伸

在"拓展延伸"环节，教师引导学生类比分析火车转弯与圆锥运动现象，研究汽车转弯时与圆锥摆的情况。学生通过动手操作实践并观察物体运动的情况；随后教师投影，通过优课系统发送截图。

(5) 总结升华

在"总结升华"环节，教师引导学生进行总结该课时的知识点和学习方法，从而让学生在大脑中形成较为完整的知识结构并深入了解和掌握物理研究的科学方法。

(6) 效果检测

在"效果检测"环节，教师借助智能学习平台发布课堂练习；学生则主要在平板上完成练习，上传练习答案；然后教师展示练习错误题型，及时点评。

(7) 课后提升

在"课后提升"环节，教师布置拓展作业，要求学生自主设置数据，推出表达式，计算出自行车以一定速度安全转弯时自行车的倾角应为多大。教师通过自行车转弯这一原始问题，引导学生建立物理模型，并设置物理量解答。

【本章小结】

本章主要介绍了智能时代深度课堂的典型模式等相关内容，包括构建智能时代深度课堂的关键要素、智能时代深度课堂的典型应用模式以及来自中小学一线教学实践应用案例。具体要点如下：

1. 构建智能时代深度课堂的关键要素

智能时代深度课堂主要以深度学习理念为指导，以落实学科核心素养为目标，通过大单元、任务群和问题链的设计，采用自主、合作、探究等方式开展教学实践，从而提升学生必备品格、培养学生关键能力、塑造学生价值观念。本章内容主要从以下四方面分析构建智能时代深度课堂的关键要素：①大单元、任务群与问题链的设计；②智能环境的构建；③数字资源与工具的使用；④教学方法与策略的创新。

2. 智能时代深度课堂的典型模式

本章根据中小学一线教研实践经验，从课堂教学的一般流程出发，结合智能环境对课堂教学的作用，构建了小学深度课堂典型模式、初中深度课堂典型模式与高中深度课堂典型模式，具体包括：①小学语文阅读深度课堂模式；②小学数学概念深度课堂模式；③小学英语写作深度课堂模式；④初中语文阅读深度课堂模式；⑤初中数学复习训练深度课堂模式；⑥高中数学函数规则深度课堂模式；⑦高中英语阅读深度课堂模式；⑧高中物理实验探究深度课堂模式。

第五章
智能时代深度课堂的教学评价

→ 内容结构

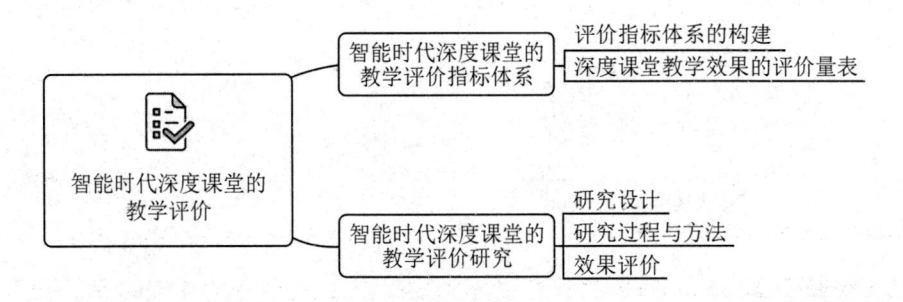

```
                              ┌─ 智能时代深度课堂的 ──┬─ 评价指标体系的构建
                              │  教学评价指标体系      └─ 深度课堂教学效果的评价量表
智能时代深度课堂的 ──┤
教学评价             │                              ┌─ 研究设计
                              └─ 智能时代深度课堂的 ──┼─ 研究过程与方法
                                 教学评价研究         └─ 效果评价
```

　　智能时代深度课堂教学实践是落实学科核心素养的重要途径，如何评价智能时代的深度课堂教学有效促进学生深度学习具有至关重要的意义。而目前关于智能时代深度课堂教学质量的评价鲜有深入且系统的研究。本章以深度学习的特征为依据，分析智能时代深度课堂教学评价的核心要素，构建智能时代深度课堂的教学评价指标体系，研制智能时代深度课堂的教学评价量表，并结合具体的研究实例深入分析智能时代深度课堂的教学评价过程。

第一节　智能时代深度课堂的教学评价指标体系

　　教学评价是指以教学目的为标准，通过科学的测评方法对教学过程与教学结果做出相关判断与价值评定。智能时代深度课堂的教学评价是深度课堂教学的重要环节，是指导深度课堂教学设计与教学实施的重要依据，是判断深度课堂教学效果达成的重要尺度，是教师全面客观了解学生深度学习程度的重要手段，是教师反思教学过程、改进教学策略和汲取教学经验的重要途径，也是引导和鼓励学生积极主动采取有效学习策略进行深度学习的重要方法。因此，做好智能时代深度课堂的教学评价对教师教学与学生学习都具有重要的作用。

一、 评价指标体系的构建

智能时代深度课堂教学具有一般课堂教学的共性，因此可以按照对一般课堂教学的评价方式，从教学设计、教学实施、教学效果等方面进行评价。同时，智能时代的深度课堂教学又具有不同于一般课堂教学的特性，它特别强调智能技术对深度课堂教学的支持，即注重师生在教学过程中对智能技术的有效应用。基于此，本书主要从深度课堂的教学设计、深度课堂的教学实施、深度课堂的教学效果以及智能技术的有效应用这四方面开展对深度课堂的教学评价。

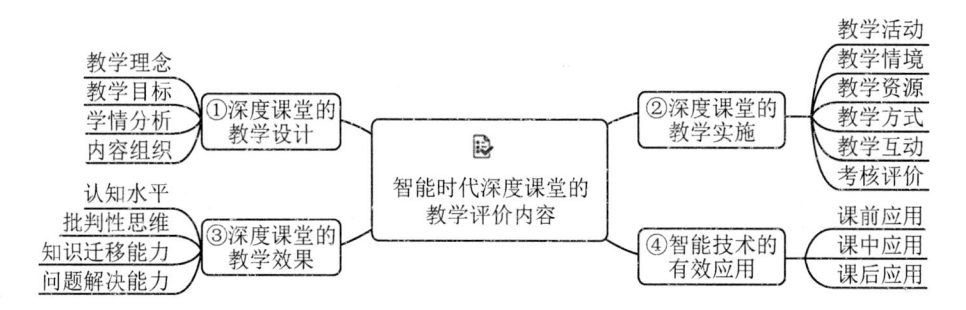

图 5-1 智能时代深度课堂的教学评价内容

(一)智能时代深度课堂的评价要素

1. 深度课堂的教学设计

教学设计是连接教学理论与教学实践的桥梁，是教学活动顺利开展和教学效果有效达成的前提保障。因此，教学设计是智能时代深度课堂教学评价不可缺少的要素。

2. 深度课堂的教学实施

深度课堂的教学实施是指在智能技术支持下开展的促进学生深度学习的教学活动，是对教学设计的实践。教学实施是落实学科核心素养，培养学生必备品格和关键能力的主要环节。因此，教学实施是智能时代深度课堂教学评价的重要组成内容。

3. 深度课堂的教学效果

教学效果是指经过教学之后能够取得的具体成效。深度课堂的教学效果是考查学生认知水平发展与高阶思维能力培养目标是否达成的有效指标。因此，教学效果是智能时代深度课堂教学评价的主要内容。

4. 智能技术的有效应用

智能技术是支撑深度课堂教学有效实施的重要基础。因此，考查教师对人工智能等新型智能技术的有效应用也是智能时代深度课堂评价的重要指标。

（二）智能时代深度课堂的教学评价指标体系

相比传统课堂教学，智能时代的深度课堂教学更加强调智能技术对课堂教学的支持作用，同时重视对学生批判性思维、知识迁移能力和问题解决能力的培养。基于此，参考国内现行的教学评价工具，结合智能时代深度课堂的特点与评价要素，本章主要从深度课堂的教学设计、深度课堂的教学实施、深度课堂的教学效果和智能技术的有效应用四方面构建智能时代深度课堂的教学评价指标体系，再通过与专家协商各个指标的权重，进而制定出智能时代深度课堂教学评价量表。

通过对深度课堂的评价内容和要素进行分析，经与专家协商，将深度课堂的教学设计、深度课堂的教学实施、深度课堂的教学效果以及智能技术的有效应用作为一级指标，在每一个指标的基础上，又进行了标准的细化，从而制定出每个二级指标及其具体描述，具体如表 5-1 所示。

表 5-1 深度课堂教学评价指标体系

学校		学科	
教学内容		评价者	
评价项目标准			
一级指标	二级指标	具体描述	
深度课堂的教学设计	教学理念	教学理念要求针对教学实际问题，并结合教学目标、教学重难点以及学习者特征来确定。	
	教学目标	教学目标要素齐全，表述准确，对标学科核心素养，注重学生高阶思维能力培养。	
	学情分析	学情分析要求精准，教学重难点把握得当。	
	内容组织	教学内容组织合理，紧密联系生活实际，充分体现学科核心知识、思想和方法。	

续表

深度课堂的教学实施	教学情境	根据教学内容合理创设教学情境，激发学生学习兴趣。
	教学资源	教学资源丰富多样，有利于学生深度学习。
	教学活动	按照教学设计方案组织课堂教学活动，活动任务明确具体，活动形式灵活多样，体现"以学生为中心"。
	教学方法	自主学习、合作学习、探究学习等方式运用恰当，注重培养学生批判性思维、知识迁移能力与问题解决能力。
	教学交互	教学交互流畅，师生互动与生生互动明显，教师能根据教学反馈及时调整教学。
	考核评价	教学考核评价多元客观，方式多样有效。
深度课堂的教学效果	认知水平	通过教学，学生掌握了教学目标要求的学科知识与技能，认知水平得到提高。
	批判性思维	通过教学，学生具备了一定的批判性思维倾向和批判性思维技能。
	知识迁移能力	通过教学，学生具备了一定的知识迁移应用意识，掌握了基本的知识迁移应用策略与方法。
	问题解决能力	通过教学，学生应对问题的态度、解决问题的方法和效率得到提高。
智能技术的有效应用	课前应用	利用智能技术对学生学情进行诊断分析。
	课中应用	利用智能技术采集和分析学生学习过程数据、解决教学重难点问题、帮助学生自主学习构建、促进课堂互动与交流、进行学生过程性评价。
	课后应用	利用智能技术对学生学习效果进行精准把握。

1. 深度课堂教学设计的评价

深度课堂教学设计的评价主要从教学理念、教学目标、学情分析与内容组织四方面开展。教学理念要求针对教学实际问题，并结合教学目标、教学重难点以及学习者特征来确定，同时还要求教学目标设计、教学内容组织和教学活动实施要体现深度学习的思想。教学目标要求要素齐全，表述准确，对标学科核心素养，同时还要求注重学生高阶思维能力的培养。学情分析要求准确，通过对学情分析精准把握教学重难点。教学内容组织要求合理，紧密联系生活实际，充分体现学科核心知识、思想和方法。

2. 深度课堂教学实施的评价

深度课堂教学实施的评价主要从教学情境、教学资源、教学活动、教学方法、教学交互和考核评价方面来进行。教学情境要求根据教学内容合理创设，能有效激发学生的学习兴趣。教学资源要求丰富多样，精当有效，有利于学生深度学习。教学活动按照教学设计方案进行组织，活动任务明确具体，活动形式灵活多样，体现"以学生为中心"。教学方法要求恰当运用自主、合作、探究学习等方式，注重培养学生批判性思维、知识迁移能力与问题解决能力；教学交互要求流畅自然，师生互动与生生互动明显，教师能根据教学反馈及时调整教学；考核评价要求多元客观，评价方式多样有效。

3. 深度课堂教学效果的评价

深度课堂教学效果的评价包括对认知水平、批判性思维、知识迁移能力以及问题解决能力等方面的评价。其中，对认知水平发展的评价主要参考课程标准规定的教学目标，以相应的考试成绩为依据，考查学生对学科知识与技能的掌握情况以及学科核心素养的落实情况。对批判性思维的评价主要涵盖批判性思维倾向和批判性思维技能两方面，具体包括对学生真理追求、思想开放程度、问题分析等方面的考查。对知识迁移能力的评价主要涵盖迁移应用的意识、迁移应用的策略和迁移应用的方法等方面。对问题解决能力的评价主要涵盖学生应对问题的态度、解决问题的方法与策略、问题解决的品质等方面。

4. 智能技术有效应用的评价

智能技术有效应用的评价可从课前、课中、课后展开讨论。课前，考查教师利用智能技术进行学情诊断的情况；课中，考查教师利用智能技术采集和分析学生的学习过程数据、解决教学重点难点问题、帮助学生自主学习建构、促进课堂互动与交流以及进行学生过程性评价等方面的情况；课后，考查教师利用智能技术对学生学习效果进行评价的情况。

(三)智能时代深度课堂的教学评价量表

在确定评价指标之后，针对指标之间的特征属性和对教学效果的重要程度，确定各项指标的权值分配。通过反复咨询专家、与一线教师交流讨论，将一级指标中的"深度课堂的教学设计"分值设为20，"深度课堂的教学实施"分值设为35，"深度课堂的教学效果"分值设为25，"智能技术的有效应用"分值设为20，根据各要素在深度课堂教学过程中的重要程度，分别给二级指标赋予相应的分值，具体如表5-2所示。

表5-2 深度课堂的教学评价量表

学校			学科				
教学内容			评价者				
评价项目标准							
一级指标	二级指标	具体表述	分值	评分等级			
				A(1.0)	B(0.8)	C(0.6)	D(0.4)
深度课堂的教学设计	教学理念	教学理念要求针对教学实际问题，并结合教学目标、教学重难点以及学习者特征来确定。	4				
	教学目标	教学目标要素齐全，表述准确，对标学科核心素养，注重学生高阶思维能力培养。	6				
	学情分析	学情分析要求精准，教学重难点把握得当。	4				
	内容组织	教学内容组织合理，紧密联系生活实际，充分体现学科核心知识、思想和方法。	6				
深度课堂的教学实施	教学活动	按照教学设计方案组织课堂教学活动，活动任务明确具体，活动形式灵活多样，体现"以学生为中心"。	6				
	教学情境	根据教学内容合理创设教学情境，激发学生学习兴趣。	5				
	教学资源	教学资源丰富多样，有利于学生深度学习。	5				
	教学方法	自主学习、合作学习、探究学习等方式运用恰当，注重培养学生批判性思维、知识迁移能力与问题解决能力。	8				

续表

评价项目标准				评分等级			
一级指标	二级指标	具体表述	分值	A(1.0)	B(0.8)	C(0.6)	D(0.4)
深度课堂的教学实施	教学互动	教学互动流畅，师生互动与生生互动明显，教师能根据教学反馈及时调整教学。	6				
	考核评价	教学考核评价多元客观，方式多样有效。	5				
深度课堂的教学效果	认知水平	通过教学，学生掌握了教学目标要求的学科知识与技能，认知水平得到提高。	10				
	批判性思维	通过教学，学生具备了一定的批判性思维倾向和批判性思维技能。	5				
	知识迁移能力	通过教学，学生具备了一定的知识迁移应用意识，掌握了基本的知识迁移应用策略与方法。	5				
	问题解决能力	通过教学，学生应对问题的态度、解决问题的方法和效率得到提高。	5				
智能技术的有效应用	课前应用	利用智能技术对学生学情进行诊断分析。	5				
	课中应用	利用智能技术采集和分析学生学习过程数据、解决教学重难点问题、帮助学生自主学习构建、促进课堂互动与交流、进行学生过程性评价。	10				
	课后应用	利用智能技术对学生学习效果进行精准把握。	5				
课堂评语							

二、深度课堂教学效果的评价量表

根据以上构建的深度课堂教学评价指标体系，组织专家、教师等进行课堂观察，能够方便快捷地对深度课堂的教学设计、教学实施以及智能技术的有效应用三方面进行较系统的评价。然而，深度课堂教学效果的评价涉及对认知水平、批判性思维、知识迁移能力以及问题解决能力等较抽象思维和能力的评价，是一个较为复杂的过程，仅通过课堂观察无法有效得出深度课堂的真实教学效果。基于此，本书主要以小学深度课堂为典型，根据深度学习的特征要求，结合小学生的个性特点，构建了深度课堂教学效果的评价指标体系，如图 5-2 所示。

认知水平发展主要是指学生对所学知识的掌握程度，重点对学科核心素养的把握。在深度课堂教学效果的评价中，对认知水平发展的评价重点检验学生对学科核心概念的理解，同时需要按照学科核心素养的要求，考查学生灵活运用核心概念解决现实生活中问题的能力。对认知水平发展的评价可以通过测试和考试等方式进行测量。因此，本书主要从批判性思维、知识迁移能力、问题解决能力三方面具体阐述量表的编制过程。①

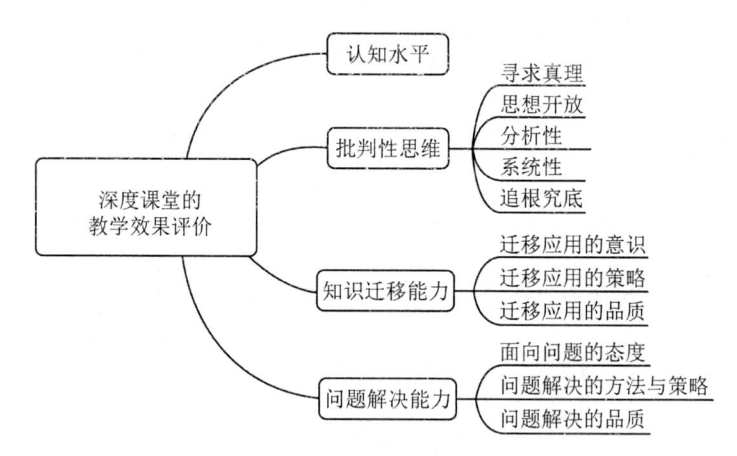

图 5-2 深度课堂的教学效果评价指标体系

（一）批判性思维量表

批判性思维主要由批判性思维倾向和批判性思维技能构成。② 批判性思维倾

---

① 黎佳：《基于深度学习的课堂改进行动研究》，硕士学位论文，广州，华南师范大学，2020。

② 彭美慈、汪国成、陈基乐等：《批判性思维能力测量表的信效度测试研究》，载《中华护理杂志》，2004(9)。

向是个体对问题或观点进行评判的意识,这种意识在一定程度上受到个体心理支配,具有一定的倾向性,促使个体的认识朝着某个方向发展。[①] 批判性思维技能是指个体对理论、观点等事务做出判断的策略和能力,包括认识、理解、评价、自我反思等方面。[②]

本书主要采用台湾政治大学陈萩卿学者编制的《小学生批判性思维量表》,该量表依据《加利福尼亚批判性思维倾向量表》(CCTDI),参考《小学生批判性思维技能量表》(TCTST),参照《民主精神与科学态度问卷》编制而成。该量表主要包括寻求真相、开放心灵、分析性、系统性和追根究底五个维度。2000 年,陈萩卿采用该量表对台北市 81 名小学生批判性思维倾向进行测量,总体信度为 0.91,且发现这五个维度的信度均在可接受范围内(寻求真相:$Cronbach's\ alpha=0.78$;开放心灵:$Cronbach's\ alpha=0.81$;分析性:$Cronbach's\ alpha=0.70$;系统性:$Cronbach's\ alpha=0.70$;追根究底 $Cronbach's\ alpha=0.76$),其具体的评价指标如表 5-3 所示。

表 5-3　小学生批判性思维评价指标

小学生批判性思维	寻求真相	①渴望真理; ②对事情采取怀疑态度; ③敢于向权威挑战。
	开放心灵	①开放的、能够接纳多种思想; ②能够接纳多种观点; ③拥有好奇心。
	分析性	①能够较好地查找和甄别信息; ②对问题具有敏感性,能提出自己的观点、假设; ③对同伴观点/假设能提出自己的见解; ④能提炼相同观点和对不同观点整理。
	系统性	①全面看待问题; ②不同角度看待问题。
	追根究底	①具备坚定不移的态度; ②遇到困难也能坚持不懈。

[①] 刘儒德:《论批判性思维的意义和内涵》,载《高等师范教育研究》,2000(1)。
[②] 罗清旭:《批判性思维的结构、培养模式及存在的问题》,载《广西民族学院学报(自然科学版)》,2001(3)。

本书的量表主要在陈萩卿编制的《小学生批判性思维量表》基础上进行修订，所做的修改主要有以下两点：

①将繁体中文改成简体中文。

②修改个别用词，以更适合大陆小学的语言习惯，如 B2 与 D5 中的"他"改为"他们"，C2 中"为"改为"因为"。

修改后的量表详见表 5-4 所示。

表 5-4　小学生批判性思维量表

A. 寻求真理
A1. 当我发现我的意见不对时，我愿意修改我的意见。 A2. 当我决定做一件事时，不管其他人的意见合不合理，我都喜欢自己的意见。 A3. 我只要确定我的意见是对的，就懒得再去听其他人的意见。 A4. 我会用客观的标准来衡量自己或别人的观点。
B. 思想开放
B1. 在课堂上，我会仔细听每个同学说些什么。 B2. 下课和同学们聊天时，不管他们意见的对与错，我都会仔细听。 B3. 与他人讨论时，我会尽力去倾听和我不一样的意见。 B4. 我只愿意听和我意见相同的同学们讲话。 B5. 我认为我的意见最好，不必听别人怎么说。
C. 分析性
C1. 当遇到事情时，我会尽可能分析所有有关信息。 C2. 当同学因为一件事情提出不同意见时，我会比较哪个意见更合理。 C3. 当提出反对意见时，我会用充分的事实佐证。 C4. 我会快速发现别人存在的问题，并提出相应的建议。 C5. 在我说出我的意见前，我会先预测它可能的结果。
D. 系统性
D1. 当我必须同时完成许多事情时，我不知道应该先做哪件事。 D2. 当我做一件事时，我会抓住关键部分并专心地完成它。 D3. 我善于策划一个系统的计划去解决复杂事情。 D4. 当我做一件事时，我会专心地完成它。 D5. 当其他人提出疑问时，我会去想和他们问题有关的事。

续表

E. 追根究底
E1. 对我来说，学习新的事物是件有趣的事。 E2. 在做一件事的时候，我喜欢探寻背后的原因。 E3. 我发现我很喜欢刨根问底。 E4. 我会坚持不懈地解决学习上遇到的事情。

本书以广州市智慧校园试点校 D 小学作为试测校，随机选择，最终确定四(三)班作为批判性思维问卷的试测对象进行本量表的信效度分析。本次共发放 44 份问卷，回收 44 份问卷，其中有效问卷 41 份，问卷回收率为 100%，有效率为 93.18%。本问卷采用李克特五点计分法，其中 1 表示"完全不同意"，2 表示"有些不同意"，3 表示"不确定"，4 表示"有些同意"，5 表示"完全同意"。本书通过对 41 份有效问卷进行编码，利用 SPSS22.0 统计软件对所得数据进行分析，分析小学生批判性思维问卷的区分度与信度。

1. 项目分析

项目分析是通过求出问卷个别题项的临界比率值来判断试卷中各题项对于不同被试的鉴别程度。小学生批判性思维问卷的项目分析结果如表 5-5 所示。

表 5-5 小学生批判性思维问卷项目分析独立样本检验

		方差方程的 Levene 检验		均值方程的 t 检验				
		F	Sig.	t	df	Sig.(双侧)	均值差	标准误差值
A1	假设方差相等	3.805	0.058	−1.085	39	0.028	−0.313	0.289
	假设方差不相等			−1.120	35.886	0.027	−0.313	0.280
A2	假设方差相等	10.055	0.003	−1.500	39	0.014	−0.464	0.309
	假设方差不相等			−1.576	30.166	0.012	−0.464	0.294
A3	假设方差相等	1.817	0.185	−1.169	39	0.024	−0.538	0.460
	假设方差不相等			−1.182	38.999	0.024	−0.538	0.455
A4	假设方差相等	4.618	0.038	−2.748	39	0.009	−0.935	0.340
	假设方差不相等			−2.848	34.919	0.007	−0.935	0.328
B1	假设方差相等	2.456	0.125	−1.591	39	0.012	−0.579	0.364
	假设方差不相等			−1.627	38.085	0.011	−0.579	0.356

续表

		方差方程的 Levene 检验		均值方程的 t 检验				
		F	$Sig.$	t	df	$Sig.$(双侧)	均值差	标准误差值
B2	假设方差相等	11.802	0.001	−1.676	39	0.102	−0.380	0.227
	假设方差不相等			−1.760	30.463	0.088	−0.380	0.216
B3	假设方差相等	14.742	0.000	−2.355	39	0.024	−0.699	0.297
	假设方差不相等			−2.476	30.047	0.019	−0.699	0.282
B4	假设方差相等	66.170	0.000	−3.596	39	0.001	−1.562	0.434
	假设方差不相等			−3.394	22.023	0.003	−1.562	0.460
B5	假设方差相等	17.840	0.000	−3.193	39	0.003	−1.538	0.482
	假设方差不相等			−3.092	29.542	0.004	−1.538	0.498
C1	假设方差相等	6.811	0.013	−2.460	39	0.018	−0.737	0.300
	假设方差不相等			−2.580	30.774	0.015	−0.737	0.286
C2	假设方差相等	6.899	0.012	−2.162	39	0.037	−0.646	0.299
	假设方差不相等			−2.267	30.824	0.031	−0.646	0.285
C3	假设方差相等	0.549	0.463	−2.911	39	0.006	−0.806	0.277
	假设方差不相等			−2.932	38.886	0.006	−0.806	0.275
C4	假设方差相等	4.040	0.051	−2.456	39	0.019	−0.646	0.263
	假设方差不相等			−2.587	29.205	0.015	−0.646	0.250
C5	假设方差相等	5.613	0.023	−4.715	39	0.000	−1.457	0.309
	假设方差不相等			−4.945	30.866	0.000	−1.457	0.295
D1	假设方差相等	7.978	0.007	−1.824	39	0.036	−0.837	0.459
	假设方差不相等			−1.728	32.969	0.093	−0.426	0.246
D2	假设方差相等	8.743	0.005	−1.657	39	0.105	−0.426	0.257
	假设方差不相等			−1.728	32.969	0.093	−0.426	0.246
D3	假设方差相等	20.001	0.000	−3.406	39	0.002	−1.146	0.336
	假设方差不相等			−3.593	28.725	0.001	−1.146	0.319
D4	假设方差相等	30.036	0.000	−2.511	39	0.016	−0.538	0.214
	假设方差不相等			−2.683	24.065	0.013	−0.538	0.201
D5	假设方差相等	5.322	0.027	−2.372	38	0.023	−0.769	0.324
	假设方差不相等			−2.425	34.260	0.021	−0.769	0.317
E1	假设方差相等	11.067	0.002	−2.007	39	0.052	−0.608	0.303
	假设方差不相等			−2.112	29.681	0.043	−0.608	0.288

续表

		方差方程的 Levene 检验		均值方程的 t 检验				
		F	$Sig.$	t	df	$Sig.$（双侧）	均值差	标准误差值
E2	假设方差相等	13.690	0.001	−3.933	39	0.000	−1.426	0.363
	假设方差不相等			−4.115	31.737	0.000	−1.426	0.346
E3	假设方差相等	11.929	0.001	−3.857	39	0.000	−1.579	0.409
	假设方差不相等			−3.987	35.702	0.000	−1.579	0.396
E4	假设方差相等	24.345	0.000	−3.221	39	0.003	−0.864	0.268
	假设方差不相等			−3.472	21.000	0.002	−0.864	0.249

通过对试测问卷进行项目分析，发现 B2 的 F 值检验显著（0.001＜0.05），查表中"假设方差不相等"列的 t 值为不显著（0.088＞0.05），说明该题项不具有鉴别度，因此将 B2 从问卷中删除。同理可知，D2 的 F 值检验显著（0.005＜0.05），查表中"假设方差不相等"列的 t 值为不显著（0.093＞0.05），说明该题项不具有鉴别度，因此将 D2 从问卷中删除。

2. 信度分析

相关研究表明，信度分析是一种用来分析综合评价量表体系是否具有稳定性和可靠性的重要方法，量表信度系数高于 0.9 以上，说明量表的信度极佳；量表信度系数低于 0.6，则应该重新修订量表。[①] 通过剔除 B2、D2 对问卷进行信度分析，可知寻求真理（包括题项 A1、A2、A3、A4）的信度为 0.741，思想开放（包括题项 B1、B3、B4、B5）的信度为 0.652，分析性（包括题项 C1、C2、C3、C4、C5）的信度为 0.588，系统性（包括题项 D1、D3、D4、D5）的信度为 0.604，追根究底（包括题项 E1、E2、E3、E4）的信度为 0.681，问卷总信度为 0.814，说明修订后的量表具有较高的可靠性。

（二）知识迁移能力量表

知识迁移是指学习者自觉地将习得的概念、原理与技能等迁移至新的问题

---

① 张虎、田茂峰：《信度分析在调查问卷设计中的应用》，载《统计与决策》，2007(21)。

情境中,以解决新的问题。① 知识迁移强调将知识外显化和操作化、将间接经验或抽象经验转化为具体的过程。② 知识迁移能力是深度学习结果的重要标志,它的基本路径为理解吸收、转化内化、创新应用。③ 作为知识迁移的重要手段与途径,深度学习强调学习者对知识本质与学科思想深度理解,对学习内容进行批判吸收,最终实现知识迁移和问题解决。研究表明,泰森(Tyson L M)等人的《知识迁移表征量表》④目前被认为是一种比较理想地测量学生知识迁移能力的评估性工具,具体指标如表 5-6 所示。

表 5-6　知识迁移表征量表

知识迁移表征量表	迁移意识	兴趣
		消极
		焦虑
	迁移策略	概念图
		类比
		合作学习
	迁移品质	增加
		调整
		重构

本书根据知识迁移的内涵,按照《知识迁移表征量表》框架,结合薛彬的《知识迁移能力量表》⑤,编制包括迁移意识、迁移策略、迁移品质三个维度的小学生知识迁移能力量表,具体如表 5-7 所示。

---

① Burke, L. A., & Hutchins, H. M. (2007), Training Transfer: An Integrative Literature Review, *Human Resource Development Review*, 6(3).
② 康淑敏:《基于学科素养培育的深度学习研究》,载《教育研究》,2016(7)。
③ X. Wang, J. Wang, & R. Zhang (2019), The Optimal Feasible Knowledge Transfer Path in a Knowledge Creation Driven Team, *Data & Knowledge Engineering*, (1).
④ Tyson, L. M., Venville, G. J., & Harrison A. G., et al. (1997), A Multidimensional Framework for Interpreting Conceptual Change Events in the Classroom. *Science Education*, (4).
⑤ 薛彬:《生物教学中训练学生知识迁移能力方法的研究》,硕士学位论文,天津,天津师范大学,2012。

表 5-7　小学生知识迁移能力量表

A. 迁移意识
A1. 我认为激发学习兴趣能提高我的学习成绩。
A2. 我认为学好当前的知识点会对后面的学习大有帮助。
A3. 我对教材上与实际生活相联系的内容非常感兴趣，并愿意追根究底。
A4. 学完新课后，我仍不会解答习题，查教材也找不到答案。
A5. 如果老师没有要求，我不会对课上的思考题做进一步的探究。
A6. 我常常能记住很多知识点，却不知道它们之间的联系。
A7. 同一个知识点，换一个问法，我就不会了。
A8. 我常常觉得所学的知识和正在做的练习题之间没有关系。
B. 迁移策略
B1. 课堂上我对老师呈现的图示化知识比文字板书的知识更有印象，更易理解。
B2. 我会运用图示化方法进行学习（如绘制知识结构图、概念结构等图表），并能对知识框架自行展开叙述。
B3. 我经常能够利用学过的知识对生活中的某些现象做出解释。
B4. 我会将知识点进行归类，并对比分析。
B5. 我在小组讨论中发现自己的观点与别人不同时，会主动思考原因。
B6. 在小组合作中，积极参与讨论可以激发我学习的潜能。
B7. 我喜欢与同学们相互交流学习方法、经验与体会。
C. 迁移品质
C1. 在学习过程中，我能够比较顺利地回答老师对已学知识的提问并认为它与新学的知识之间是有联系的。
C2. 遇到不会的练习题时，我往往通过查阅教材或学习笔记就能得到正确答案。
C3. 在复习的过程中，我能够顺利地找到某些遗忘的知识点在教材中的具体位置。
C4. 对于比较复杂的题目，我会重新看一遍解题过程，看看是否考虑全面。
C5. 虽然我不能准确地复述相关概念，但我能顺利完成考查概念的练习题。
C6. 考试之后，我常把错题单独整理出来重新分析。
C7. 当发现自己的观点与其他同学不同时，并证明自己是错误的时候，我会对这个错误印象深刻。

本书仍以广州市智慧校园实验校 D 小学四（三）班作为知识迁移能力问卷的试测对象来分析本量表的信效度。本问卷采用李克特五点计分法，其中 1 表示"完全不符合"，2 表示"很不符合"，3 表示"不清楚"，4 表示"很符合"，5 表示"非常符合"。本书通过对 41 份有效问卷进行编码，利用 SPSS22.0 统计软件对所得数据进行分析，分析小学生知识迁移能力问卷的区分度与信度。

1. 项目分析

本书对小学生知识迁移能力问卷进行项目分析，其分析结果具体如表 5-8 所示。

表 5-8　小学生知识迁移能力问卷项目分析独立样本检验

		方差方程的 Levene 检验		均值方程的 t 检验			
		F	$Sig.$	t	df	$Sig.$（双侧）	均值差	标准误差值
A1	假设方差相等	0.620	0.436	−0.698	39	0.490	−0.210	0.300
A1	假设方差不相等			−0.700	38.581	0.488	−0.210	0.299
A2	假设方差相等	5.260	0.027	−1.406	39	0.168	−0.321	0.229
A2	假设方差不相等			−1.421	34.005	0.165	−0.321	0.226
A3	假设方差相等	1.800	0.187	−2.384	39	0.022	−0.602	0.253
A3	假设方差不相等			−2.403	36.555	0.021	−0.602	0.251
A4	假设方差相等	0.324	0.572	−2.134	39	0.039	−0.945	0.443
A4	假设方差不相等			−2.131	38.530	0.040	−0.945	0.444
A5	假设方差相等	9.379	0.004	−2.193	39	0.034	−1.043	0.476
A5	假设方差不相等			−2.174	33.776	0.037	−1.043	0.480
A6	假设方差相等	0.402	0.530	−3.175	39	0.003	−1.355	0.427
A6	假设方差不相等			−3.171	38.678	0.003	−1.355	0.427
A7	假设方差相等	2.681	0.110	−1.823	39	0.076	−0.795	0.436
A7	假设方差不相等			−1.812	36.003	0.078	−0.795	0.439
A8	假设方差相等	9.752	0.003	−2.100	39	0.042	−0.929	0.442
A8	假设方差不相等			−2.080	33.030	0.045	−0.929	0.446
B1	假设方差相等	3.818	0.058	−3.241	39	0.002	−0.976	0.301
B1	假设方差不相等			−3.281	32.687	0.002	−0.976	0.298
B2	假设方差相等	3.016	0.090	−1.825	39	0.076	−0.548	0.300
B2	假设方差不相等			−1.842	35.393	0.074	−0.548	0.297
B3	假设方差相等	1.004	0.323	−2.111	39	0.041	−0.593	0.281
B3	假设方差不相等			−2.132	34.414	0.040	−0.593	0.278
B4	假设方差相等	5.592	0.023	−3.073	39	0.004	−0.705	0.229
B4	假设方差不相等			−3.111	32.644	0.004	−0.705	0.227
B5	假设方差相等	5.567	0.023	−1.883	39	0.067	−0.460	0.244
B5	假设方差不相等			−1.912	29.687	0.066	−0.460	0.240

续表

		方差方程的 Levene 检验		均值方程的 t 检验				
		F	$Sig.$	t	df	$Sig.$（双侧）	均值差	标准误差值
B6	假设方差相等	9.480	0.004	−2.681	39	0.011	−0.893	0.333
	假设方差不相等			−2.724	28.803	0.011	−0.893	0.328
B7	假设方差相等	22.941	0.000	−2.754	39	0.009	−0.664	0.241
	假设方差不相等			−2.818	21.878	0.010	−0.664	0.236
C1	假设方差相等	0.393	0.534	−0.239	39	0.812	−0.064	0.269
	假设方差不相等			−0.237	34.578	0.814	−0.064	0.271
C2	假设方差相等	7.942	0.008	−2.188	39	0.035	−0.745	0.341
	假设方差不相等			−2.222	29.319	0.034	−0.745	0.335
C3	假设方差相等	9.754	0.003	−4.270	39	0.000	−1.126	0.264
	假设方差不相等			−4.341	28.203	0.000	−1.126	0.259
C4	假设方差相等	10.922	0.002	−2.701	39	0.010	−0.890	0.330
	假设方差不相等			−2.735	31.994	0.010	−0.890	0.326
C5	假设方差相等	11.674	0.001	−4.443	39	0.000	−1.414	0.318
	假设方差不相等			−4.519	27.632	0.000	−1.414	0.313
C6	假设方差相等	0.657	0.423	−0.891	39	0.379	−0.307	0.345
	假设方差不相等			−0.895	38.367	0.377	−0.307	0.343
C7	假设方差相等	0.442	0.510	−2.671	39	0.011	−1.238	0.463
	假设方差不相等			−2.671	38.884	0.011	−1.238	0.464

通过对试测问卷进行项目分析，发现 A1 的 F 值检验不显著（0.436＞0.05），查表中"假设方差相等"列的 t 值为不显著（0.490＞0.05），说明该题项不具有鉴别度，因此将 A1 从问卷中删除；A2 的 F 值检验显著（0.027＜0.05），查表中"假设方差不相等"列的 t 值为显著（0.165＞0.05），说明该题项不具有鉴别度，因此将 A2 从问卷中删除；A7 的 F 值检验不显著（0.110＞0.05），查表中"假设方差相等"列的 t 值为不显著（0.076＞0.05），说明该题项不具有鉴别度，因此将 A7 从问卷中删除。

同理，B2 的 F 值检验不显著（0.090＞0.05），查表中"假设方差相等"列的 t 值为不显著（0.076＞0.05），说明该题项不具有鉴别度；B5 的 F 值检验显著（0.023＜0.05），查表中"假设方差不相等"列的 t 值为不显著（0.066＞0.05），说明该题项不具有鉴别度，因此将 B2、B5 从问卷中删除。

此外，C1 的 F 值检验不显著($0.534>0.05$)，查表中"假设方差相等"列的 t 值为不显著($0.812>0.05$)，说明该题项不具有鉴别度；C6 的 F 值检验不显著($0.423>0.05$)，查表中"假设方差相等"列的 t 值为不显著($0.379>0.05$)，说明该题项不具有鉴别度，因此将 C1、C6 从问卷中删除。

通过项目分析可知，A1、A2、A7、B2、B5、C1 与 C6 题项不具有鉴别度，因此将这 7 项删除。

2. 信度分析

通过剔除 A1、A2、A7、B2、B5、C1 与 C6 对问卷进行信度分析，迁移意识(包括题项 A3、A4、A5、A6、A8)的信度为 0.727，迁移策略(包括题项 B1、B3、B4、B6、B7)的信度为 0.774，迁移品质(包括题项 C2、C3、C4、C5、C7)的信度为 0.622，问卷总信度为 0.798，说明该量表具有较高的可靠性。

(三)问题解决能力量表

问题解决是指人们有指向性的一系列认知操作，[1] 是学生适应社会环境、促进社会创新的一项重要能力。目前关于问题解决的能力的维度主要有三要素说、四要素说、五要素说和六要素说，具体如表 5-9 所示。

表 5-9 问题解决能力的内涵与要素

类别	代表人物	维度
三要素说	Heppner&peterson[2]	①问题解决能力的信心；②个人控制性；③回避风格
	黄茂在、陈文典[3]	①面向问题的态度；②处理问题的方式；③问题解决的品质
四要素说	李锋[4]	①分析与界定问题；②表征与构思问题；③制定和执行策略；④检查与反思结果

---

[1] Anderson, J. R. (2009), *Cognitive Psychology and its Implications*, New York, NY: Macmillan, p. 25.

[2] Heppner, P. P. & Petersen, C. H. (1982), The Development and Implications of a Personal Problem-Solving Inventory, *Journal of Counseling Psychology*, (1).

[3] 黄茂在、陈文典：《"问题解决"的能力》，载《科学教育》，2004。

[4] 李锋：《学生问题解决能力的评价：在线伴随的视角》，载《中国远程教育》，2019(8)。

续表

类别	代表人物	维度
五要素说	本多幸次①	①发现问题的能力、预见问题解决的能力；②建立假说、计划、观察和实验的能力；③开展观察、实验、考察结果的能力；④归纳报告分析结果的能力；⑤反思、总结的能力
	李晓菁②	①分析现实问题；②提出解决方法；③选择解决方法；④实施行动方案；⑤开展评价反思
六要素说	PISA项目③	①理解问题的能力；②辨别问题的能力；③表述问题的能力；④解决问题的能力；⑤问题解决后的反思能力；⑥问题解决方法的交流能力
	伍远岳等④	①理解问题；②描述问题；③展示问题；④解决问题；⑤反思解决方案；⑥交流解决方案

对问题解决能力内涵解释的方式不同，所对应问题解决能力的内涵指标也就存在差异。本书参考根据问题解决过程的问题情境性、目标指向性、过程序列性、认知操作性等特点，结合学者黄茂在教授提出的问题解决能力评分指标，确定小学生问题解决能力包括问题解决态度、问题解决方法和策略、问题解决品质三个方面，具体指标如表5-10所示。2018年，张屹等人根据该评价指标编制了问题解决能力问卷对智慧学习环境下的小学生问题解决能力进行效果检验。⑤ 实践证明，该问卷前测 Cronbach's alpha 系数为 0.856，后测 Cronbach's alpha 系数为 0.892，具有较高信度。

---

① 杨淑莲：《发展学生问题解决能力的 GBS 学习环境的设计开发与实践》，硕士学位论文，上海，华南师范大学，2004。
② Li, X. J. (2003), *The Experimental Study of Problem Solving in Class*, PhD Thesis, Hualien Teachers College, Hualien.
③ 陈慧：《PISA 问题解决能力的测评——以 PISA 2003 为例》，载《现代基础教育研究》，2012(1)。
④ 伍远岳、谢伟琦：《问题解决能力：内涵、结构及其培养》，载《教育研究与实验》，2013(4)。
⑤ 张屹、董学敏、陈蓓蕾等：《智慧教室环境下的 APT 教学对小学生问题提出与问题解决能力的培养研究》，载《中国电化教育》，2018(4)。

表 5-10　问题解决能力指标

一级指标	二级指标	三级指标
问题解决能力	面向问题的态度	面对问题的感受和情意
		对问题解决的责任心和使命感
		问题解决的主动程度和努力程度
	问题解决的方式和策略	面对问题的认知和分析路径
		解决问题的思路和策略
		问题解决的过程和方法
	问题解决的品质	思维方式和知识应用
		方法创新和过程判断
		结果归纳和经验推广

本书根据表 5-10 问题解决能力指标，参考刘友霞编制的问题解决能力量表[1]，改编张屹编制的小学生问题解决能力量表[2]，形成了如表 5-11 所示的小学生问题解决能力量表。

表 5-11　小学生问题解决能力量表

A. 问题解决态度
A1. 我能坚持很长一段时间来专心解决某个难题。
A2. 我总能主动地发现一些问题，并能找出与问题有关的一些因素。
A3. 一旦任务在肩，即使遇到困难和挫折，我也要坚决完成任务。
A4. 如果没有达到预期的目标，我会自觉地采取一些补救的措施。
A5. 遇到问题时，我会尽量想出所有可能解决问题的方法。
A6. 遇到问题时，我总能够用积极的态度面对，并冷静分析处理。
B. 问题解决的方法和策略
B1. 我常能从多方面来探索解决问题的可能性，而不是固定在一种思路上。
B2. 当遇到一个复杂的问题时，我会把它分解成几个小问题去逐个解决。
B3. 我会在开始解决问题之前，有步骤地分析问题的所有特征。
B4. 我会分析并尝试找出哪些是妨碍我成功的因素。
B5. 我会与他人分工合作来解决问题。
B6. 我会在掌握问题解决的策略后，合理有效地推导问题解决的过程。

---

① 刘友霞：《高中生问题解决能力发展的实证研究》，硕士学位论文，上海，华东师范大学，2015。

② 张屹、董学敏、陈蓓蕾等：《智慧教室环境下的 APT 教学对小学生问题提出与问题解决能力的培养研究》，载《中国电化教育》，2018(4)。

续表

C. 问题解决品质
C1. 当我面对需要解决的问题时，我能很快地明白解决问题所需要的知识。
C2. 我能洞察问题的各层次结构，并从结构中发现解决问题的关键。
C3. 当我面对需要解决的问题时，我能准确评估问题的现状和预测问题解决的结果。
C4. 我能灵活处理预料之外的情境变化，使问题解决得以持续进行。
C4. 成功解决问题后，我能获得经验，并应用于解决其他的问题。
C6. 对问题解决过程的各种信息，我能整理出成果，并能合理地做出评价。

本书以广州市智慧校园实验校 D 小学四（三）班作为问题解决能力问卷的试测对象对本量表的信效度进行分析。本问卷采用李克特五点计分法，其中 1 表示"从不这样"，2 表示"很少这样"，3 表示"有时这样"，4 表示"经常这样"，5 表示"总是这样"。本书通过对 41 份有效问卷进行编码，利用 SPSS22.0 统计软件对所得数据进行分析，分析小学生问题解决能力问卷的区分度与信度。

1. 项目分析

本书小学生问题解决能力量表的项目分析结果如表 5-12 所示。研究结果表明，该量表中 18 个题项（A1—A6，B1—B6，C1—C6）的临界比率值均达到显著（$P<0.05$），说明预测试卷中每个题目都具鉴别度，即题目均能鉴别出被试的反映程度。

表 5-12　小学生问题解决能力问卷项目分析独立样本检验

		方差方程的 Levene 检验		均值方程的 t 检验				
		F	$Sig.$	t	df	$Sig.$（双侧）	均值差	标准误差值
A1	假设方差相等	2.118	0.154	−2.266	38	0.029	−0.644	0.284
	假设方差不相等			−2.242	34.749	0.031	−0.644	0.287
A2	假设方差相等	9.625	0.004	−4.258	38	0.000	−0.977	0.230
	假设方差不相等			−4.169	30.183	0.000	−0.977	0.234
A3	假设方差相等	0.005	0.943	−4.564	38	0.000	−1.045	0.229
	假设方差不相等			−4.580	37.957	0.000	−1.045	0.228
A4	假设方差相等	4.020	0.052	−6.576	38	0.000	−1.288	0.196
	假设方差不相等			−6.492	33.840	0.000	−1.288	0.198

续表

		方差方程的 Levene 检验		均值方程的 t 检验				
		F	Sig.	t	df	Sig.(双侧)	均值差	标准误差值
A5	假设方差相等	4.029	0.052	−4.400	38	0.000	−1.145	0.260
	假设方差不相等			−4.321	31.685	0.000	−1.145	0.265
A6	假设方差相等	5.065	0.030	−3.527	38	0.001	−0.930	0.264
	假设方差不相等			−3.457	30.816	0.002	−0.930	0.269
B1	假设方差相等	0.279	0.601	−3.720	38	0.001	−0.850	0.228
	假设方差不相等			−3.696	36.103	0.001	−0.850	0.230
B2	假设方差相等	1.954	0.170	−4.027	38	0.000	−1.323	0.329
	假设方差不相等			−3.944	30.467	0.000	−1.323	0.335
B3	假设方差相等	0.824	0.370	−5.303	38	0.000	−1.256	0.237
	假设方差不相等			−5.252	35.026	0.000	−1.256	0.239
B4	假设方差相等	0.298	0.588	−4.485	38	0.000	−1.424	0.317
	假设方差不相等			−4.428	33.827	0.000	−1.424	0.322
B5	假设方差相等	11.091	0.002	−6.983	38	0.000	−1.494	0.214
	假设方差不相等			−6.751	24.585	0.000	−1.494	0.221
B6	假设方差相等	0.444	0.509	−3.709	38	0.001	−0.845	0.228
	假设方差不相等			−3.687	36.329	0.001	−0.845	0.229
C1	假设方差相等	2.098	0.156	−4.366	38	0.000	−0.940	0.215
	假设方差不相等			−4.313	34.131	0.000	−0.940	0.218
C2	假设方差相等	1.208	0.279	−4.200	38	0.000	−0.907	0.216
	假设方差不相等			−4.241	37.716	0.000	−0.907	0.214
C3	假设方差相等	1.214	0.277	−5.980	38	0.000	−1.614	0.270
	假设方差不相等			−5.853	30.142	0.000	−1.614	0.276
C4	假设方差相等	0.690	0.411	−5.322	38	0.000	−1.140	0.214
	假设方差不相等			−5.306	37.061	0.000	−1.140	0.215
C5	假设方差相等	0.408	0.527	−3.924	38	0.000	−1.133	0.289
	假设方差不相等			−3.888	35.266	0.000	−1.133	0.291
C6	假设方差相等	0.855	0.361	−3.368	38	0.002	−1.060	0.315
	假设方差不相等			−3.326	33.990	0.002	−1.060	0.319

2. 信度分析

本书通过对调查问卷进行信效度分析可知，问题解决的态度（包括题项 A1、A2、A3、A4、A5、A6）信度为 0.852，问题解决的方法和策略（包括题项 B1、B2、B3、B4、B5、B6）信度为 0.852，问题解决的品质（包括题项 C1、C2、C3、C4、C5、C6）信度为 0.824，问卷总信度为 0.930，说明该量表具有较高的可靠性。

本书通过对编制的小学生批判性思维量表、知识迁移能力量表、问题解决能力量表进行项目分析，然后采用信度分析检验量表信度。通过分析发现，小学生批判性思维量表的总体信度为 0.814，小学生知识迁移能力量表的总体信度为 0.798，小学生问题解决能力量表的总体信度为 0.930。由此可知，该三份量表均具有较好的鉴别度和内在信度。

第二节　智能时代深度课堂的教学评价研究[①]

智能时代深度课堂的教学评价研究主要依据所构建的智能时代深度课堂教学评价指标体系，对教学设计、教学实施、智能技术的有效应用三方面的内容采取专家、教师依据量表评价进行课堂观察的方式进行评价；对教学效果检验主要采用深度课堂教学效果的评价量表，通过单元检测、调查问卷，学习成绩前后测实验等方法进行评价。本书以深度课堂的教学效果评价为例进行智能时代深度课堂的教学评价研究，具体阐述智能时代深度课堂教学效果评价的过程。

一、研究设计

本研究选择广州市 D 小学作为实验学校，该校是广州市智慧校园实验校，具备融合智能技术手段的智慧课室，具有集结优质的数字化学习资源、多样化学习工具的智能化学习平台。

为了保证研究结果的科学性与准确性，本研究选择 D 小学数学学科组曹老

---

① 黎佳：《基于深度学习的课堂改进行动研究》，硕士学位论文，广州，华南师范大学，2020。

师开展的《多边形的面积》单元教学进行研究实践。曹老师参加过"走向智能时代的深度课堂""提升核心素养的深度课堂构建"等相关培训，并开展过基于深度学习的课堂教学实践《长方形的面积》。该课例获得广东省"优课"，现已推荐为教育部"优课"。同时，曹老师发表的《面向问题解决的深度学习策略研究》，获广州市越秀区"小学数学教学文稿征集"活动特等奖。此外，曹老师对开展深度课堂教学实践表现出浓厚的兴趣且同意参与本次研究。因此，本研究确定选择曹老师作为教学实践的教师。

结合深度课堂教学实践单元，本研究设计了如图5-3所示的实验设计。

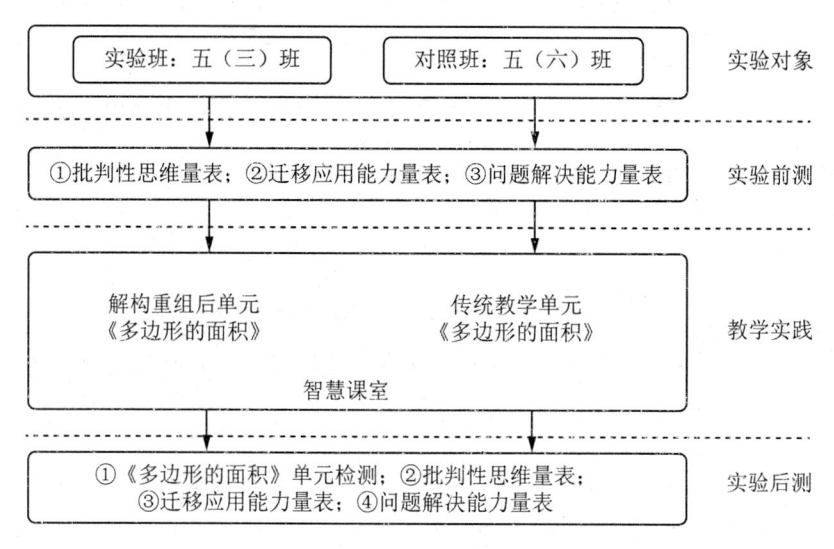

图 5-3　实验设计

本研究选择曹老师所教授的两个班级，分别为五(三)班和五(六)班。五(三)班和五(六)班两个班级的学生具有相同的智慧课室学习经验，他们的问题意识比较强、善于发表自己独特的想法和意见、具备一定的推理能力，同时也具有较高信息素养。由于授课教师一致、学生水平相当，因此能够保证实验班和对照班的控制条件一致。

在开展《多边形的面积》单元教学实践之前，本研究对五(三)班和五(六)班的学生开展实验前测。学生集中在一起，在20分钟内完成批判性思维量表、知识迁移能力量表和问题解决能力量表的填写。

在教学实践阶段，曹老师在智慧课室对实验班按照解构重组后的《多边形的面积》开展教学，对对照班则按照教参要求开展教学。

在教学实践结束后，按照编写的单元检测，联合曹老师对实验班和对照班进行集中测验。然后集中安排学生在 20 分钟内完成批判性思维量表、知识迁移能力量表和问题解决能力量表的填写。

二、研究过程与方法

本研究以五(三)班作为实验班，五(六)班作为对照班。实验班与对照班的基本信息如表 5-13 所示。其中，实验班五(三)班共 44 人，男生 24 人，女生 20 人；对照班五(六)班共 44 人，男生 21 人，女生 23 人；实验班与对照班学生年龄分布在 9~11 岁，以 9~10 岁居多。

表 5-13 实验班与对照班学生信息

组别	总人数	性别		年龄		
		男	女	9	10	11
实验班 五(三)班	44	24	20	24	17	3
对照班 五(六)班	44	21	23	24	13	7

本研究在开展教学实践前分别对实验班五(三)班、对照班五(六)班学生的批判性思维、知识迁移能力与问题解决能力进行测量。其中共发放问卷 88 份、回收问卷 88 份、有效问卷为 85 份，回收率为 100%，有效率为 96.59%。其中实验班五(三)班有效问卷为 44 份，有效率为 100.00%；对照班五(六)班有效问卷 41 份，有效率为 93.18%。

在开展教学实践后分别对实验班五(三)班、对照班五(六)班进行单元检测并发放后测问卷。其中共发放问卷 88 份、回收问卷 88 份、有效问卷为 73 份，回收率为 100%，有效率为 82.95%。实验班五(三)班有效问卷为 35 份，有效率为 79.55%；对照班五(六)班有效问卷为 38 份，有效率为 86.36%。

(一)实验班对照班前测分析

1. 前测分析

为分析实验班五(三)班与对照班五(六)班学生的批判性思维水平、知识迁移能力与问题解决能力在教学实践之前是否具有显著性差异，我们对实验班和对照班进行了前测分析，具体分析如表 5-14 与表 5-15 所示。

表 5-14　实验班对照班前测总体分析

前测	组别	N	均值	标准差	均值的标准误
批判性思维	五(三)班	44	74.39	6.98	1.05
	五(六)班	41	73.32	7.89	1.23
知识迁移能力	五(三)班	44	51.27	7.64	1.15
	五(六)班	41	49.51	5.78	0.90
问题解决能力	五(三)班	44	72.18	13.43	2.02
	五(六)班	41	68.73	12.63	1.97

如表 5-14 所示，关于批判性思维水平，实验班五(三)班学生的平均分数为 74.39 分，高于对照班五(六)班学生的平均得分 73.32 分；关于知识迁移能力，实验班五(三)班学生的平均分数为 51.27 分，高于对照班五(六)班学生的平均得分 49.51 分；关于问题解决能力，实验班五(三)班学生的平均分数为 72.18，高于对照班五(六)班学生的平均得分 68.73 分。

表 5-15　实验班对照班批判性思维、知识迁移能力与问题解决能力差异性分析

		方差方程的 Levene 检验		均值方程的 t 检验				
		F	Sig.	t	df	Sig.(双侧)	均值差值	标准误差值
批判性思维	假设方差相等	0.004	0.947	−0.663	83	0.509	−1.069	1.613
	假设方差不相等			−0.660	80.028	0.511	−1.069	1.620

续表

		方差方程的 Levene 检验		均值方程的 t 检验				
		F	$Sig.$	t	df	$Sig.$（双侧）	均值差值	标准误差值
知识迁移能力	假设方差相等	1.434	0.235	−1.193	83	0.236	−1.761	1.476
	假设方差不相等			−1.204	79.723	0.232	−1.761	1.462
问题解决能力	假设方差相等	0.297	0.587	−1.218	83	0.227	−3.450	2.832
	假设方差不相等			−1.221	82.991	0.226	−3.450	2.826

如表 5-15 所示，方差方程的 Levene 检验 Sig. 的值均大于 0.05，因此假设方差相等。而批判性思维、知识迁移能力和问题解决能力的 Sig.（2-tailed）值均大于 0.05，因此它们在 0.05 水平上均不存在显著差异。

2. 前测分析结论

通过以上分析可知，在批判性思维水平、知识迁移能力与问题解决能力方面，实验班五(三)班得分均比对照班五(六)班高，但不存在显著差异。因此，本研究认为实验班与对照班的控制变量是一致的。

(二)实验班后测描述性分析

如表 5-16 所示，在实验班五(三)班总体样本描述性统计量表中发现，学生的单元检测得分的取值位于 70~100，全距为 30，平均得分为 90.43；批判性思维得分的取值位于 64~86，全距为 22，平均得分为 76.40 分；学生的知识迁移能力得分的取值位于 47~68，全距为 21，平均得分为 55.91 分；学生的问题解决能力得分的取值位于 45~90，全距为 45，平均得分为 74.89 分。

表 5-16 实验班总体样本描述统计量

	N	全距	极小值	极大值	均值	标准差	方差	标准误
单元检测	44	30	70.00	100.00	90.43	8.00	64.112	1.21
批判性思维	35	22.00	64.00	86.00	76.40	4.94	24.42	−0.162
知识迁移能力	35	21.00	47.00	68.00	55.91	4.31	18.55	0.822
问题解决能力	35	45.00	45.00	90.00	74.89	11.75	138.10	0.077

1. 单元检测

如图 5-4 所示，在实验班五(三)班单元检测直方图中可以发现，学生的单元检测得分基本符合正态分布曲线，大部分学生的得分水平在均值右边(对称轴为均值)，即大部分学生的分数处于中上水平。

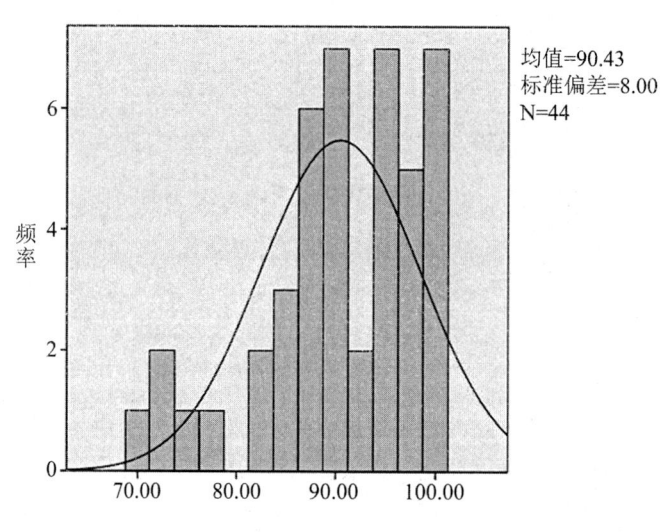

图 5-4 实验班单元检测直方图

2. 批判性思维

如图 5-5 所示，在实验班五(三)班批判性思维直方图中可以发现，学生的批判性思维得分基本符合正态分布曲线，大部分学生的得分水平在均值左右(对称轴为均值)，即大部分学生的批判性思维处于中等水平。

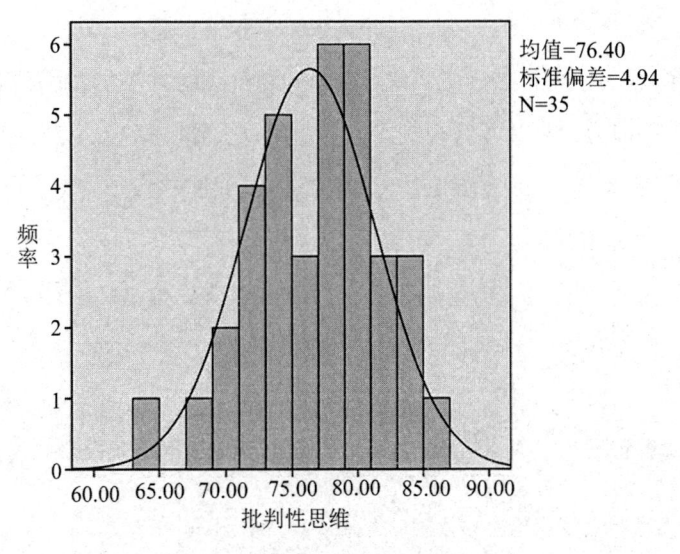

图 5-5　实验班批判性思维直方图

3. 知识迁移能力

如图 5-6 所示，在实验班五（三）班知识迁移能力直方图中可以发现，学生的知识迁移能力得分基本符合正态分布曲线，大部分学生的得分水平在均值左右（对称轴为均值），即大部分学生的知识迁移能力处于中等水平。

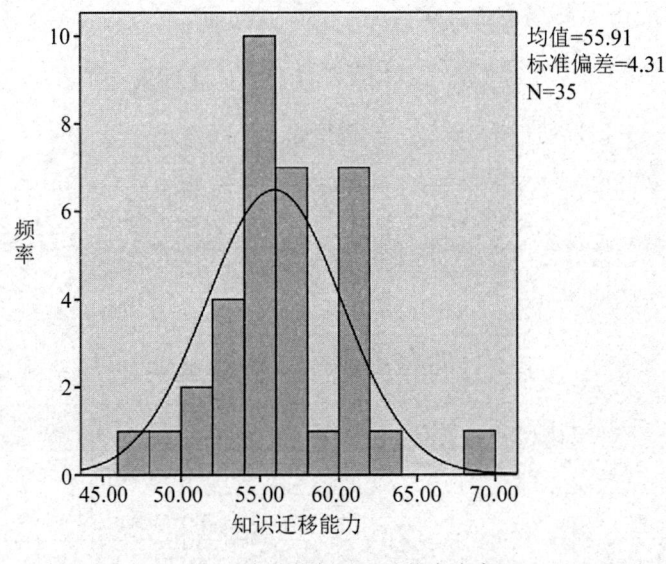

图 5-6　实验班知识迁移能力直方图

4. 问题解决能力

如图 5-7 所示，在实验班五年级(三)班问题解决能力直方图中可以发现，学生的问题解决能力得分基本符合正态分布曲线，大部分学生的得分水平在均值附近(对称轴为均值)，即大部分学生问题解决能力处于中等水平。

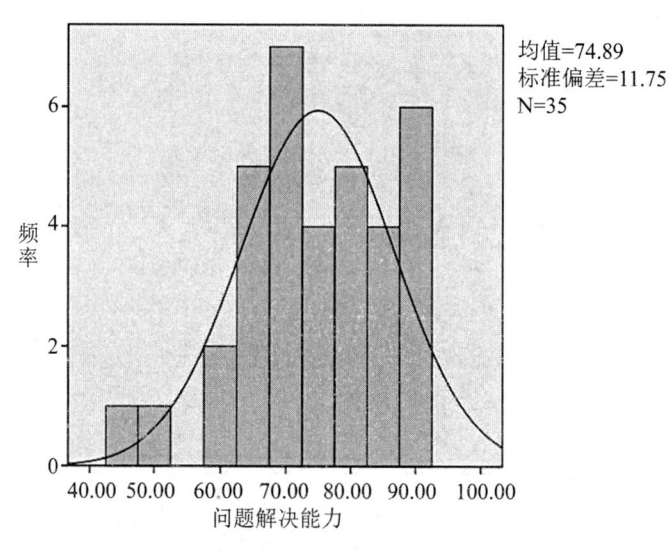

图 5-7 实验班问题解决能力直方图

(三)对照班后测描述性分析

如表 5-17 所示，在对照班五(六)班总体样本描述性统计量表中发现，学生的单元检测得分的取值位于 18～100，全距为 82，平均得分为 83.65；学生的批判性思维得分的取值位于 57～89，全距为 32，平均得分为 74.24；学生的知识迁移能力得分的取值位于 32～75，全距为 43，平均得分为 50.82；学生的问题解决能力得分的取值位于 35～90，全距为 55，平均得分为 64.50。

表 5-17 对照班总体样本描述统计量

	N	全距	极小值	极大值	均值	标准差	方差	标准误
单元检测	44	82	18.00	100.00	83.65	2.53	281.13	2.53
批判性思维	38	32.00	57.00	89.00	74.24	6.95	48.30	0.75
知识迁移能力	38	43.00	32.00	75.00	50.82	8.94	80.00	0.75
问题解决能力	38	55.00	35.00	90.00	64.50	12.42	154.26	0.75

1. 单元检测

如图 5-8 所示，在对照班五(六)班单元检测直方图中可以发现，学生的单元检测得分基本符合正态分布曲线，大部分学生的得分水平在均值以下（对称轴为均值），即大部分学生的单元检测分数处于中下水平。

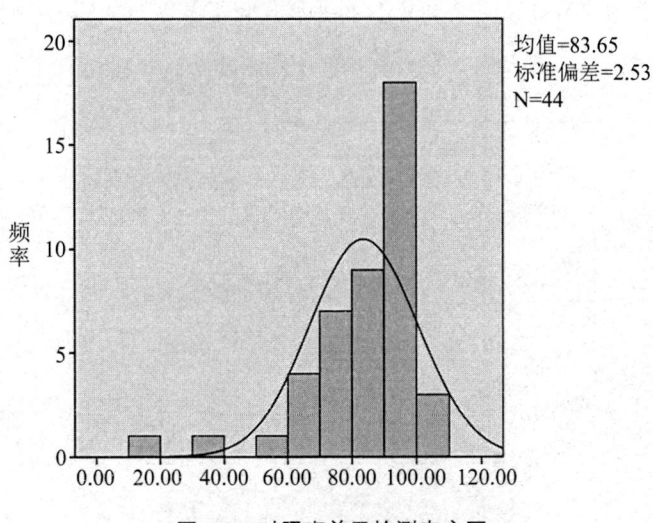

图 5-8 对照班单元检测直方图

2. 批判性思维

如图 5-9 所示，在对照班五(六)班批判性思维直方图中可以发现，学生的批

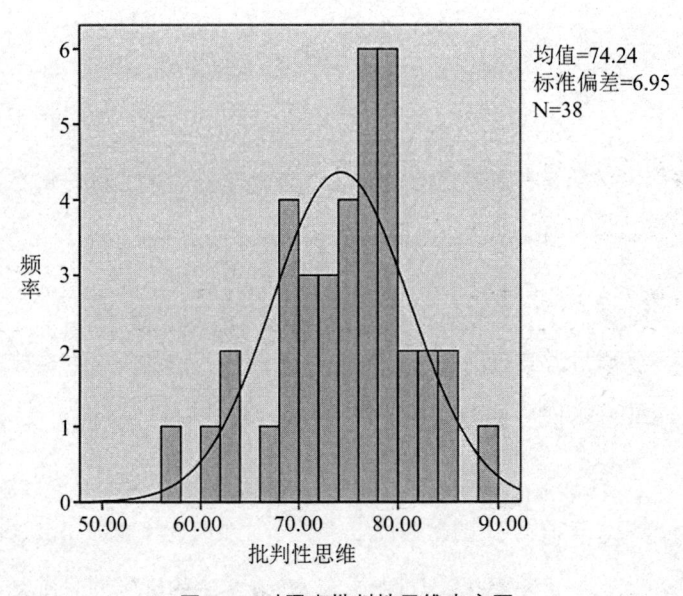

图 5-9 对照班批判性思维直方图

判性思维得分基本符合正态分布曲线，大部分学生的得分水平在均值以下（对称轴为均值），即大部分学生的批判性思维处于中下水平。

3. 知识迁移能力

如图5-10所示，在对照班五（六）班知识迁移能力直方图中可以发现，学生的知识迁移能力得分基本符合正态分布曲线，大部分学生的得分水平在均值以下（对称轴为均值），即大部分学生的知识迁移能力处于中下水平。

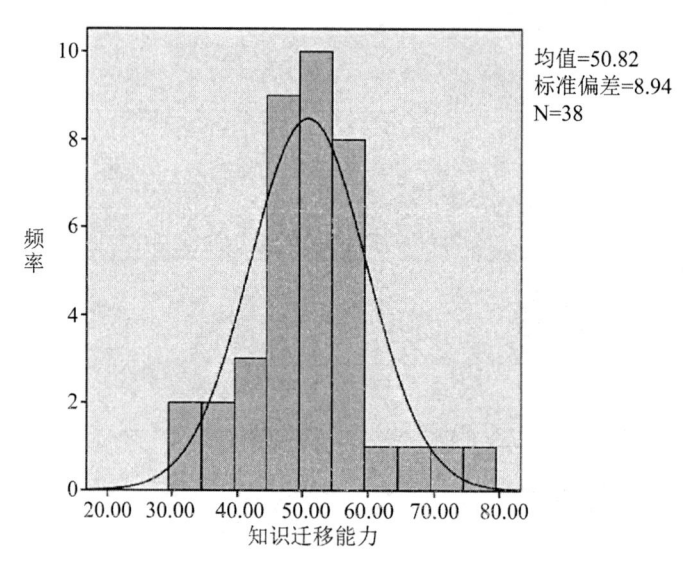

图 5-10 对照班知识迁移能力直方图

4. 问题解决能力

如图5-11所示，在对照班五（六）班问题解决能力直方图中可以发现，学生的问题解决能力得分基本符合正态分布曲线，大部分学生的得分水平在均值以下（对称轴为均值），即大部分学生的问题解决能力处于中下水平。

(四)总体分析结论

通过教学实践后对实验班五（三）班与对照班五（六）班学生的单元测验、批判性思维、知识迁移能力和问题解决能力进行描述性统计分析与直方图分析，可以发现：

（1）实验班五（三）班学生的批判性思维得分、知识迁移能力得分、问题解决能力得分相对稳定，全距较小。对照班五（六）班学生的批判性思维得分、知识

图 5-11 对照班问题解决能力直方图

迁移能力得分、问题解决能力得分相对分散,全距较大。

(2)实验班五(三)班学生的单元检测成绩、批判性思维得分、知识迁移能力得分、问题解决能力得分的平均值均高于对照班五(六)班。

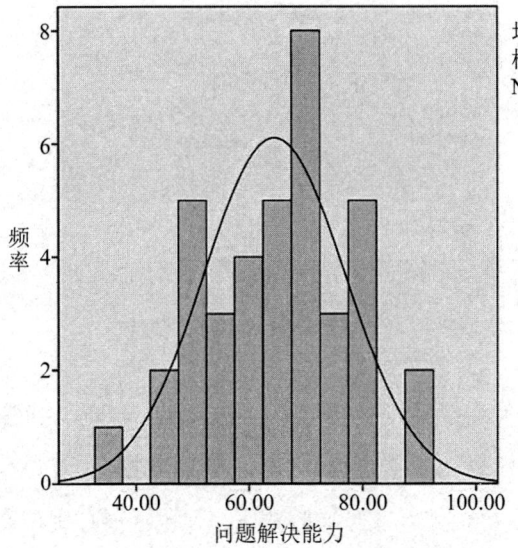

(3)实验班五(三)班学生的单元检测总体水平、批判性思维总体水平、知识迁移能力总体水平、问题解决能力总体水平处于中等及以上水平;对照班五(六)班学生的批判性思维总体水平、知识迁移能力总体水平、问题解决能力总体水平均处于中下水平。

三、效果评价

(一)单元检测差异性分析

1. 单元检测总体特征分析

本研究根据正态分布曲线的性质,参照考试成绩常态(X均$=75$,$S=10$)的常模(如图 5-12 所示),对实验班五(三)班和对照班五(六)班的单元检测分数进行对比分析。

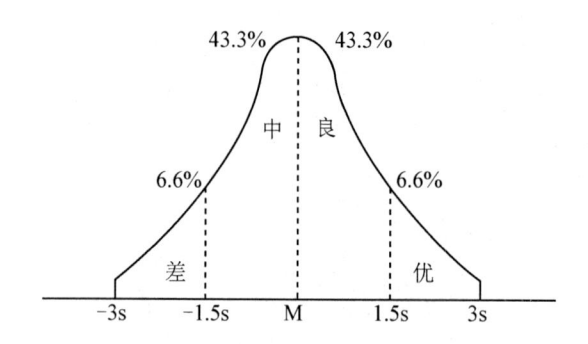

图 5-12　正态分布曲线下各等分包含的面积

当实验班五(三)班中 X 均＝90.432，S＝8.007，n＝44 时，各等级分数范围、理论人数和具体人数分布如表 5-18 所示。当对照班五(六)班中 X 均＝83.652，S＝16.767，n＝44 时，各等级分数范围、理论认识与实际人数具体如表 5-19 所示。

表 5-18　实验班 X 均＝90.43，S＝8.007，n＝44 时各等级分数范围与人数

等级	区间范围	分数范围	理论人数	实际人数
优	(X$_{均}$＋1.5S)以上	102.43 以上	3	0
良	X$_{均}$－(X$_{均}$＋1.5S)以上	90.43－102.43	19	24
中	(X$_{均}$－1.5S)－X$_{均}$	78.43－90.43	19	18
差	(X$_{均}$－1.5S)以下	78.43 以下	3	2

表 5-19　对照班 X 均＝83.652，S＝16.767，n＝44 时各等级分数范围与人数

等级	区间范围	分数范围	理论人数	实际人数
优	(X$_{均}$＋1.5S)以上	108.80 以上	3	0
良	X$_{均}$－(X$_{均}$＋1.5S)以上	83.65－108.80	19	20
中	(X$_{均}$－1.5S)－X$_{均}$	58.50－83.65	19	21
差	(X$_{均}$－1.5S)以下	58.50 以下	3	3

通过对表 5-18 进行分析，实验班五(三)班全班成绩属于优、良等级的实际人数共 24 人，超过优、良等级的理论人数 22 人，因此全班同学的成绩属于平均水平较高的整体。通过对表 5-19 进行分析，对照班五(六)班全班成绩属于优、良等级的实际人数共 20 人，低于优、良等级的理论人数 22 人，因此全班同学的成绩属于平均水平一般的整体。由此可知，实验班五(三)班的单元检测成绩优

于对照班五(六)班。

2. 单元检测后测差异性分析

如表 5-20 所示，在单元检测成绩后测统计中，实验班五(三)班的均值为 90.432，五(六)班的均值为 83.652，即实验班学生单元检测的平均分高于对照班学生单元检测的平均分。如表 5-21 所示，Sig.(2-tailed)＝0.018＜0.05，即五(三)班与五(六)班学生的单元检测分数存在显著差异。

表 5-20　单元成绩后测统计量

	分组	N	均值	标准差	均值的标准误
单元检测	五(三)班	44	90.432	8.007	1.207
	五(六)班	44	83.652	16.767	2.528

表 5-21　单元成绩后测独立样本 t 检验

		方差方程的 Levene 检验		均值方程的 t 检验				
		F	Sig.	t	df	Sig.(双侧)	均值差值	标准误差值
单元测验	假设方差相等	10.430	0.002	2.420	86	0.018	6.780	2.801
	假设方差不相等			2.420	61.64	0.018	6.778	2.801

(二)批判性思维差异性分析

1. 批判性思维后测总体差异性分析

如表 5-22 所示，批判性思维后测统计量表中五(三)班的均值为 76.400，五(六)班的平均值为 74.237，即实验班的学生批判性思维水平高于对照班学生批判性思维水平。如表 5-23 所示，在批判性思维后测独立样本 t 检验中，方差方程的 Levene 检验 Sig. 的值为 0.100＞0.05，因此假设方差相等，由此可知 Sig.(2-tailed)＝0.133＞0.05，即五(三)班与五(六)班学生的批判性思维不存在显著差异。

表 5-22 批判性思维后测统计量

	分组	N	均值	标准差	均值的标准误
批判性思维	五(三)班	35	76.400	4.9420	0.8354
	五(六)班	38	74.237	6.949	1.127

表 5-23 批判性思维后测独立样本 t 检验

		方差方程的 Levene 检验		均值方程的 t 检验			
		F	$Sig.$	t	df	$Sig.$（双侧）	均值差值	标准误差值
批判性思维	假设方差相等	2.778	0.100	1.521	71	0.133	2.163	1.422
	假设方差不相等			1.542	66.853	0.128	2.163	1.403

2. 批判性思维后测各维度差异性分析

如表 5-24 所示，在批判性思维各维度后测统计量表中，实验班五(三)班在寻求真理、思想开放、分析性、系统性和追根究底五个维度的均值均高于对照班五(六)班，特别在系统性方面较为突出。

表 5-24 批判性思维各维度后测统计量

	组别	N	均值	标准差	均值的标准误
寻求真理	五(三)班	35	12.26	1.62	0.273
	五(六)班	38	12.13	1.76	0.285
思想开放	五(三)班	35	12.57	2.13	0.360
	五(六)班	38	11.95	1.83	0.297
分析性	五(三)班	35	20.43	3.09	0.522
	五(六)班	38	20.21	3.67	0.595
系统性	五(三)班	35	15.17	1.50	0.254
	五(六)班	38	14.08	1.84	0.298
追根究底	五(三)班	35	16.09	2.78	0.470
	五(六)班	38	15.87	2.65	0.430

如表 5-25 所示，在批判性思维各维度后测独立样本 t 检验中，方差方程的 Levene 检验 $Sig.$ 的值均大于 0.05，因此假设方差相等。而寻求真理、思想开放、分析性与追根究底四个维度的 $Sig.$（2-tailed）值均大于 0.05，系统性的 Sig.（2-tailed）=0.007<0.05。由此可知，寻求真理、思想开放、分析性与追根究底在 0.05 水平上不存在显著差异，系统性在 0.05 水平上存在显著差异。

表 5-25　批判性思维后测各维度独立样本 t 检验

		方差方程的 Levene 检验		均值方程的 t 检验				
		F	$Sig.$	t	df	$Sig.$（双侧）	均值差值	标准误差值
寻求真理	假设方差相等	0.068	0.796	0.317	71	0.752	0.126	0.397
	假设方差不相等			0.318	71.000	0.751	0.126	0.397
思想开放	假设方差相等	0.975	0.327	1.345	71	0.183	0.624	0.464
	假设方差不相等			1.337	67.312	0.186	0.624	0.467
分析性	假设方差相等	0.873	0.353	0.273	71	0.785	0.218	0.798
	假设方差不相等			0.275	70.454	0.784	0.218	0.792
系统性	假设方差相等	1.752	0.190	2.766	71	0.007	1.09	0.395
	假设方差不相等			2.789	70.079	0.007	1.09	0.392
追根究底	假设方差相等	0.640	0.427	0.342	71	0.734	0.218	0.636
	假设方差不相等			0.341	69.818	0.734	0.218	0.637

通过批判性思维后测各维度分析的结果可知，开展深度课堂教学实践能够显著提升学生的批判性思维中的系统性维度水平，但不能够显著提升学生批判

性思维中的寻求真理、思想开放、分析性与追根究底维度水平。追其根源可能存在两方面的原因。一方面，学生的批判性思维作为学生认识外部世界的一种相对固定的思维方式，具有相对的稳定性，在短时间内难以发生明显转变。另一方面，教师在开展教学实践的过程中轻视引导学生多角度分析问题，忽视培养学生"拔树寻根"的精神，以直接具体的经验取代间接抽象的经验，从而导致学生的批判性思维水平提升不显著。

(三)知识迁移能力差异性分析

1.知识迁移能力后测总体差异性分析

如表5-26所示，知识迁移能力后测统计量中五(三)班的均值为55.914，五(六)班的平均值为50.815，即实验班学生的知识迁移能力水平明显高于对照班学生的知识迁移能力水平。如表5-27所示，在知识迁移能力后测独立样本t检验中，方差方程的Levene检验$Sig.$的值为0.003＜0.05，因此假设方差不相等，由此可知$Sig.$（2-tailed）＝0.003＜0.05，即五(三)班与五(六)班学生的知识迁移能力水平存在显著性差异。

表5-26 知识迁移能力后测统计量

	分组	N	均值	标准差	均值的标准误
知识迁移能力	五(三)班	35	55.914	4.307	0.728
	五(六)班	38	50.815	8.944	1.451

表5-27 知识迁移能力后测独立样本t检验

		方差方程的Levene检验		均值方程的t检验				
		F	Sig.	t	df	Sig.（双侧）	均值差值	标准误差值
知识迁移能力	假设方差相等	9.295	0.003	3.060	71	0.003	5.099	1.666
	假设方差不相等			3.141	54.236	0.003	5.099	1.623

2. 知识迁移能力各维度后测分析

如表 5-28 所示，在知识迁移能力各维度后测统计量表中，实验班五(三)班在迁移应用的意识、迁移应用的策略与迁移应用的品质三个维度的均值均高于对照班五(六)班，尤其在迁移应用的策略、迁移应用的品质上较为突出。

表 5-28　知识迁移能力各维度后测统计量

	组别	N	均值	标准差	均值的标准误
迁移应用的意识	五(三)班	35	25.800	3.932	0.665
	五(六)班	38	22.237	4.846	0.786
迁移应用的策略	五(三)班	35	24.400	4.374	0.739
	五(六)班	38	20.895	5.135	0.833
迁移应用的品质	五(三)班	35	24.686	4.451	0.752
	五(六)班	38	21.368	4.967	0.806

如表 5-29 所示，在知识迁移能力各维度后测独立样本 t 检验中，关于迁移应用的意识，方差方程的 Levene 检验 $Sig.=0.121>0.05$，因此假设方差相等；而 $Sig.$ (2-tailed)$=0.823>0.05$，由此可知迁移应用的意识在 0.05 水平上不存在显著差异。迁移应用的策略方差方程的 Levene 检验 $Sig.=0.002<0.05$，迁移应用的品质方差方程的 Levene 检验 $Sig.=0.000<0.05$，因此假设方差不相等；而迁移应用的策略的 $Sig.$ (2-tailed)$=0.005<0.05$，迁移应用的品质的 $Sig.$ (2-tailed)$=0.000<0.05$，由此可知，迁移应用的策略与迁移应用的品质在 0.05 水平上均存在显著差异。

表 5-29　知识迁移能力各维度后测独立样本 t 检验

		方差方程的 Levene 检验		均值方程的 t 检验				
		F	$Sig.$	t	df	$Sig.$（双侧）	均值差值	标准误差值
迁移应用的意识	假设方差相等	2.457	0.121	0.224	71	0.823	0.194	0.864
	假设方差不相等			0.227	69.548	0.821	0.194	0.856

续表

		方差方程的 Levene 检验		均值方程的 t 检验				
		F	$Sig.$	t	df	$Sig.$（双侧）	均值差值	标准误差值
迁移应用的策略	假设方差相等	10.423	0.002	2.870	71	0.005	2.251	0.785
	假设方差不相等			2.929	60.545	0.005	2.251	0.7687
迁移应用的品质	假设方差相等	13.348	0.000	3.704	71	0.000	2.653	0.716
	假设方差不相等			3.797	55.662	0.000	2.653	0.699

通过知识迁移能力各维度后测分析的结果可知，开展深度课堂教学实践能够显著提升学生迁移应用的策略与品质维度水平，但不能显著提升学生迁移应用的意识维度水平。本研究通过课堂观察发现，教师在开展课堂教学的过程中较为注重引导学生运用多边形面积中的割补、转化的策略解决问题，但较少关注培养学生主动迁移的意识。同时，学生意识层面的转变较之行为上的转变更为困难，这可能也是学生迁移应用意识提升效果不显著的重要原因。

（四）问题解决能力差异性分析

1. 问题解决能力后测总体差异性分析

如表 5-30 所示，问题解决能力后测统计量中五（三）班的均值为 74.886，五（六）班的均值为 64.500，即实验班的学生问题解决能力水平高于对照班学生问题解决能力水平。如表 5-31 所示，在问题解决能力后测独立样本 t 检验中，方差方程的 Levene 检验 $Sig.$ 的值为 0.833＞0.05，因此假设方差相等，由此可知 $Sig.$ (2-tailed)＝0.000＜0.05，即五（三）班与五（六）班学生的问题解决能力存在显著差异。

表 5-30　问题解决能力后测统计量

	分组	N	均值	标准差	均值的标准误
批判性思维	五(三)班	35	74.886	11.752	1.986
	五(六)班	38	64.500	12.420	2.015

表 5-31　问题解决能力数据独立样本 t 检验

		方差方程的 Levene 检验		均值方程的 t 检验				
		F	$Sig.$	t	df	$Sig.$（双侧）	均值差值	标准误差值
问题解决能力	假设方差相等	0.045	0.833	3.662	71	0.000	10.386	2.836
	假设方差不相等			3.671	70.944	0.000	10.386	2.829

2. 问题解决能力各维度后测分析

如表 5-32 所示，在问题解决能力各维度后测统计量表中，实验班五(三)班在面向问题的态度、问题解决的方法和策略、问题解决的品质三个维度的均值均高于对照班五年级(六)班，且在这三个维度上都较为突出。

表 5-32　问题解决能力各维度后测统计量

	组别	N	均值	标准差	均值的标准误
面向问题的态度	五(三)班	35	25.800	3.932	0.665
	五(六)班	38	22.237	4.846	0.786
问题解决的方法和策略	五(三)班	35	24.400	4.373	0.739
	五(六)班	38	20.895	5.135	0.833
问题解决的品质	五(三)班	35	24.686	4.4509	0.752
	五(六)班	38	21.368	4.967	0.806

如表 5-33 所示，在问题解决各维度后测独立样本 t 检验中，面向问题的态度、问题解决的方法和策略、问题解决的品质维度方差方程的 Levene 检验 $Sig.$ 值均大于 0.05，因此假设方差相等。而面向问题的态度、问题解决的方法和策

略、问题解决的品质维度 $Sig.$ (2-tailed)值均小于0.05，由此可知这三个维度在0.05水平上存在显著差异。

表 5-33　问题解决能力各维度后测独立样本 t 检验

		方差方程的 Levene 检验		均值方程的 t 检验				
		F	Sig.	t	df	Sig.（双侧）	均值差值	标准误差值
面向问题的态度	假设方差相等	1.898	0.173	3.432	71	0.001	3.563	1.038
	假设方差不相等			3.461	69.921	0.001	3.563	1.029
问题解决的方法和策略	假设方差相等	0.581	0.448	3.126	71	0.003	3.505	1.121
	假设方差不相等			3.147	70.586	0.002	3.505	1.114
问题解决的品质	假设方差相等	0.269	0.606	2.996	71	0.004	3.317	1.107
	假设方差不相等			3.009	70.951	0.004	3.317	1.102

通过问题解决能力各维度后测分析的结果可知，开展深度课堂教学实践能够显著提升学生面向问题的态度水平、问题解决的方法与策略以及问题解决的品质维度水平。这与以大单元、任务群、问题链的组织单元教学内容并以任务驱动的方式开展教学实践息息相关；同时，教师在开展基于深度学习的教学实践过程中注重引导学生发现生活中的现实问题，运用多边形的面积公式解决生活中的实际问题。

(五)总体效果分析

通过对深度课堂教学实践研究进行效果检验，发现开展深度课堂教学实践能够有效提升学生深度学习总体水平。研究数据表明，实验班学生的批判性思维、知识迁移能力、问题解决能力总体水平高于对照班，其中实验班的单元检测、批判性思维、知识迁移能力、问题解决能力总体水平相对稳定，处于中等及以上水平；对照班的单元检测、批判性思维、知识迁移能力、问题解决能力总体水平相对分散，处于中下水平。

与此同时，开展深度课堂教学实践能够有效落实学科核心素养，有效提升学生知识迁移能力和问题解决能力。研究数据表明，在开展深度课堂教学实践之后，实验班学生与对照班学生在知识迁移能力、问题解决能力得分上具有显著差异，但在批判性思维方面不具有显著差异。

本研究通过对教师课堂教学进行观察，结合已有研究成果，认为批判性思维中的寻求真理、思想开放、分析性、系统性、追根究底更多地属于意识层面，它们具有一定的稳定性，在短时间内难以发生明显转变。

【本章小结】

本章主要构建了智能时代深度课堂的教学评价指标体系，编制了深度课堂教学效果的评价量表，在此基础上开展了智能时代深度课堂的评价研究实践，具体要点如下：

1. 智能时代深度课堂的教学评价指标体系

智能时代深度课堂的教学评价指标体系主要包括四方面：①深度课堂的教学设计；②深度课堂的教学实施；③深度课堂的教学效果；④智能技术的有效应用。在此基础上，本章以小学深度课堂为例，编制了批判性思维量表、知识迁移能力和问题解决能力量表。

2. 智能时代深度课堂的教学评价研究

智能时代深度课堂的教学评价研究主要依托广州市智慧校园实验校 D 小学开展研究实践。教师基于智能时代深度课堂教学设计理论和方法实施深度课堂教学，并通过量表评价其深度课堂教学效果。实验结果表明，开展深度课堂教学实践能够有效提升学生总体水平，落实学生学科核心素养，提升学生知识迁移能力，培养学生问题解决能力。